DU RÉGIME
DES
TRAVAUX PUBLICS
EN ANGLETERRE

RAPPORT

ADRESSÉ À

M. LE MINISTRE DES TRAVAUX PUBLICS

PAR

CH. DE FRANQUEVILLE

MAÎTRE DES REQUÊTES AU CONSEIL D'ÉTAT
SECRÉTAIRE DE LA COMMISSION CENTRALE DES CHEMINS DE FER

TOME TROISIÈME

PARIS
LIBRAIRIE HACHETTE ET Cie
79, BOULEVARD SAINT-GERMAIN, 79

1874

DU RÉGIME

DES

TRAVAUX PUBLICS

EN ANGLETERRE

PARIS. — TYPOGRAPHIE LAHURE
Rue de Fleurus, 9

AVERTISSEMENT

Je me suis proposé d'exposer, dans les deux premiers volumes de cet ouvrage, les principes généraux de la législation anglaise sur les chemins de fer, la voirie et la navigation ; mais cette analyse ne serait pas suffisante pour faire connaître les détails des lois. Rien, d'ailleurs, ne peut remplacer la citation des textes eux-mêmes, et j'ai pensé que mon livre ne serait pas complet, s'il ne comprenait la traduction des actes, dont l'ensemble constitue le code des travaux publics du Royaume-Uni.

Il y avait plusieurs façons de concevoir et

d'exécuter ce travail : je désire expliquer brièvement celle qui a été adoptée.

Fallait-il reproduire *in extenso* toutes les lois sur les travaux publics? fallait-il se borner à traduire les plus importantes ? Chacun de ces systèmes m'a paru offrir des inconvénients et il m'a semblé préférable de procéder autrement. Après avoir réuni tous les textes, j'en ai d'abord retranché les parties abrogées.

Cela fait, j'ai cherché à me rendre compte de l'importance ou de l'intérêt relatif de chaque acte et de chaque article et, suivant les circonstances, j'en ai donné une traduction intégrale ou une analyse. Afin d'éviter toute confusion, les caractères *italiques* ont été employés, pour tout ce qui n'est pas une traduction même du texte anglais.

En ce qui concerne l'ordre des actes, je n'ai pas cru devoir suivre un ordre chronologique général; mais, d'un autre côté, j'ai évité d'établir de trop nombreuses catégories. On trouvera donc, dans le premier volume, tous les textes relatifs aux chemins de fer; dans le second, toutes les lois qui affectent le régime de la voirie, puis les actes concernant les divers services de la navigation. Enfin, les règlements parlementaires qui intéressent tous les travaux publics, en général, ont été cités à la suite.

Chaque loi est désignée d'abord par un numéro d'ordre, puis par son titre abrégé, lorsqu'elle en a un. On indique ensuite si elle est applicable au Royaume-Uni ou seulement à l'une de ses parties, et l'on reproduit enfin son titre complet, avec sa date.

Quant à la traduction même, il m'a semblé que, s'agissant de textes légaux, il convenait, avant tout, de viser à l'exactitude. Il ne faudra donc pas s'étonner du manque absolu d'élégance, parfois même des fautes de français, qui pourront s'y trouver. Je ne sache pas, en effet, de travail plus ingrat que la traduction d'un acte du Parlement, avec ses phrases sans fin, ses interminables répétitions et ses longues énumérations. A force de chercher la clarté et la précision, le législateur anglais ne réussit, le plus souvent, qu'à produire la confusion et le désordre[1].

Il ne faut cependant pas méconnaître que, même sous le rapport de la forme, la législation anglaise a fait des progrès, depuis quelques an-

1. Voir, par exemple, vol. IV, p. 160 (art. 4.)

nées. Les actes anciens traitaient volontiers de toute chose et contenaient souvent des dispositions très-diverses, comme on en peut juger par le titre suivant :

« Acte pour maintenir en vigueur plusieurs lois qui règlent le service des bateaux et vaisseaux de Douvres, Deal et l'île de Thanet jusqu'aux rivières de la Tamise et de la Medway et pour permettre de débarquer le rhum ou les spiritueux provenant des colonies britanniques, avant le payement des droits d'excise et pour maintenir et amender un acte pour prévenir les fraudes dans le mesurage des houilles dans la Cité et liberté de Westminster et diverses paroisses avoisinantes et pour proroger certaines lois pour prévenir les exactions des gardiens d'écluses et barrages sur la Tamise et pour fixer le taux de remorquage sur cette rivière et pour régler et gouverner les marins de la marine marchande et aussi pour amender un acte fait dans la première année du règne du roi Georges Ier concernant la protection du saumon dans la rivière Ribble et pour régler les droits des jugements d'assises et de *nisi prius* sur les records de l'office des plaids de la Cour de l'Échiquier et pour l'arrestation des personnes dans tout comté ou place en vertu de warrants signés par les juges de paix d'un autre comté ou place et pour abroger les dispositions d'un acte fait dans la vingtième année du roi Charles II, qui fixent le temps pendant lequel le bureau de l'excise doit être ouvert chaque jour et pour régler pendant combien de temps le même office sera ouvert, chaque jour, à la même heure et pour prévenir le vol ou la destruction des navets et pour amender un acte fait dans la deuxième année du règne de Sa Majesté présente pour mieux régler ce qui concerne les attorneys et les solicitors[1]. »

Les lois actuelles ne présentent plus cet agréable mélange de bateaux et de cours d'assises, de navets et de *solicitors*.

En outre, depuis 1793, chaque loi porte une date et l'on a renoncé à l'ancien usage de faire remonter l'effet de tous les actes votés pendant une année, au jour de l'ouverture de la session parlementaire.

Mais le Parlement, sachant que les juges interprètent les lois, non d'après l'intention du législateur, mais d'après le texte même, est toujours disposé à exagérer les précautions. S'agit-il de citer un acte, on reproduit le titre en entier, comme ceci par exemple :

« Conformément aux dispositions d'un acte passé dans la vingt-troisième année du règne du roi Georges III, intitulé : un acte pour amender un acte fait dans la vingt-quatrième année du règne du roi Georges II, intitulé : un acte pour mieux assurer la perception des droits sur le tabac, pour défendre l'importation du raisin de Corin-

1. 23 Georges II, ch. XXVI.

the en Grande-Bretagne par petites caisses, pour rappeler les dispositions d'un acte de la dix-huitième année du règne de Sa Majesté régnante, qui permet que les vins d'Espagne et du Portugal et autres vins (sauf les vins français) soient importés, par petites quantités, pour l'usage des particuliers et pour supprimer les droits intérieurs sur l'importation du cacao dans ce royaume et sur son exportation, relativement à l'importation des raisins secs en tonneaux ou en caisses[1], etc. »

Aujourd'hui cependant, l'invention des titres abrégés (*short titles*) qui sont donnés à la plupart des actes importants, évite ces fastidieuses répétitions.

Un autre défaut de la législation, c'est que les lois s'appliquent tantôt à tout le Royaume-Uni, tantôt à l'une de ses parties seulement. Le législateur n'expliquant pas toujours avec soin quelle est son intention à cet égard, il s'élève souvent des difficultés. L'imprimeur de la Reine place, dans le texte officiel, une indication à ce sujet, mais il se trompe parfois, et, dans la liste générale des actes, que le Parlement a fait imprimer, il y a quelques années[2], on voit souvent cette indication en marge : « Faussement indiqué par

1. I Georges IV, ch. cv.

2. Register of public general acts, ordered to be printed 7 July 1859.

l'imprimeur de la Reine, comme s'appliquant à l'Écosse (ou à l'Angleterre). »

Enfin, chaque article de loi est voté par le Parlement, sur un texte qui ne comporte ni alinéa, ni point, ni virgule. C'est l'imprimeur de la Reine qui est chargé d'établir la ponctuation. Il en résulte qu'en imprimant la loi, on en change parfois le sens[1].

Il est probable que tous ces défauts disparaîtront peu à peu. D'ailleurs, si la loi écrite d'Angleterre a de sérieuses imperfections, il faut convenir que son état tend à s'améliorer, chaque jour.

En premier lieu, il existe, sur certains sujets, des actes dits *de consolidation*, qui forment de petits codes et qui contiennent toutes les disposi-

1. Ainsi, par exemple, l'acte 3 et 4 Victoria, ch. XVIII, contient la clause suivante :

« It shall be lawful for any officer of excise at any time, but « between the hours of 10 o'clock in the evening and 6 o'clock « on the morning only, with the assistance of a constable, to « enter into any storehouse.... »

Ce qui veut dire : « Il sera légalement permis à tout agent des contributions, à toute époque, excepté entre dix heures du soir et six heures du matin seulement, d'entrer, avec l'assistance d'un constable, dans tout magasin. »

Le sens vrai est : Il sera légalement permis à tout agent des contributions d'entrer à toute époque, mais seulement avec l'assistance d'un constable entre dix heures du soir et six heures du matin, dans tout magasin.

tions applicables à un sujet donné. Puis, une Commission spéciale publie, de temps en temps, un volume, qui contient le texte de toutes les lois en vigueur, pour une certaine période et, afin d'éviter toute incertitude, le Parlement abroge formellement tous les actes qui ne se trouvent pas compris dans ce recueil. Ce travail, aujourd'hui très-avancé, puisqu'il va déjà jusqu'à la fin du règne de Guillaume IV, est complété par deux Index, l'un alphabétique, l'autre chronologique. Lorsqu'il sera terminé, il donnera, en seize volumes environ, le texte authentique et complet de toutes les lois applicables et formera ainsi un vaste code, que nous pourrons justement envier à nos voisins.

Si le style des actes anglais était aussi clair et aussi concis que celui de nos lois, il suffirait de cinq volumes pour en contenir tout l'ensemble, de même qu'il m'aurait suffi de deux ou trois cents pages pour citer tous les textes de la législation, au fond assez simple, qui régit actuellement les travaux publics.

Il est inutile, je pense, de faire remarquer que je n'ai pas songé à reproduire les actes privés, dont le nombre, pour les chemins de fer seulement, est de 3800 environ et qui ne présenteraient, d'ailleurs, aucun sérieux intérêt.

L'Index détaillé qui se trouve à la fin du quatrième volume permettra de se reporter facilement aux diverses dispositions législatives, en même temps qu'au texte qui en forme le commentaire.

LÉGISLATION

DES

CHEMINS DE FER

LÉGISLATION

DES

CHEMINS DE FER

I

ROYAUME-UNI

I. GUILLAUME IV, CHAP. LXVIII.

23 juillet 1830.

ACTE POUR PROTÉGER PLUS EFFICACEMENT LES ENTREPRENEURS DU TRANSPORT DES DÉPÊCHES, LES PROPRIÉTAIRES DE DILIGENCES ET AUTRES MESSAGERS, CONTRE LA PERTE OU LES DÉTÉRIORATIONS DES COLIS OU CAISSES QUI LEUR SONT CONFIÉS POUR ÊTRE TRANSPORTÉS OU GARDÉS, ET DONT LA VALEUR N'EST PAS DÉCLARÉE PAR LES PROPRIÉTAIRES.

Cet acte, qui comprend onze articles, est applicable aux Compagnies de chemins de fer, puisque la loi les considère comme des entrepreneurs de transport ordinaires. Son principal objet est de limiter à une somme de deux cent cinquante-deux francs, la responsabilité des entrepreneurs pour tous les objets de prix qui leur sont confiés, et dont les expéditeurs n'ont pas déclaré la valeur, en payant, s'il y a lieu, le prix des tarifs spéciaux.

II

ROYAUME-UNI.

7. Guillaume IV et 1 Victoria, chap. LXXXIII.

17 juillet 1837.

Acte pour contraindre les greffiers de paix des comtés, et autres personnes, a conserver les documents que les règlements (Standing orders) de l'une des chambres du Parlement ordonnent de déposer entre leurs mains.

Cette loi n'a que trois articles : son titre fait suffisamment comprendre quel en est l'objet.

III

ANGLETERRE.

1 et 2 Victoria, chap. LXXX.

10 août 1838.

Acte relatif au payement des constables nécessaires pour maintenir l'ordre sur les chantiers de travaux publics.

Cette loi, qui contient seulement quatre articles, permet aux magistrats d'imposer s'il y a lieu, aux Compagnies concessionnaires, le remboursement des dépenses occasionnées par le payement des constables spéciaux qui pourraient être nommés pour maintenir l'ordre, en raison de la présence, sur un certain point, d'un nombre considérable d'ouvriers.

IV

ROYAUME-UNI.

1 ET 2 VICTORIA, CHAP. XCVIII.

14 août 1838.

ACTE POUR ORGANISER LE TRANSPORT DES DÉPÊCHES PAR CHEMINS DE FER.

Cet acte comprend vingt articles. Il a été modifié par la loi du 21 *juillet* 1873 (36 *et* 37 *Victoria, chap.* XLVIII).

V

ROYAUME-UNI.

2 ET 3 VICTORIA, CHAP. XLV.

17 août 1839.

ACTE POUR AMENDER L'ACTE 5 ET 6 GUILLAUME IV RELATIF AUX ROUTES PUBLIQUES.

Deux articles seulement, pour obliger les Compagnies de chemins de fer à maintenir des barrières et des gardes aux passages à niveau des routes publiques.

VI

RAILWAY REGULATION ACT. 1840.

ROYAUME-UNI.

3 ET 4 VICTORIA, CHAP. XCVII.

10 août 1840.

ACTE POUR RÉGLER L'EXPLOITATION DES CHEMINS DE FER.

Art. 1 à 6.

Abrogés ou modifiés par d'autres lois.

Art. 7.

Considérant que beaucoup de Compagnies de chemins de fer sont, ou peuvent être ultérieurement autorisées par des actes du Parlement, à faire des ordonnances (*Bye-Laws*), ordres, règles, ou règlements, et à assurer leur exécution en édictant des pénalités contre des personnes n'étant pas à leur service, et qu'il convient que l'exercice de ce pouvoir soit soumis à un contrôle,

Soit-il ordonné que des exemplaires exacts de ces ordonnances, ordres, règles, et règlements faits par les Compagnies, en vertu de ces autorisations, antérieurement à la présente loi, lesdits exemplaires certifiés de la façon prescrite de temps à autre par le *Board of Trade*, seront, dans le délai de deux mois à dater des présentes, soumis à cette administration. Toute ordonnance, ordre, règle, ou règlement non présenté, durant cette période, cessera d'avoir force et effet, sauf en ce qui concerne les pénalités antérieurement encourues.

Art. 8.

Et soit-il ordonné qu'aucune des ordonnances, ordres, règles, et règlements faits en vertu des pouvoirs donnés à la Compagnie, et non actuellement en vigueur, et aucune ordonnance, ordre, règle, ou règlement annulant un document du même genre actuellement en vigueur, ou fait après le vote de la présente loi, n'aura force et effet que deux mois après qu'un exemplaire certifié, comme il a été dit, de cette ordonnance, ordre, règle ou règlement, aura été présenté au *Board of Trade*, à moins que l'administration ait donné son approbation dans un moindre délai.

Art. 9.

Et soit-il ordonné que le *Board of Trade* pourra, à toute époque, avant que ces ordonnances, règles ou règlements lui aient été soumis ou aient été en vigueur, ou postérieurement, notifier à la Compagnie intéressée, sa désapprobation; et si lesdits règlements, etc., sont en vigueur, l'époque à partir de laquelle ils cesseront d'être valables. Toute ordonnance, ordre, règle ou règlement, ainsi désapprouvé, cessera d'avoir effet à partir de l'époque indiquée, sauf en ce qui concerne les faits antérieurs.

Art. 10 à 13.

Abrogés.

Art. 14.

Article de procédure.

Art. 15.

Abrogé.

Art. 16 à 22.

Dispositions abrogées ou abrogeant elles-mêmes d'autres articles de loi. — Clauses de forme.

VII

RAILWAY REGULATION ACT. 1842.

ROYAUME-UNI.

5 ET 6 VICTORIA, CHAP. LV.

30 juillet 1842.

ACTE POUR AMÉLIORER LES TRANSPORTS SUR LES CHEMINS DE FER, ET RÉGLEMENTER LE TRANSPORT DES TROUPES.

Art. 1 à 13.

Formules de préambule, et déclaration que le présent acte fera corps avec celui 3 et 4 Victoria, chapitre XCVII, *dont il abroge certaines dispositions.*

Art. 4.

Soit-il ordonné : qu'aucun chemin de fer ou partie de chemin de fer, ne sera ouvert pour le transport des voyageurs qu'un mois après l'envoi d'un avis écrit, par lequel la Compagnie signifiera au *Board of Trade* son intention d'ouvrir la ligne, et que dix jours après l'envoi d'un autre avis écrit, adressé par la Compagnie à la même administration, pour prévenir que le chemin de fer est suffisamment complet, dans l'opinion de la Compagnie, pour recevoir des voyageurs, et est prêt à être examiné par les inspecteurs.

Art. 5.

Et soit-il ordonné que, si un chemin de fer ou partie de chemin de fer est ouvert, sans que les avis ci-dessus aient été envoyés, la Compagnie propriétaire sera passible d'une amende de 505 francs pour chaque jour pendant lequel la ligne sera ainsi ouverte, jusqu'au moment où les avis seront donnés. Cette pénalité peut être recouvrée devant les tribunaux de *record* et devant les cours de sessions ou de shériffs en Écosse.

Art. 6.

Et soit-il ordonné que, si l'agent ou les agents chargés par le *Board of Trade* d'inspecter ce chemin de fer ou cette partie de chemin de fer, après avoir achevé leur inspection, adressent un rapport écrit à cette administration, pour indiquer que, dans leur opinion, il serait dangereux pour le public d'autoriser l'ouverture de la ligne, parce que les travaux d'art ou la voie ne sont pas complétement achevés, ou parce que les conditions requises pour l'exploitation du chemin n'existent pas, en motivant cette opinion, le *Board of Trade* pourra de temps en temps, aussi longtemps que les inspecteurs après un nouvel examen persisteront dans leurs conclusions, ordonner à la Compagnie d'ajourner l'ouverture de la ligne pendant un délai n'excédant pas un mois à la fois, jusqu'à ce que l'Administration estime que cette ouverture peut avoir lieu sans danger pour le public.

Si un chemin de fer ou partie de chemin de fer est ouvert contrairement à cet ordre, la Compagnie propriétaire sera passible d'une amende de 505 francs par jour pendant lequel le chemin de fer sera ouvert en violation de cet ordre. Cette amende sera recouvrée devant les tribunaux....

Toutefois, l'ordre dont il a été parlé plus haut, n'obligera la Compagnie qu'autant qu'elle aura reçu, en même temps, copie du rapport de l'inspecteur ou des inspecteurs sur lesquels il se fonde.

Art. 7 et 8.

Abrogés.

Art. 9.

Cet article n'a pas été abrogé formellement, mais il a été rendu inutile par suite de la disposition insérée dans l'acte 8 *Victoria, chapitre* XX, *article* 47.

Art. 10.

Abrogé.

Art. 11.

Modifié par la loi de 1873.

Art. 12.

Et considérant que certains actes ont permis aux propriétaires ou locataires des terrains situés le long du chemin de fer, ou à d'autres personnes agissant avec leur consentement, de placer des lignes d'embranchement aboutissant aux lignes principales de chemins de fer, et d'entrer ou de passer sur les lignes principales avec des voitures et wagons traînés par des locomotives ou autre moteur mécanique ou animal, comme aussi de construire des routes ou chemins de fer traversant à niveau les chemins existants,

Et considérant que l'exercice illimité de ces facultés pourrait, dans la plupart des cas, être dangereux pour la sécurité des voyageurs,

Soit-il ordonné que, pour les chemins où les voyageurs sont transportés au moyen de machines à vapeur, si le *Board of Trade* estime que l'exercice de cette faculté peut présenter des dangers au point de vue de la sécurité publique, et qu'il y a lieu de prendre des dispositions pour sauvegarder les droits existants, il pourra décider que cette faculté sera exercée conformément aux prescriptions de l'Administration.

Ne sera pas considéré comme chemin à voyageurs, celui dont les deux tiers ou plus des recettes brutes annuelles, proviendront des transports de houilles, minerais de fer, ou autres.

Art. 13.

Et considérant que, dans beaucoup d'endroits, les chemins de fer ont été construits de façon à traverser à niveau des routes à péage, grand'routes, routes privées et tramways, et que les Compagnies consentiraient à construire, à leurs frais, des ponts ou arches pour faire passer la route sous ou sur le chemin de fer, pour la plus grande sécurité du public, mais qu'elles n'ont pas le pouvoir de le faire ; et considérant qu'il serait conforme aux intérêts de la sécurité du public que les Compagnies de chemins de fer puissent, sous l'autorité du *Board of Trade*, substituer des ponts, ou arches, à ces passages à niveau,

Soit-il ordonné, en conséquence, que dans tous les cas où une Compagnie de chemin de fer voudra, à ses frais, faire passer une route à péage, grand'route, route privée ou tramway, sous ou sur la voie ferrée, au moyen d'un pont ou d'une arche, au lieu de traverser à niveau, le *Board of Trade* pourra, sur la demande de la Compagnie, et les parties intéressées entendues, s'il lui semble que le passage à niveau nuit à la sécurité, et que la proposition de la Compagnie ne porte atteinte à aucun droit ou intérêts existants sans compensation équitable, donner à la Compagnie tout pouvoir et autorité pour faire disparaître à ses frais le danger signalé, soit en construisant un pont, soit au moyen de tout autre arrangement qui sera nécessaire dans l'espèce, dans les conditions prescrites par l'Administration.

Art. 14.

Et considérant qu'il est essentiel pour la sécurité publique et pour l'entretien des chemins de fer nécessaires au service public que les Compagnies de chemins de fer puissent, en cas d'accident ou d'éboulement survenus ou appréhendés, des talus, remblais ou autres travaux, pénétrer sur les terrains adjacents pour faire les travaux de réparation ou de réfection nécessaires,

Soit-il ordonné que le *Board of Trade* pourra autoriser la Compagnie du chemin de fer, en cas d'accident ou d'éboulement survenu ou appréhendé, des talus, remblais ou autres travaux lui appartenant, à pénétrer sur les terrains contigus à la ligne, pour réparer ou prévenir l'accident et faire les travaux nécessaires.

Toutefois, en cas de nécessité, la Compagnie pourra pénétrer sur les terrains et faire les travaux nécessaires avant d'avoir obtenu l'autorisation du *Board of Trade;* mais, dans ce cas, elle devra, dans les 48 heures, adresser au *Board of Trade* un rapport faisant connaître l'accident survenu ou appréhendé, et les travaux qu'elle se propose de faire, et elle cessera de pouvoir exercer ce droit, si le *Board of Trade* pense, après avoir examiné le rapport, que cela n'est pas nécessaire pour la sécurité publique.

Ces travaux devront être faits de manière à causer le moins possible de dommages aux terrains, et devront être exécutés aussi promptement que faire se pourra. Les propriétaires ou locataires des terrains auront droit à une pleine indemnité pour les dommages, pertes ou gêne résultant desdits travaux. En cas de dissentiment, le chiffre de l'indemnité sera réglé comme il est prescrit par les actes de concession, pour les cas d'indemnité à fixer en cas de désaccord.

Toutefois, la Compagnie ne pourra prendre possession permanente d'un terrain pour y exécuter ses travaux, sans le consentement du *Board of Trade*, comme il est dit ci-après.

Art. 15.

Et considérant.... Soit-il ordonné que dans tous les cas où le *Board of Trade* déclare que la Compagnie est autorisée à prendre possession des terrains, comme il est dit ci-dessus, les dispositions de l'acte de concession relatives à l'expropriation, seront remises en vigueur à ce sujet, pour la période indiquée par l'ordonnance du *Board of Trade.*

La Compagnie qui réclamera du *Board of Trade* une ordonnance de ce genre, devra prévenir quatorze jours à l'avance, conformément aux dispositions de l'acte de concession, toutes les parties intéressées, en indiquant les terrains qu'elle veut s'approprier. Si l'une des parties s'adresse au *Board of Trade*, dans le délai de quatorze jours, elle sera entendue en ses observations avant que l'ordonnance soit rendue.

Dans le cas où le *Board of Trade* refuserait à la Compagnie l'autorisation demandée, les Administrateurs de la Compagnie devront, s'ils en sont requis par le *Board of Trade*, rembourser à la partie opposante, tous les frais de son opposition.

Art. 16.

Abrogation des dispositions antérieures qui limitaient à 4 tonnes le poids des wagons.

Art. 17 et 18.

Autorisation donnée aux Compagnies de faire arrêter et traduire devant les magistrats, les mécaniciens, conducteurs et agents de toute sorte qui seraient trouvés en état d'ivresse ou négligeraient de remplir leurs devoirs, de façon à compromettre la sécurité des voyageurs. (*Pénalité de deux mois de prison et* 252 *francs d'amende.*)

Art. 19 et 20.

Amendés par des lois postérieures.

Art. 21.

Interprétation des termes.

Art. 22 et 23.

Clauses de procédure.

VIII

ANGLETERRE ET ÉCOSSE.

5 ET 6 VICTORIA, CHAP. LXXIX.

5 août 1842.

ACTE POUR SUPPRIMER LES DROITS SUR LES DILIGENCES ET SUR LES VOYAGEURS TRANSPORTÉS PAR LES CHEMINS DE FER, ET CERTAINS AUTRES DROITS DE TIMBRE PERÇUS DANS LA GRANDE-BRETAGNE; POUR AUTORISER LA PERCEPTION D'AUTRES DROITS EN REMPLACEMENT, ET AUSSI POUR AMENDER LES LOIS DU TIMBRE, EN CE QUI CONCERNE LES CHEMINS DE FER.

Cette loi a vingt-six articles, mais les sept premiers seulement concernent les chemins de fer. Elle abroge toutes les dispositions antérieures qui avaient établi des taxes sur les chemins de fer, et impose, en remplacement, un droit de 5 pour 100, *en indiquant minutieusement le mode de perception.*

IX

ROYAUME-UNI.

7 ET 8 VICTORIA, CHAP. LXXXV.

9 août 1844.

ACTE POUR SOUMETTRE A CERTAINES CONDITIONS LA CONSTRUCTION DE NOUVEAUX CHEMINS DE FER AUTORISÉS OU A AUTORISER PAR DES ACTES DE LA PRÉSENTE SESSION ET DES SESSIONS FUTURES DU PARLEMENT, ET POUR D'AUTRES OBJETS RELATIFS AUX CHEMINS DE FER.

Art. 1er.

Soit-il ordonné.... que si, à une époque quelconque, à l'expiration de vingt et une années à partir du 1er janvier qui suivra le vote d'un acte du Parlement de la présente session ou des sessions futures, autorisant la construction d'une ligne de chemin de fer pour voyageurs; — que ce soit une ligne principale, un embranchement ou une jonction; — qu'elle soit construite par une nouvelle Compagnie incorporée à cet effet, ou par une Compagnie déjà existante; — le revenu net annuel à répartir entre les propriétaires du capital consolidé versé, pour la moyenne des trois dernières années, est égal ou supérieur à 10 livres pour chaque 100 livres dudit capital, il sera loisible aux lords de la Trésorerie de Sa Majesté, conformément aux règles ci-après fixées, et en prévenant la Compagnie par écrit trois mois à l'avance, de reviser le tarif des péages, droits et charges fixés par l'acte ou les actes qui régissent ledit chemin de fer, et d'arrêter tel nouveau tarif de péages, droits et charges applicable aux diverses classes et espèces de voyageurs, marchandises et autre trafic sur ce chemin de fer, que les lords de la Trésorerie, en calculant que le chiffre du trafic restera le même, penseront devoir réduire ledit bénéfice à 10 pour 100 du capital.

Pourvu toutefois que ce tarif revisé ne soit mis en vigueur qu'avec la garantie qu'aussi longtemps qu'il sera appliqué, lesdits profits à partager seront, en cas de déficit, complétés jusqu'à concurrence de 10 livres par 100 livres de capital.

Pourvu également que ce nouveau tarif ne puisse être modifié, ou la garantie retirée, sans le consentement de la Compagnie, pendant une nouvelle période de 21 ans.

Art. 2.

Et, soit-il ordonné que, quel que soit le taux des profits à partager pour ledit chemin de fer, il sera loisible auxdits lords de la Trésorerie, s'ils le jugent expédient, et conformément aux règles ci-après, à l'expiration de la période de 21 ans plus haut indiquée, d'acheter ledit chemin de fer avec toutes ses dépendances, matériel et propriétés, au nom et pour le compte de Sa Majesté, en prévenant la Compagnie de leur intention 3 mois à l'avance, et en lui payant une somme égale à 25 fois le montant des profits à partager, en prenant pour base la moyenne des trois dernières années ;

Pourvu que, dans le cas où le taux moyen de ces trois dernières années aurait été inférieur à 10 pour 100, il soit permis à la Compagnie, si elle pense que le taux de 25 fois la somme de ces profits n'est pas suffisante, eu égard aux chances d'accroissement des bénéfices, de réclamer un arbitrage, en cas de différend, pour faire déterminer la somme supplémentaire qui devra lui être accordée s'il y a lieu;

Pourvu également que ce droit de rachat ne puisse être exercé malgré la Compagnie, tant que le tarif revisé des péages, droits et charges, sera en vigueur.

Art. 3.

Pourvu toujours, et soit-il ordonné que le droit de

révision ou de rachat ne s'applique à aucun chemin de fer construit ou autorisé en vertu d'un acte antérieur à la présente session, et qu'aucun embranchement ou extension de moins de 8 kilomètres, de ces chemins de fer, ne puisse être considéré comme une nouvelle ligne aux termes de la présente loi ; qu'enfin, le droit de rachat ne soit exercé pour aucun embranchement ou extension d'un chemin de fer, sans l'être en même temps pour la ligne principale, si les propriétaires du chemin le demandent.

Art. 4.

Et attendu qu'il importe que la convenance du rachat des chemins de fer ne soit en rien préjugée par la présente loi, mais reste entièrement à la discrétion du législateur futur, qui aura à l'examiner d'après des considérations générales et nationales ;

Et attendu que le présent acte ne saurait faire que ces pouvoirs de rachat, si l'on en use, aient pour résultat de créer, au moyen des deniers de l'État, une concurrence injuste contre une ou plusieurs Compagnies;

Soit-il décidé qu'aucun avis de rachat ou de révision ne sera donné avant que le Parlement ait voté les fonds nécessaires pour effectuer le rachat ou assurer la garantie, et pour déterminer dans quelle forme aura lieu la révision ou le rachat, et qu'aucun bill autorisant le gouvernement à faire usage de ces pouvoirs ne sera présenté au Parlement, sans qu'on y ait inséré une clause constatant que les Compagnies ont reçu, depuis 3 mois, avis de l'intention où sont les lords de la Trésorerie d'opérer la révision ou le rachat.

Art. 5.

Et soit-il ordonné qu'à partir des 3 années qui précéderont l'époque à laquelle le droit de révision ou de rachat pourra être exercé, il sera tenu un compte exact de toutes les sommes reçues ou dépensées pour chaque chemin de fer soumis aux dispositions de la présente loi (en distinguant les recettes, si c'est un embranchement ou une ligne exploitée en commun avec d'autres Compagnies, et en indiquant les dépenses approximatives afférentes à ces lignes), par les soins des administrateurs de la Compagnie qui est propriétaire du chemin ou qui l'exploite.

Chacune de ces Compagnies devra, une fois par semestre, pendant ces trois années, préparer un compte semestriel, indiquant les recettes et les dépenses des lignes jusqu'au 30 juin et au 31 décembre ou autre date fixée par les lords de la Trésorerie, avec une balance des comptes, contrôlée et certifiée par deux administrateurs, au moins, de la Compagnie. Elle enverra un exemplaire de ces comptes aux lords de la Trésorerie avant les derniers jours de février et d'août, ou autres époques fixées par lesdits lords.

Les lords de la Trésorerie pourront, s'ils le jugent utile, charger une ou plusieurs personnes compétentes d'examiner les comptes et livres de ladite Compagnie pendant ladite période de trois ans, et il sera permis à toute personne à ce autorisée, et en produisant cette autorisation, d'examiner à tout moment raisonnable les livres, comptes et pièces justificatives de la Compagnie, et d'en prendre copie ou extrait, au siége de ladite Compagnie.

Art. 6.

Et attendu qu'il convient d'assurer aux classes pauvres de voyageurs, le moyen de voyager en chemin de fer à des prix modérés et dans des voitures dans lesquelles ils soient protégés contre les intempéries,

Soit-il ordonné que, pour chacun des jours ci-après indiqués, toutes les Compagnies de chemins de fer incorporées par un acte de la présente session ou de toute session future, ou qui ont obtenu ou obtiendront par un acte de la présente session ou d'une session future, une extension ou une modification des pouvoirs qui leur ont été conférés par des lois antérieures, ou qui ont été ou seront autorisées à faire un acte qui n'était pas autorisé par les lois antérieures, devront, dans un train, au moins, parcourant leurs lignes d'un bout à l'autre sur chaque chemin principal, embranchement, ou jonction dont elles sont propriétaires ou locataires, et aussi longtemps qu'elles continueront à transporter d'autres voyageurs sur cette ligne, embranchement, ou jonction, une fois au moins chaque jour de la semaine, excepté le jour de Noël et le vendredi saint (cette exception ne s'étend pas à l'Écosse), pourvoir au transport des voyageurs de 3e classe, en destination ou en provenance des stations de voyageurs intermédiaires et extrêmes du chemin de fer, sous les obligations contenues dans leurs actes de concessions, et avec les immunités légales applicables aux entrepreneurs de transport de voyageurs par chemin de fer, et dans les conditions suivantes, savoir :

Ce train partira à l'heure qui sera fixée de temps en temps par les administrateurs, avec l'approbation du *Board of Trade.*

Ce train voyagera à une vitesse moyenne d'au moins 19 kilomètres à l'heure, y compris les arrêts, sur tout le parcours du chemin de fer.

Ce train prendra, s'il y a lieu, et déposera les voyageurs à chaque station de voyageurs sur la ligne.

Les voitures dans lesquelles les voyageurs seront transportés par ce train, seront munies de siéges et seront protégées contre l'air, de la façon que le *Board of Trade* jugera satisfaisante.

Le prix des places pour chaque voyageur de troisième classe, dans ce train, n'excédera pas 0 fr. 062 par kilomètre parcouru.

Chaque voyageur de ce train aura droit au transport gratuit de 23 kilogrammes de bagages autres que des marchandises ou articles de commerce, et tout excédant de bagage sera taxé, d'après son poids, à un tarif n'excédant pas le tarif le plus bas perçu pour les bagages des voyageurs par les autres trains.

Les enfants au-dessous de 3 ans accompagnant les voyageurs de ces trains, voyageront gratuitement; les enfants de 3 à 12 ans payeront moitié prix.

En ce qui concerne tous les chemins de fer soumis à cette obligation, qui seront ouverts avant le 1er novembre prochain, ces obligations seront en vigueur ledit 1er novembre.

Et en ce qui concerne tous les autres chemins de fer soumis à ces obligations, lesdites obligations seront en vigueur le jour de l'ouverture du chemin de fer, ou le lendemain de la clôture de la session dans laquelle aura été voté le premier acte en vertu duquel la Compagnie y sera soumise.

Art. 7.

Et soit-il ordonné que, si une Compagnie de chemin de fer refuse ou néglige avec intention, de se conformer aux dispositions légales relatives à ces trains à bon marché, dans un délai raisonnable, ladite Compagnie sera passible d'une amende n'excédant pas 505 francs pour chaque jour pendant lequel se continuera ce refus, cette négligence, ou cette désobéissance.

Art. 8.

Pourvu toutefois, et soit-il ordonné que, sauf en ce qui concerne le tarif des voyageurs, qui ne pourra, en aucun cas, excéder le tarif ci-dessus fixé, le *Board of Trade* aura un pouvoir discrétionnaire de dispenser les Compagnies, sur leur demande, des conditions fixées ci-dessus pour le transport des voyageurs, en considération d'autres arrangements, relatifs, soit à la vitesse, soit aux siéges, soit à la protection contre l'air, ou autres détails que le *Board of Trade* jugera plus favorables et commodes, dans l'espèce, pour les voyageurs de ces trains, et qu'il autorisera en conséquence.

Toute Compagnie qui se conformera aux autres conditions sanctionnées par le *Board of Trade*, ne sera passible d'aucune amende à raison de l'inobservation des obligations dont elle aura été dispensée par le *Board of Trade* pour les voyageurs de ces trains à bon marché.

Art. 9.

Modifié.

Art. 10.

Et soit-il ordonné que, toutes les fois qu'une Compagnie de chemin de fer soumise aux obligations ci-dessus indiquées d'avoir un train à bon marché, à partir du jour où commence cette obligation, fera circuler un ou plusieurs trains de voyageurs le dimanche, elle devra, conformément aux prescriptions légales et avec les immunités légales des entrepreneurs de transport de voyageurs par chemins de fer, avoir, le dimanche, dans le train de chaque sens qui s'arrêtera au plus grand nombre de stations, des voitures en nombre suffisant pour transporter les voyageurs de 3e classe aux stations extrêmes et intermédiaires où s'arrêtent ces trains du dimanche, et le tarif pour chaque voyageur de 3e classe n'excédera pas 0 fr. 062 par kilomètre parcouru.

Art. 11.

Et attendu.... Le directeur général des postes pourra, dans la forme et aux conditions de payement pour le service rendu, prescrites par la loi (1 et 2 Victoria, ch. XCVIII), exiger que les dépêches soient expédiées sur tout chemin de fer à la vitesse qu'un inspecteur des chemins de fer jugera non dangereuse, et n'excédant pas 44 kilomètres à l'heure, arrêts compris.

Le directeur général des postes pourra envoyer un agent avec les dépêches n'excédant pas le poids du bagage accordé aux voyageurs ordinaires (ou suivant les règles de la Compagnie pour les excédants de bagages), par tout train autre qu'un train poste, dans les mêmes conditions que tout autre voyageur, pourvu que, dans ce dernier cas, le directeur général des postes ne puisse exiger la conversion d'un train poste en train ordinaire, ni exercer aucun contrôle sur la Compagnie à raison d'un train ordinaire, et que la Compagnie ne soit responsable ni de la garde, ni de la remise des dépêches ainsi transportées.

Art. 12.

Cet article, qui a 62 lignes serrées, des caractères les plus fins, se compose d'une seule phrase. Il est à peu près intraduisible, et je me contente de l'analyser.

Les Compagnies devront transporter les soldats, marins et agents de police moyennant 0 *fr.* 13 *c. par kilomètre pour les officiers, lesquels voyageront en* 1re *classe,* 0 *fr.* 062 *pour les soldats, leurs femmes, veuves et enfants au-dessus de* 12 *ans, et* 0 *fr.* 031 *pour les enfants de* 3 *à* 12 *ans, en* 3e *classe. Les officiers auront droit à* 43 *kilog., les soldats à* 23 *kilog. de bagages, l'excédant payera* 0 *fr.* 11 *c. par kilog. Le matériel, à l'exception des articles dangereux dont le tarif sera débattu de gré à gré, payera* 0 *fr.* 13 *c. par kilomètre, et les soldats aideront à le charger et décharger.*

Art. 13 et 14.

Ces articles obligent les Compagnies à permettre de poser des poteaux et fils télégraphiques le long de leurs lignes.

Art. 15 et 16.

Abrogés.

Art. 17.

Et soit-il ordonné que, s'il paraît au *Board of Trade* qu'une des dispositions des actes du Parlement relatifs aux Compagnies de chemins de fer, n'a pas été exécutée par une Compagnie ou par ses agents, ou qu'une Compagnie agit ou a agi, soit d'une manière non autorisée par le Parlement, soit en dehors des pouvoirs qui lui ont été donnés et des objets définis par la loi, et qu'il est utile dans l'intérêt public que cette Compagnie soit empêchée d'agir ainsi, le *Board of Trade* en donnera avis à l'attorney général d'Angleterre ou d'Irlande (ou au lord avocat d'Écosse, suivant le cas), leqnel, s'il s'agit d'une infraction aux lois sur les chemins de fer, procédera par voie d'information.... ou autre procédure, suivant le cas, pour recouvrer les amendes, pénalités, etc., ou assurer autrement l'exécution de ces dispositions légales par les moyens que toute personne subissant un dommage par le même fait, pourrait légalement employer.

Si la contravention de la Compagnie consiste à faire un acte défendu par la loi, l'attorney général agira par action en équité ou autrement, suivant le cas, pour obtenir une injonction ou ordre.... défendant à la Compagnie d'agir de cette manière illégale, ou prescrivant les mesures que le cas comportera.

Art. 18.

Pourvu toutefois que le *Board of Trade* ne puisse envoyer ledit avis que 21 jours après avoir prévenu la Compagnie incriminée, de son intention d'envoyer cet avis, et qu'aucune procédure légale ne puisse être commencée par le *Board of Trade* contre une Compagnie de chemin de fer autrement qu'après l'avis indiqué plus haut et dans le délai d'un an à partir du moment où la contravention a été commise.

Art. 19.

Et considérant.... Soit-il ordonné qu'à partir du vote de la présente loi, toute Compagnie de chemin de fer émettant une *Loan note* ou autre titre obligeant la Compagnie, comme représentant des sommes prêtées à ladite Compagnie autrement que suivant les dispositions des actes du Parlement qui autorisent les Compagnies à emprunter cet argent et à émettre ces titres, sera, pour chaque contravention, condamnée à une amende égale à la valeur de ces titres illégaux. Toutefois les Compagnies pourront renouveler les titres émis antérieurement au vote de la présente loi, pour une période n'excédant pas 5 ans à dater de ce jour.

Art. 20.

Les Compagnies sont autorisées à rembourser les titres illégalement émis avant le 12 *juillet* 1844.

Art. 21.

Et soit-il ordonné que le Secrétaire de chaque Compagnie, devra tenir un registre mentionnant toutes les *Loan notes* ou autres titres, qui sera mis gratuitement à la disposition de tout actionnaire ou censeur de la Compagnie et de toute personne intéressée désirant le consulter.

Art. 22.

Relatif à l'impôt des dîmes.

Art. 23.

Abrogé.

Art. 24.

Dispose que toutes les pénalités portées par cet acte pourront être recouvrées devant les cours de record.

Art. 25 et 26.

Interprétation des termes, et pouvoir au législateur d'amender ou d'abroger la présente loi.

X

COMPANIES CLAUSES CONSOLIDATION ACT. 1845.

ANGLETERRE ET IRLANDE.

8 ET 9 VICTORIA, CHAP. XVI.

8 mai 1845.

ACTE POUR CONSOLIDER EN UN SEUL ACTE CERTAINES DISPOSITIONS HABITUELLEMENT INSÉRÉES DANS LES ACTES RELATIVEMENT A LA CONSTITUTION DES COMPAGNIES POUR UNE ENTREPRISE D'INTÉRÊT PUBLIC.

Art. 1er.

.... Le présent acte s'appliquera à toute Compagnie qui sera désormais incorporée par un acte, dans le but d'entreprendre un travail d'utilité publique....

Art. 2 et 3.

Interprétation des termes.

Art. 4.

.... Cet acte sera cité sous le titre de : *Companies clauses consolidation act de* 1845.

Art. 5.

Clause de forme pour l'incorporation.

DIVISION DU CAPITAL EN ACTIONS.

Art. 6.

Le capital de la Compagnie sera divisé en actions, dont le nombre et le montant sont prescrits par l'acte de concession; ces actions seront numérotées suivant une progression arithmétique commençant au n° 1; chaque action sera distinguée par son numéro respectif.

Art. 7.

Toutes les actions de l'entreprise seront des valeurs mobilières, transmissibles comme telles, et non des valeurs immobilières.

Art. 8.

Toute personne qui aura souscrit au capital de la Compagnie pour la somme fixée ou pour une somme supérieure, ou qui sera devenue, par une autre voie, titulaire d'une action de la Compagnie, et dont le nom aura été inscrit sur le registre des actionnaires ci-après mentionné, sera considérée comme actionnaire de la Compagnie.

Art. 9.

La Compagnie devra tenir un livre, appelé le « Registre des actionnaires », dans lequel seront loyalement et clairement inscrits, de temps à autre, les noms des diverses corporations, et les noms et qualités des diverses personnes titulaires d'actions de la Compagnie, avec le nombre d'actions appartenant respectivement auxdits actionnaires (chaque action étant désignée par son numéro), ainsi que le montant des sommes payées sur les actions. Les noms de famille et de corporation desdits actionnaires seront classés par ordre alphabétique. Ce livre sera légalisé par l'apposition du sceau de la Compagnie. Cette légalisation aura lieu lors de la première assemblée ordinaire ou de la suivante, et ainsi de suite, de temps en temps, à chaque assemblée de la Compagnie.

Art. 10.

Outre ce registre des actionnaires, la Compagnie aura un livre dit : Livre d'adresses des actionnaires, dans lequel le secrétaire inscrira de temps en temps, par ordre alphabétique, les noms et adresses des divers actionnaires de la Compagnie formant des corporations, et les prénoms des autres actionnaires, avec leurs noms, adresses et qualités, en tant que la Compagnie les connaîtra, et chaque actionnaire ou, si l'actionnaire est une corporation, le greffier ou agent de cette corporation pourra, à toute époque, consulter gratuitement ce livre et demander copie du tout ou de partie. La Compagnie pourra faire payer 60 centimes par cent mots copiés.

Art. 11.

Sur la demande du porteur d'une action, la Compagnie délivrera un certificat de propriété de cette action : ce certificat sera muni du sceau de la Compagnie. Il indiquera l'action à laquelle a droit l'actionnaire, dans la forme prescrite par la présente loi. Pour chacun de ces certificats, la Compagnie peut demander un droit ne dépassant pas le chiffre prescrit, ou si aucun chiffre n'est prescrit, n'excédant pas 3 fr. 10 c.

Art. 12.

Ledit certificat sera reçu dans les cours de justice, comme formant preuve *prima facie* du titre de l'actionnaire, de ses exécuteurs, administrateurs, ou ayants droit à l'action spécifiée au registre; néanmoins, l'absence de ce certificat n'empêchera pas le porteur d'une action d'en disposer.

Art. 13.

Si l'un de ces certificats est usé ou endommagé, les administrateurs pourront le faire détruire, et en remettre, en échange, un autre au propriétaire actuel. Si un certificat est perdu ou détruit, et que le fait soit prouvé à la satisfaction des administrateurs, l'actionnaire en recevra un autre semblable. Dans les deux cas, le secrétaire mentionnera sur les registres, les titres ainsi émis, et pour chaque certificat ainsi remis ou échangé, la Compagnie peut demander la somme prescrite, ou si rien n'est prescrit, 3 fr. 10 c. au plus.

TRANSFERT OU TRANSMISSION DES ACTIONS.

Art. 14.

Conformément aux règles prescrites par la présente loi ou par l'acte de concession, tout actionnaire peut vendre et transférer tout ou partie de ses actions, ou tout ou partie de ses intérêts dans le capital consolidé de la Compagnie, si les actions sont, conformément aux dispositions ci-après, consolidées en *capital stock*. Chaque transfert se fera par acte dûment timbré indiquant loyalement les termes du traité de cession....

Art. 15.

Ledit acte de transfert une fois passé, sera remis au secrétaire, qui le gardera et l'inscrira sur un registre dit Registre des transferts. Ledit secrétaire mentionnera cette inscription sur l'acte, et délivrera un certificat nouveau à l'acheteur qui le réclamera. Pour chaque inscription, mention, et certificat, la Compagnie pourra percevoir la somme fixée, ou, au plus, 3 fr. 10 c.

Si l'acheteur le réclame, mention du transfert sera faite sur l'ancien certificat, et il ne sera pas émis de nouveau titre. Cette mention, signée par le secrétaire, sera considérée à tous égards comme équivalente à un nouveau titre. Jusqu'à ce que le transfert ait été remis au secrétaire, comme il a été dit ci-dessus, le vendeur de l'action continuera d'être responsable envers la Compagnie de tous les versements qui pourraient être appelés sur cette action, et l'acheteur n'aura le droit de recevoir aucun dividende ou profit de l'entreprise, ni de prendre part à aucun vote en raison de ses actions.

Art. 16.

Aucun actionnaire ne pourra transférer une action sur laquelle un appel aura été fait, avant d'avoir effectué le versement, ou d'avoir payé tous les fonds appelés et encore dus sur ses actions.

Art. 17.

Les administrateurs pourront clore le Registre des transferts pendant la période prescrite, et si aucune période n'est fixée, pendant une période de 14 jours au plus, avant chaque assemblée ordinaire. Ils fixeront le jour de la clôture, et l'indiqueront 7 jours à l'avance, dans un journal. Tout transfert opéré pendant la période de clôturé des livres de transferts sera, mais seulement vis-à-vis de la Compagnie, considéré comme ayant eu lieu après cette assemblée ordinaire.

Art. 18 à 20.

Règles diverses pour les cas de mariage, mort, banqueroute, fidéicommis, etc.

Art. 21.

Les différents souscripteurs, ou leurs représentants légaux, devront payer les sommes respectivement souscrites par chacun d'eux, ou les portions de ces sommes pour lesquelles des appels seront faits par la Compagnie de temps à autre, aux époques et lieux désignés....

APPELS DE FONDS.

Art. 22.

La Compagnie pourra, de temps en temps, faire les appels qu'elle jugera nécessaires sur les actions souscrites, après en avoir donné avis 21 jours à l'avance. Aucun appel n'excédera le montant prescrit.

Les appels ne pourront être faits qu'aux intervalles prescrits, et le montant des appels faits dans une même année ne pourra excéder le chiffre prescrit. Chaque actionnaire sera tenu de payer le montant des appels ainsi faits pour les actions qu'il possède, aux personnes, lieux et époques indiqués par la Compagnie.

Art. 23.

Tout actionnaire qui, au jour fixé pour le payement, ne verse pas la somme appelée dont il est redevable, sera tenu d'en payer les intérêts au taux légal, depuis le jour fixé pour le versement jusqu'à celui où il effectuera le payement.

Art. 24.

La Compagnie pourra, si elle le trouve bon, recevoir des actionnaires qui voudront se libérer par avance, tout ou partie des sommes restant dues sur les actions en outre des appels faits. Sur le capital ainsi payé en avance et dépassant le montant des appels, la Compagnie peut servir des intérêts n'excédant pas le taux légal convenu entre elle et l'actionnaire.

Art. 25.

Si, à l'époque fixée par la Compagnie pour le versement d'un appel de fonds, un actionnaire ne paye pas la somme appelée, la Compagnie pourra l'actionner devant toute cour de loi ou d'équité compétente, et recouvrer cette somme avec les intérêts légaux à partir du jour des appels.

Art. 26 à 28.

Règles de procédure.

DÉCHÉANCE A DÉFAUT DE VERSEMENTS.

Art. 29.

Si un actionnaire ne paye pas le montant d'un versement avec les intérêts qui ont pu s'y ajouter, les administrateurs peuvent, à toute époque après l'expiration des deux mois à partir du jour fixé pour le payement légal, déclarer l'actionnaire déchu de ses droits à l'action sur laquelle l'appel avait été fait, que la Compagnie ait ou n'ait pas exercé des poursuites.

Art. 30.

Avant de prononcer la déchéance de l'actionnaire, les administrateurs doivent envoyer un avis préalable, par la poste ou autrement, à l'adresse habituelle ou à la dernière adresse connue de la personne indiquée sur le Registre des actionnaires comme propriétaire de cette action. Si cette personne est à l'étranger, ou si son adresse habituelle ou sa dernière adresse n'est pas connue des administrateurs, par la raison qu'elle était imparfaitement inscrite sur le livre d'adresses des actionnaires ou pour toute autre raison, ou si la propriété de cette action a été, à la connaissance des administrateurs, cédée autrement que par transfert opéré conformément aux règles ci-dessus tracées, mais que la déclaration de cette transmission n'ait pas été inscrite comme il a été dit ci-dessus, et qu'en conséquence les adresses des personnes auxquelles ladite action a pu être transférée ou peut appartenir, en ce moment, ne soient pas connues des administrateurs, ces derniers doivent donner avis public de ce fait dans la *Gazette* de Londres ou de *Dublin*, suivant que le siége principal de la Compagnie est situé en Angleterre ou en Irlande, et aussi dans un journal, comme il sera ci-après mentionné. Ce sdifférents avis seront donnés vingt et un jours au moins avant que les administrateurs puissent prononcer la déchéance.

Art. 31.

Ladite déclaration de déchéance n'autorisera à vendre ou a disposer autrement de l'action, qu'autant que cette déclaration aura été confirmée dans une assemblée générale de la Compagnie tenue à l'expiration des deux mois à partir du jour où il aura été donné avis de l'intention de déclarer la déchéance. La Compagnie pourra confirmer la déchéance dans cette assemblée, et, en vertu de cette décision, ou de celle prise par toute autre assemblée postérieure, vendre ou disposer autrement de l'action.

Art. 32.

La confirmation ci-dessus mentionnée étant une fois donnée, les administrateurs pourront légalement vendre l'action, soit aux enchères publiques, soit par contrat privé. S'il y a plus d'une action, la vente aura lieu séparément ou à la fois, comme il semblera préférable; et tout actionnaire pourra acquérir les actions ainsi mises en vente.

Art. 33.

Une déclaration écrite par une personne digne de foi et non intéressée dans la question, faite devant un juge de paix, ou devant un maître ou maître extraordinaire de la haute cour de chancellerie, attestant que l'appel sur une action a été fait et l'avis donné, et que la déchéance de l'actionnaire a été déclarée et confirmée comme il a été d'abord indiqué ci-dessus, constituera une preuve suffisante des faits. Cette déclaration et la quittance de la Compagnie, constitueront un titre suffisant à la propriété de cette action, et un certificat de propriété sera délivré à l'acquéreur, qui sera considéré comme propriétaire de l'action, et déchargé de tout appel fait antérieurement à l'achat. Ledit acquéreur ne sera pas tenu de s'assurer de l'emploi de l'argent de la vente, et son droit à cette action ne pourra être affecté par aucune irrégularité qui aurait eu lieu dans la procédure de la vente.

Art. 34.

La Compagnie ne pourra vendre ou transférer plus d'actions appartenant à un seul actionnaire déchu de ses droits, qu'il ne sera nécessaire, autant qu'on pourra le supposer au moment de la vente, pour payer l'arriéré dû par l'actionnaire sur tous les appels déjà faits, joint aux intérêts et aux dépenses concérnant la vente et la déclaration de déchéance. Si la somme produite par la vente de ces actions est plus que suffisante pour payer l'arriéré des appels faits et les intérêts dus à l'époque de la vente, avec les dépenses occasionnées par la déclaration de déchéance et la vente même, le surplus sera remis à l'actionnaire déchu, sur sa demande.

Art. 35.

Si le payement de ces arriérés d'appels, d'intérêts et de frais, est fait avant que l'action ainsi perdue et reprise par la Compagnie ait été vendue, cette action sera rendue à la personne à laquelle elle appartenait avant la déclaration de déchéance, comme si tous les appels avaient été légalement versés.

ACTIONS DES CRÉANCIERS CONTRE LES ACTIONNAIRES.

Art. 36.

Si une exécution légale est ordonnée sur les biens de la Compagnie, et qu'il n'y ait pas de fonds suffisants, l'exécution peut être ordonnée contre tout actionnaire jusqu'à concurrence de la somme non versée sur ses actions. Cette exécution ne pourra avoir lieu qu'en vertu d'un jugement de la cour saisie de l'affaire, et après que la partie intéressée aura été, à l'avance, prévenue par écrit.

Toute personne qui réclame un jugement d'exécution, peut examiner gratuitement, à toute heure raisonnable, le registre des actionnaires, afin de connaître les noms des actionnaires et les sommes restant à verser sur leurs actions.

Art. 37.

Si, par suite de cette exécution, un actionnaire vient à payer une somme supérieure à celle qu'il n'a pas versée, il sera remboursé par les administrateurs, sur les fonds de la Compagnie.

EMPRUNTS HYPOTHÉCAIRES.

Art. 38.

Si la Compagnie est autorisée, par son acte de concession, à emprunter sur hypothèque ou par émission d'obligations, elle pourra, sous les réserves contenues audit acte, emprunter sur hypothèque ou par émission d'obligations, les sommes fixées par l'assemblée générale des actionnaires, pourvu qu'elles n'excèdent pas la somme indiquée par l'acte de concession. Pour assurer le remboursement et le payement des intérêts de ces emprunts, la Compagnie pourra hypothéquer le chemin de fer et les sommes restant à verser par les actionnaires, ou émettre des titres, comme il sera dit ci-après.

Art. 39.

Dans le cas où la Compagnie aurait remboursé un emprunt ainsi contracté, il lui sera loisible d'emprunter de nouveau la même somme, et cela de temps à autre; mais ces emprunts nouveaux ne pourront être contractés qu'en vertu d'une autorisation de l'assemblée générale des actionnaires, à moins que le montant de l'emprunt soit destiné à rembourser un emprunt ou des obligations hypothécaires.

Art. 40.

Lorsque l'acte de concession interdira à la Compagnie d'emprunter au moyen d'hypothèque ou d'émission d'obligations jusqu'à ce qu'une partie du capital ait été souscrite ou versée, ou lorsque la présente loi ou l'acte de concession exigent l'autorisation de l'assemblée générale des actionnaires pour tout emprunt à contracter, le fait que cette partie du capital a été versée ou que l'assemblée générale a donné l'autorisation nécessaire, sera suffisamment attesté, dans le premier cas, par un certificat d'un juge de paix, dans le second, par une expédition de la délibération de l'assemblée générale, certifiée véritable par l'un des administrateurs ou par le secrétaire. Tout juge de paix pourra délivrer le certificat ci-dessus indiqué, sur la production des livres de la Compagnie, ou autre document qu'il jugera suffisant.

Art. 41.

Tout titre d'hypothèque et tout bon donnés comme gages des emprunts seront revêtus du sceau de la Compagnie, timbrés, etc....

Art. 42.

Les titres d'hypothèque donneront respectivement droit à une portion des recettes, sommes et propriétés hypothéquées, ainsi qu'aux sommes non versées sur les actions (si elles sont comprises dans l'hypothèque), en proportion du montant des sommes prêtées, ainsi qu'au remboursement du capital avec intérêts, sans aucune préférence à raison de la date de l'émission, ou de la date de l'assemblée générale qui a autorisé l'emprunt.

Art. 43.

Aucun des titres ci-dessus mentionnés, quoique donnant hypothèque sur les sommes non versées par les actionnaires, ne pourra, à moins d'une clause spéciale, empêcher la Compagnie de recouvrer et d'appliquer aux dépenses ordinaires, l'argent provenant des appels de fonds.

Art. 44.

Les porteurs d'obligations auront le droit d'être payés, proportionnellement aux sommes prêtées par chacun d'eux, sur le produit des recettes ou autres propriétés ou titres de la Compagnie, sans aucune préférence résultant de l'antériorité des titres, ou de la date de l'assemblée générale qui a autorisé l'émission.

Art. 45.

Le secrétaire de la Compagnie inscrira sur un registre, les hypothèques constituées. Mention de chaque titre, avec indication de son numéro, de sa date, de sa valeur, du nom du titulaire, et autres renseignements, sera faite sur ce registre dans les quatorze jours qui suivront l'émission. Ce registre pourra être gratuitement consulté à tout moment raisonnable, par tout actionnaire ou créancier de la Compagnie, ou autre intéressé.

Art. 46.

Tout propriétaire de ces titres pourra les transférer à une autre personne, au moyen d'un acte qui sera timbré....

Art. 47.

Dans les trente jours de la date du transfert, s'il a lieu dans le Royaume-Uni, ou dans les trente jours du retour dans le Royaume-Uni, en cas d'absence, l'acte de transfert sera remis au secrétaire, qui l'enregistrera. A la suite de cet enregistrement, le nouveau titulaire jouira de tous les droits de l'ancien propriétaire.... et la Compagnie pourra exiger, pour l'enregistrement, un droit de 3 fr. 10 c.

Jusqu'au moment où aura été fait l'enregistrement, la Compagnie ne sera, en aucune façon, engagée vis-à-vis du nouveau titulaire.

Art. 48.

Les intérêts des sommes prêtées sur hypothèque ou bon, seront payés aux ayants droit à l'époque indiquée par le titre, et à défaut d'indication, tous les six mois, et par préférence à tout dividende d'actionnaires.

Art. 49.

Les intérêts de ces titres ne pourront être transférés que par un acte dûment timbré.

Art. 50.

La Compagnie peut, si elle le juge bon, fixer l'époque du remboursement des emprunts et du payement des intérêts; la date ainsi fixée doit être indiquée sur le titre. A l'expiration du délai, le principal et les intérêts devront être remis à l'ayant droit. A défaut d'autre indication, le remboursement sera fait au siége principal de la Compagnie.

Art. 51.

Si le titre n'indique pas la date du remboursement, l'ayant droit peut, à toute époque, à l'expiration du délai de 12 mois, à dater de la date du titre, réclamer, après en avoir donné avis six mois à l'avance, le remboursement du capital et des intérêts. La Compagnie peut rembourser dans les mêmes conditions et après avis préalable. L'avis sera manuscrit ou imprimé, ou partie manuscrit et partie imprimé, et remis au siége de la Compagnie, ou au titulaire, suivant les cas. Si la

Compagnie ignore et ne peut trouver, après des recherches suffisantes, l'adresse du titulaire, l'avis sera inséré dans la *Gazette de Londres*, d'*Édimbourg* ou de *Dublin*, suivant le lieu du siége principal de la Compagnie, et, dans un autre journal, comme il sera prescrit plus loin.

Art. 52.

Si la Compagnie a donné avis de son intention de rembourser le prêt hypothécaire ou le bon, à l'époque où ils peuvent être légalement remboursés, tout intérêt cessera d'être payable sur cette hypothèque ou obligation, à dater de ce moment, à moins que la Compagnie ne paye pas le principal et les intérêts dus à l'expiration du délai fixé par cet avis ou indiqué sur l'hypothèque ou bon, lorsque la demande lui en sera faite.

Art. 53.

Lorsque l'acte de concession permet aux créanciers hypothécaires de la Compagnie d'exiger le payement des intérêts arriérés ou du principal avec les intérêts dus, et de faire nommer, à cet effet, un séquestre; alors si dans les trente jours après celui fixé pour le payement des intérêts, et après une demande faite par écrit, lesdits intérêts n'ont pas été payés, le créancier hypothécaire peut, sans préjudice de son droit d'exercer des poursuites à fin de payement de ces intérêts, devant toute cour supérieure de justice et d'équité, demander la nomination d'un séquestre, par un acte dans la forme ci-après indiquée.

Si, dans les six mois après que le principal est devenu exigible, et après une demande faite par écrit, ladite somme n'a point été payée, le créancier hypothécaire, sans préjudice de son droit de poursuivre le payement du principal et des intérêts devant toute cour supérieure de loi ou d'équité, peut, si sa dette atteint seule la somme prescrite, ou si cette dette n'atteint pas cette somme, peut, conjointement avec d'autres créanciers dont les dettes, étant aussi exigibles, atteignent, avec la sienne, la somme prescrite, réclamer la nomination d'un séquestre, par une demande comme il sera prescrit ci-après.

Art. 54.

Toute demande en nomination de séquestre, dans les cas ci-dessus indiqués, sera adressée à deux juges de paix, qui pourront, après avoir entendu les parties, rendre par écrit, une ordonnance nommant un séquestre chargé de percevoir tout ou partie des sommes sur la garantie desquelles a été fait le prêt, jusqu'à ce que le principal et les intérêts avec les frais, y compris ceux du séquestre, soient entièrement recouvrés.

A dater de cette nomination, toutes sommes d'argent et recettes seront perçues par le séquestre ainsi nommé, et cet argent sera reçu au profit de celui auquel sont dus le principal et les intérêts, ou les intérêts seulement, suivant les cas, et à la requête duquel a été nommé le séquestre.

Les intérêts et frais, ou, suivant les cas, le principal, les intérêts, et les frais, une fois recouvrés, les pouvoirs du séquestre prendront fin.

Art. 55.

A tout moment raisonnable, les livres de comptes de la Compagnie seront ouverts à l'inspection de tout débiteur hypothécaire ou porteur de bon, qui pourra en copier gratuitement des extraits.

CONVERSION DES EMPRUNTS EN CAPITAL.

Art. 56.

La Compagnie pourra, si elle le juge convenable, à moins que l'acte de concession ne le permette pas, réaliser tout ou partie des sommes qui lui sont nécessaires, au moyen d'émissions de nouvelles actions, au lieu de contracter un emprunt. Si elle a déjà emprunté, elle pourra ne conserver qu'une partie des sommes ainsi empruntées, et réaliser le reste au moyen d'une émission d'actions nouvelles.

Aucune émission de ce genre ne pourra avoir lieu qu'en vertu d'une autorisation préalable de l'assemblée générale des actionnaires.

Art. 57.

Le capital ainsi réalisé par la création de nouvelles actions, sera considéré comme faisant partie du capital général, et sera soumis, à tous égards, aux mêmes règles, soit en ce qui concerne le versement des appels, la déchéance des actionnaires en cas de non payement, ou tout autre point, excepté pour ce qui regarde l'époque des appels de fonds et le montant de ces appels, que la Compagnie pourra fixer comme elle le jugera convenable.

Art. 58.

Si, au moment où a lieu l'augmentation du capital par émission de nouvelles actions, les actions anciennes sont au-dessus du pair, l'émission, à moins que l'acte de concession n'en dispose autrement, devra être faite au moyen de titres d'une valeur telle qu'il soit possible de les répartir entre les actionnaires, au prorata des actions qu'ils possèdent. Ces actions seront offertes à ces actionnaires dans la proportion indiquée, par une lettre du secrétaire, envoyée à l'adresse inscrite sur le registre des actionnaires ou au dernier domicile connu.

Art. 59.

Ces nouvelles actions appartiendront à ceux de ces actionnaires qui les accepteront et qui les payeront dans les conditions fixées par la Compagnies. Si, dans le délai d'un mois à dater de l'avis, un actionnaire refuse de les accepter ou de verser les sommes appelées, la Compagnie pourra disposer des titres disponibles au mieux des intérêts de la Société.

Art. 60.

Si les actions ne sont pas au-dessus du pair au moment où a lieu l'augmentation du capital, les actions nouvelles peuvent être de la valeur que fixera la Compagnie, et peuvent être émises dans les formes et aux époques qu'elle jugera convenables.

CONSOLIDATION DES ACTIONS.

Art. 61.

La Compagnie pourra, à toute époque, avec le consentement donné par les trois quarts des voix des actionnaires présents ou représentés dans une assemblée générale convoquée à cet effet, convertir ou consolider tout ou partie des actions existantes, représentant le capital social et entièrement libérées, en un capital général consolidé, qui sera réparti entre les actionnaires proportionnellement à leurs droits respectifs.

Art. 62.

Après cette conversion ou consolidation, toutes les dispositions légales portant que le capital de la Compagnie sera divisé en actions d'une valeur fixe, et numérotées, cesseront d'être applicables aux titres convertis ou consolidés, et les porteurs de titres consolidés pourront en transférer tout ou partie, conformément aux dispositions légales relatives au transfert des actions. La Compagnie fera enregistrer ces transferts sur un registre à ce destiné, et, pour chaque inscription, elle pourra percevoir le droit fixé. Si aucune somme n'est fixée, ce droit sera de 3 fr. 10 c.

Art. 63.

La Compagnie fera enregistrer les noms des titulaires de titres consolidés, avec la valeur de leurs titres, dans un registre à ce destiné, et dit : « Registre des propriétaires de stock consolidé ». Le registre sera ouvert, à tout moment raisonnable, à l'inspection des porteurs d'actions ou de consolidés de la Compagnie.

Art. 64.

Les propriétaires de ces fonds consolidés auront droit à une part des dividendes et profits de la Compagnie, proportionnellement à la valeur de leurs titres. Les titres conféreront à leurs propriétaires respectifs, les mêmes priviléges et avantages pour le droit de vote aux assemblées de la Compagnie, l'aptitude aux fonctions d'administrateur, et tous autres objets, que les actions ordinaires d'égale valeur.

Aucun de ces priviléges, sauf la participation aux dividendes et profits, ne résultera de la possession de titres consolidés dont le montant égal en actions ordinaires n'aurait pas conféré ces priviléges.

Art. 65.

Et soit-il ordonné que tous les fonds réalisés par la Compagnie au moyen de souscriptions des actionnaires, emprunts, ou autrement, seront employés d'abord à payer tous les frais d'obtention de l'acte de concession, et ensuite à mettre à exécution le travail en vue duquel la Compagnie s'est formée.

ASSEMBLÉES GÉNÉRALES.

Art. 66.

La première assemblée générale des actionnaires de

la Compagnie se tiendra à l'époque fixée, ou, si aucune époque n'est fixée, dans le délai d'un mois à partir du vote de l'acte de concession. Les assemblées ultérieures auront lieu à l'époque fixée, et si aucune date n'est indiquée, aux mois de février et d'août de chaque année, ou aux époques déterminées par l'Assemblée générale. Ces assemblées seront dites *ordinaires*.

Toute assemblée ordinaire ou extraordinaire se tiendra au lieu prescrit, et si aucun endroit n'est prescrit, au lieu indiqué par les administrateurs.

Art. 67.

Il ne sera traité dans les assemblées ordinaires, aucune autre affaire que celles indiquées par la présente loi ou par l'acte de concession, ou marquées sur la lettre de convocation.

Art. 68.

Toute assemblée autre que les assemblées ordinaires sera dite *extraordinaire*, et pourra avoir lieu lorsque les administrateurs le jugeront convenable.

Art. 69.

Aucune assemblée extraordinaire ne pourra s'occuper d'une affaire non indiquée sur les lettres de convocation.

Art. 70.

Le nombre fixé des actionnaires possédant le nombre requis d'actions, ou, si aucun nombre n'est fixé, 20 actionnaires au plus, possédant au moins un dixième du capital de la Compagnie, pourront requérir, par écrit, les administrateurs, de convoquer une assemblée générale. Cette réquisition devra indiquer le but de la réunion; elle sera remise au siége de la Société ou à trois administrateurs. Au reçu de cette réquisition, les administrateurs convoqueront une assemblée d'actionnaires.

S'ils négligent de le faire dans le délai de 21 jours qui suit l'envoi de la réquisition, les actionnaires ci-dessus indiqués pourront convoquer eux-mêmes l'assemblée, au moyen d'un avis publié 14 jours à l'avance.

Art. 71.

Toute assemblée ordinaire ou extraordinaire sera annoncée publiquement, 14 jours à l'avance, au moyen d'un avis indiquant le lieu, le jour et l'heure de la réunion. L'avis indiquera, pour les assemblées générales et pour les assemblées ordinaires dans lesquelles doit être traitée une affaire non prévue par la loi, les questions qui doivent être soumises à la réunion.

Art. 72.

L'assemblée ordinaire ou extraordinaire ne sera valablement constituée que si le nombre des membres présents ou représentés atteint le chiffre fixé comme *quorum*. Si aucun chiffre n'est fixé, le *quorum* sera formé des actionnaires possédant ensemble le vingtième du capital de la Société, et atteignant au moins le nombre d'un actionnaire pour chaque 12 625 francs de cette portion du capital, à moins que ce nombre dépasse 20, auquel cas 20 actionnaires possédant un vingtième du capital de la Compagnie, seront le *quorum*.

Si, dans le délai d'une heure après celle fixée pour la réunion, le *quorum* n'est pas formé, aucune affaire ne pourra être traitée. On pourra cependant fixer le chiffre du dividende, si tel était le but de la réunion. L'assemblée, à moins qu'il n'y ait à nommer des administrateurs, sera ajournée *sine die*.

Art. 73.

Les assemblées générales seront présidées, soit par le président; soit, en son absence, par le vice-président du Conseil d'administration; soit, en leur absence, par un des administrateurs désigné à cet effet par l'assemblée; soit enfin, en l'absence de tous les administrateurs, par un actionnaire élu par la majorité des actionnaires présents.

Art. 74.

Les actionnaires présents à cette assemblée, ne pourront agir qu'en vertu des pouvoirs conférés à la Compagnie, au sujet des questions que l'assemblée est appelée à décider, et de celles-là seulement. Cette assemblée peut être ajournée de temps en temps et d'un endroit à un autre, mais aucune affaire ne sera traitée, dans les réunions subséquentes, en dehors de celles qui se trouvaient à l'ordre du jour de la réunion ajournée.

Art. 75.

A toute assemblée générale, chaque actionnaire aura le droit de voter conformément aux règles fixées, et, s'il n'y a pas de règles, tout actionnaire aura une voix par action jusqu'à dix, et une voix supplémentaire pour 5 actions outre les dix premières, jusqu'à 100. Il aura une voix de plus par 10 actions au-dessus de 100. Mais aucun actionnaire ne pourra voter qu'après avoir effectué tous les versements appelés sur ses actions.

Art. 76.

Les votes peuvent être donnés, soit par l'actionnaire personnellement, soit par des fondés de pouvoirs étant eux-mêmes actionnaires, munis d'une autorisation écrite, conformément à la formule dont le modèle est annexé à la présente loi, ou suivant une autre formule analogue, signée de l'actionnaire qui donne le pouvoir, ou revêtue du sceau commun, si les actions appartiennent à une corporation.

Il sera statué sur chaque proposition, à la majorité des voix des actionnaires présents ou de leurs fondés de pouvoir, et le président de l'assemblée, outre les voix auxquelles il a droit comme actionnaire ou comme fondé de pouvoir, aura voix prépondérante en cas de partage.

Art. 77.

Aucune personne ne pourra être autorisée à voter comme fondée de pouvoir, à moins que l'acte qui lui confère cette qualité ait été transmis au secrétaire de la Compagnie dans le délai prescrit, ou, s'il n'y a pas de délai prescrit, 48 heures au moins avant le moment fixé pour la réunion de l'assemblée à laquelle il sera fait usage de la procuration.

Art. 78.

Si plusieurs personnes sont propriétaires par indivis d'une action, celle dont le nom figure le premier sur le registre des actionnaires, comme étant celui de l'un des propriétaires de cette action, pourra, en ce qui concerne le droit de voter aux assemblées, être considérée comme seule propriétaire; et, en toute occasion, le vote de ce propriétaire premièrement désigné, donné personnellement ou par fondé de pouvoirs, sera considéré comme le vote légal attribué à cette action, sans qu'il soit besoin de prouver que les autres copropriétaires ont concouru au vote.

Art. 79.

Si un actionnaire est fou ou idiot, ce fou ou cet idiot pourra exercer son droit par l'intermédiaire de son conseil judiciaire. L'actionnaire mineur peut être représenté par son tuteur ou curateur, et cette représentation peut être exercée personnellement ou par fondé de pouvoirs.

Art. 80.

Dans tous les cas où, soit la présente loi, soit l'acte de concession, exige une majorité spéciale de voix à une assemblée d'actionnaires, pour autoriser un acte particulier, il n'y aura nécessité de prouver l'existence de cette majorité que si le scrutin est réclamé. S'il ne l'est pas, la déclaration du président que la résolution a été votée, et l'inscription du fait au procès-verbal, formeront une preuve suffisante, sans qu'il soit nécessaire de spécifier le nombre des voix données pour ou contre.

NOMINATION ET RENOUVELLEMENT DES ADMINISTRATEURS.

Art. 81.

Le nombre des administrateurs sera égal à celui prescrit par l'acte de concession.

Art. 82.

Si l'acte de concession l'y autorise, la Compagnie pourra, de temps à autre, en assemblée générale, et avis préalablement donné, augmenter ou diminuer le nombre des administrateurs dans les limites fixées, s'il y en a, déterminer l'ordre de rotation, d'entrée ou de sortie de fonctions des administrateurs, et fixer le *quorum* de leurs réunions.

Art. 83.

Les administrateurs nommés par l'acte de concession, resteront en fonctions, à moins que cet acte en décide autrement, jusqu'à la première assemblée générale de l'année qui suivra celle du vote de l'acte. A cette assemblée, les actionnaires présents ou représentés, confirmeront les pouvoirs de tout ou partie du conseil désigné, ou choisiront d'autres administrateurs, et, dans l'assemblée générale de chacune des années suivantes, on remplacera les administrateurs sortants.

Les administrateurs élus à ces assemblées, et qui n'auront pas été révoqués, ou qui n'auront pas perdu les qualifications requises, ou qui n'auront pas donné leur démission, resteront en fonctions jusqu'à la nomination de leurs successeurs, comme il sera dit.

Art. 84.

Si, au jour fixé pour l'assemblée qui doit élire les administrateurs, le *quorum* voulu n'est pas formé une heure après l'heure de l'ouverture de la séance, aucune élection n'aura lieu, et l'assemblée sera ajournée au lendemain.

Si, à cette nouvelle assemblée, le *quorum* n'est pas formé dans le délai d'une heure, les administrateurs resteront en fonctions jusqu'à la première assemblée générale de l'année suivante.

Art. 85.

Nul ne peut remplir les fonctions d'administrateur, s'il n'est actionnaire, ou s'il ne possède le nombre voulu d'actions dans le cas où l'acte de concession fixe ce nombre. Aucun employé, entrepreneur, ou fournisseur de la Compagnie ne pourra être administrateur. Aucun administrateur ne pourra accepter une place, emploi, ou traitement de la Compagnie, ou avoir des intérêts dans un marché passé avec la Compagnie, pendant la durée de ses fonctions.

Art. 86.

La place d'administrateur deviendra vacante, et celui qui en est pourvu cessera de voter et d'agir en cette qualité, lorsqu'il acceptera ou continuera de remplir un emploi ou fonction dépendant de la Compagnie, ou qu'il sera intéressé dans un marché passé avec elle, ou qu'il aura une part quelconque dans un travail fait pour la Compagnie, ou qu'il cessera de posséder le nombre voulu d'actions.

Art. 87.

Cependant, aucun actionnaire ou membre d'une Société

par actions incorporée, ne cessera d'être éligible, ou de pouvoir remplir les fonctions d'administrateur, à raison d'un contrat passé entre cette Société et la Compagnie; mais il ne pourra voter dans aucune question relative à ce contrat.

Art. 88.

Les administrateurs nommés par l'acte de concession et restés en fonctions, ou leurs remplaçants, sortiront, sauf les dispositions relatives à l'augmentation ou à la diminution de leur nombre, aux époques et dans les conditions suivantes, l'ordre de sortie étant fixé par tirage au sort, à défaut d'entente sur ce point :

A la fin de la première année qui suit la première élection, le nombre prescrit, et à défaut de nombre prescrit, le tiers, cessera ses fonctions dans l'ordre fixé par tirage au sort, à défaut d'entente sur ce point.

A la fin de la deuxième année, le nombre prescrit, et à défaut de nombre prescrit, le tiers désigné comme ci-dessus, cessera ses fonctions.

A la fin de la troisième année, le nombre prescrit, et à défaut de nombre prescrit, le reste des administrateurs, se retirera.

Dans chaque cas, les administrateurs sortants seront remplacés par un nombre égal d'actionnaires remplissant les conditions voulues, et, ainsi de suite, le nombre prescrit, et à défaut de nombre prescrit, le tiers des administrateurs en fonctions depuis le plus long temps, se retirera, et sera remplacé à la première assemblée ordinaire de chaque année.

Tout administrateur sortant peut être réélu de suite ou plus tard, et après cette réélection, il sera considéré, en ce qui regarde la rotation, comme un nouvel administrateur.

Si le nombre des administrateurs n'est pas divisible par 3, et si le nombre de ceux qui se retirent chaque année n'est pas fixé, les administrateurs fixeront le chiffre (aussi près que possible du tiers) de ceux qui cesseront leurs fonctions, de telle sorte que le renouvellement intégral s'opère dans le délai de trois ans.

Art. 89.

Si un administrateur meurt ou donne sa démission, ou ne remplit plus les conditions requises, ou cesse d'être administrateur par toute autre cause que par l'expiration de la durée de ses fonctions, les autres administrateurs peuvent, s'ils le jugent convenable, nommer, à sa place, un autre actionnaire se trouvant dans les conditions requises. L'administrateur ainsi élu, reste en fonctions pendant tout le temps qui restait à courir au profit de son prédécesseur.

POUVOIRS DES ADMINISTRATEURS.

Art. 90.

Les administrateurs ont l'administration et la direction de toutes les affaires de la Compagnie, et peuvent exercer tous les pouvoirs que la loi ne réserve pas aux assemblées générales, en se conformant aux règles de la présente loi et de l'acte de concession, et sous le contrôle et la direction de toute assemblée générale convoquée à cet effet. Mais aucun acte des administrateurs accompli antérieurement à une assemblée générale, ne peut être invalidé par une résolution de cette assemblée.

Art. 91.

A moins que l'acte de concession n'en décide autrement, l'assemblée générale pourra seule : nommer et révoquer les administrateurs, augmenter ou diminuer leur nombre (si la loi de concession le permet), choisir les censeurs, fixer les honoraires des administrateurs, censeurs, trésorier et secrétaire; déterminer le taux des emprunts hypothécaires, voter l'augmentation du capital, et fixer le chiffre du dividende.

Art. 92.

Les administrateurs tiendront conseil aux jours et heures qu'ils fixeront eux-mêmes, et pourront s'assembler et ajourner leurs séances de temps en temps, et d'un lieu à un autre.

A toute époque, deux administrateurs pourront inviter le secrétaire à convoquer le Conseil.

Le *quorum* des séances sera, s'il n'est autrement fixé, du tiers des administrateurs. Toutes les questions seront tranchées à la majorité des voix. En cas de partage, le président aura voix prépondérante.

Art. 93.

A la première réunion des administrateurs qui suivra le vote de l'acte de concession, et, chaque année, après le renouvellement du Conseil, les administrateurs nommeront l'un d'eux, en qualité de président du Conseil pour l'année, et un autre, s'ils le jugent convenable, en qualité de vice-président.

En cas de mort ou de démission du président ou du vice-président, ou si l'un d'eux cesse, par un motif quelconque, d'être administrateur, le Conseil pourvoira à la vacance, et le président ou vice-président élu restera en fonctions pendant tout le temps qui restait à courir aux fonctions de son prédécesseur.

Art. 94.

Si, à une séance du Conseil d'administration, le président et le vice-président sont tous deux absents, les administrateurs présents choisiront l'un d'entre eux pour présider l'assemblée.

Art. 95.

Les administrateurs pourront nommer un ou plusieurs Comités composés du nombre d'administrateurs prescrit, s'il y en a un, et donner pouvoir à ces Comités de traiter, au nom du Conseil, certaines affaires de la Compagnie qui rentrent dans les attributions légales du Conseil.

Art. 96.

Ces Comités pourront se réunir de temps en temps, et s'ajourner d'un lieu à un autre, comme ils le jugeront convenable, pour exercer leurs fonctions, mais ils ne pourront agir que si le *quorum* prescrit se trouve formé. Si aucun nombre n'est prescrit, le Conseil d'administration fixera le *quorum* des Comités. A chaque séance, le Comité nommera son président, et les questions seront tranchées à la majorité des suffrages, le président ayant voix prépondérante en cas de partage.

Art. 97.

Le pouvoir qui peut être conféré à ces Comités, et celui qui appartient aux administrateurs, de passer des marchés au nom de la Compagnie, pourra légalement être exercé de la manière suivante :

Pour tout traité qui, passé entre particuliers, doit, aux termes de la loi, être fait par écrit et revêtu du sceau de la Compagnie, les administrateurs feront un traité écrit, muni du sceau de la Compagnie, qu'ils pourront modifier ou annuler dans les mêmes formes.

Pour tout traité qui, passé entre particuliers, doit, aux termes de la loi, être fait par écrit et signé des parties, les administrateurs feront un traité écrit, signé par le Comité ou par deux administrateurs, au moins, qu'ils pourront modifier ou annuler dans la même forme.

Pour tout traité, qui, passé entre particuliers, est reconnu valable par la loi, quoique fait verbalement et non constaté par écrit, le Comité ou les administrateurs pourront le faire, le modifier ou l'annuler verbalement.

Tous traités passés conformément aux règles ci-dessus prescrites, auront force légale, obligeront la Compagnie et ses successeurs, et les autres parties et leurs successeurs, héritiers et administrateurs. A défaut d'exécution par l'une des parties, l'autre partie peut agir comme si le contrat avait été fait entre particuliers.

Art. 98.

Les administrateurs feront inscrire sur un livre à ce destiné, et dont ils auront la garde, toutes les notes, copies ou minutes, suivant les cas, des nominations faites et des contrats passés par les administrateurs, des résolutions et procès-verbaux de leurs Conseils. Ces inscriptions seront signées par le président qui a siégé pendant la séance ; elles feront foi en justice, sans qu'il soit besoin de prouver la légalité de l'assemblée, ou de légaliser la signature du président,... ces faits étant admis jusqu'à preuve du contraire.

Art. 99.

Tout acte fait par un Conseil d'administration, ou par un Comité, ou par une personne agissant en qualité d'administrateur, demeurera valide quand même on découvrirait plus tard une irrégularité dans la nomination des administrateurs ou de ceux qui agissent en cette qualité.

Art. 100.

Aucun administrateur étant partie dans un contrat, ou l'exécutant en qualité d'administrateur, au nom de la Compagnie, ou exerçant légalement les pouvoirs qui lui sont conférés, ne pourra être actionné ou poursuivi par personne, soit individuellement, soit collectivement.

Les administrateurs ne seront responsables, ni sur leurs biens, ni sur leurs personnes, à raison de contrats passés, signés, ou exécutés par eux, ou d'autres actes légalement faits dans l'exercice de leurs fonctions.

Les administrateurs, leurs héritiers, exécuteurs et administrateurs, seront indemnisés, sur les fonds de la Compagnie, de tous les payements faits ou des dommages encourus en raison de leurs actes, ainsi que des pertes, frais et dommages résultant d'actes faits dans l'exercice de leurs fonctions.

Les administrateurs pourront, s'il est nécessaire, employer les fonds et le capital de la Compagnie à payer ces indemnités, et pourront même, dans ce but, appeler les sommes non versées sur les actions.

NOMINATION ET FONCTIONS DES CENSEURS.

Art. 101.

A moins que l'acte de concession décide que les censeurs seront nommés autrement que par la Compagnie, la Compagnie devra, dans la première assemblée ordinaire qui suivra le vote de l'acte de concession, élire le nombre fixé, et si aucun nombre n'est fixé, deux censeurs, dans les formes prescrites pour la nomination des administrateurs.

A la première assemblée de chaque année suivante, la Compagnie élira un censeur pour remplacer celui qui sort de fonctions, suivant les dispositions ci-après :

Tout censeur élu qui n'est pas révoqué, ou n'a pas perdu les qualifications voulues, ou n'a pas donné sa démission, restera en fonctions jusqu'à ce qu'il ait été pourvu à son remplacement.

Art. 102.

Cet article, qui exigeait que tout censeur possédât au moins une action de la Compagnie, a été abrogé (31 *et* 32 *Victoria*, chap. CXIX, art. 11). *Il ne reste en vigueur que sa dernière phrase :*

Le censeur ne pourra exercer aucun emploi, ou être intéressé dans la Compagnie, autrement que comme actionnaire.

Art. 103.

L'un des censeurs désignés par le sort, à moins d'agrément contraire entre eux, et ensuite le plus ancien, cessera ses fonctions à partir de la première assemblée ordinaire de chaque année, mais sera toujours rééligible, et, s'il est réélu, sera considéré, sous le rapport de la durée des fonctions, comme nouvellement élu.

Art. 104.

S'il survient une vacance dans l'année, la Compagnie pourra, si elle le juge utile, y pourvoir dans une assemblée générale, par voie d'élection.

Art. 105.

Les dispositions de la présente loi, relatives au cas d'une assemblée ordinaire qui doit nommer des administrateurs et qui ne les nomme pas, s'appliquent aux censeurs, *mutatis mutandis*.

Art. 106.

Les administrateurs remettront aux censeurs, les comptes et balances, à la fin de chaque semestre ou autre période, 14 jours au moins avant l'assemblée ordinaire dans laquelle ces documents doivent être présentés aux actionnaires, comme il sera dit.

Art. 107.

Les censeurs devront recevoir les documents semestriels ou périodiques ci-dessus indiqués, qui doivent être soumis aux actionnaires, et ils devront les examiner.

Art. 108.

Les censeurs pourront employer les comptables et autres personnes qu'ils jugeront utiles, aux frais de la Compagnie. Ils feront un rapport spécial sur les comptes, ou les approuveront simplement. Leur rapport ou leurs appréciations seront portés à la connaissance de l'assemblée générale en même temps que le rapport des administrateurs.

RESPONSABILITÉ DES AGENTS DE LA COMPAGNIE.

Art. 109.

Toute personne ayant un maniement de fonds comme trésorier, receveur, ou autre agent de la Compagnie, devra, avant d'entrer en fonctions, fournir aux administrateurs une caution suffisante.

Art. 110.

Tout agent de la Compagnie devra, lorsqu'il en sera requis, de temps en temps, préparer et remettre aux administrateurs, ou à la personne par eux désignée, un compte sincère et véritable, écrit et signé par lui, de toutes les sommes qu'il a reçues pour le compte de la Compagnie. Ce compte indiquera comment, en faveur de qui, et pour quel objet cet argent a été employé. Il remettra, en même temps, les reçus et pièces justificatives, et versera entre les mains des administrateurs, ou de la personne par eux désignée, les sommes dont la balance le constitue redevable envers la Compagnie.

Art. 111 à 114.

Ces articles indiquent devant quel tribunal et dans quelles formes légales pourront être exercées les poursuites contre les comptables infidèles.

COMPTES.

Art. 115.

Les administrateurs feront tenir un compte exact de toutes les sommes d'argent reçues ou dépensées pour la Compagnie, par les administrateurs et leurs employés, avec l'indication des motifs de la recette et de la dépense.

Art. 116.

Les livres de la Compagnie seront balancés aux époques prescrites, et, si aucune époque n'est prescrite, 14 jours au moins avant chaque assemblée ordinaire. On en extraira un compte exact, indiquant véritablement le capital consolidé et les diverses propriétés de la Compagnie à la date où a été établie la balance; on indiquera les profits et pertes du semestre précédent. Ce compte sera examiné par les administrateurs, ou, du moins, par trois d'entre eux, et sera signé par le président ou le vice-président.

Art. 117

Les livres ainsi balancés, et le compte ci-dessus indiqué, seront, pendant la période prescrite, et si aucune période n'est prescrite, pendant les 14 jours qui précéderont chaque assemblée ordinaire, et un mois après cette assemblée, ouverts à l'inspection des actionnaires, au siége principal de la Compagnie.

Les actionnaires ne pourront, à aucune époque autre que celle ci-dessus indiquée, réclamer le droit d'inspecter les livres, à moins d'être munis de l'autorisation écrite de trois administrateurs.

Art. 118.

Les administrateurs feront connaître aux actionnaires réunis en assemblée générale, le compte ci-dessus, pour la période qui précède immédiatement le jour de la réunion de l'assemblée, avec le rapport des censeurs.

Art. 119.

Les administrateurs chargeront un teneur de livres de tenir les livres spéciaux prescrits par la loi. Cet agent mettra ses livres à la disposition des actionnaires qui voudraient les examiner, pendant les périodes indiquées, et leur permettra d'en prendre copie, sous peine, pour chaque refus, de 126 francs de dommages-intérêts envers l'actionnaire.

DIVIDENDES.

Art. 120.

Avant chaque assemblée ordinaire réunie pour fixer le chiffre du dividende, les administrateurs prépareront un état des bénéfices (s'il y en a) de la Compagnie, depuis l'époque où a été fixé le dernier dividende, en indiquant le chiffre proposé, ou la partie de la somme qu'ils considèrent comme pouvant être distribuée parmi les actionnaires, proportionnellement au nombre d'actions que chacun d'eux possède et au chiffre des versements faits sur les titres. Ils présenteront cet état à l'assemblée, qui pourra fixer le chiffre du dividende conformément aux propositions des administrateurs.

Art. 121.

La Compagnie ne pourra fixer un chiffre de dividende qui réduise d'une façon quelconque le principal du capital consolidé; mais elle pourra rembourser une partie de ce capital, avec le consentement de tous les créanciers hypothécaires, et celui d'une assemblée extraordinaire spécialement convoquée à cet effet.

Art. 122.

Avant de partager les bénéfices entre les actionnaires, les administrateurs pourront, s'ils le jugent convenable, réserver une somme pour faire face aux éventualités extraordinaires, ou pour augmenter, réparer ou agrandir tout ou partie des ouvrages ou propriétés de la Compagnie, et répartir le surplus entre les actionnaires.

Art. 123.

Aucun dividende ne sera payé sur une action, avant que le propriétaire de ce titre ait versé les sommes appelées sur cette action et sur toutes celles qu'il peut posséder en outre.

ORDONNANCES.

Art. 124.

La Compagnie pourra, de temps à autre, faire les ordonnances (*Bye-Laws*) qu'elle jugera convenables pour réglementer la conduite de ses employés et agents, et l'administration des affaires sociales sous tous les rapports; elle pourra modifier, abroger ou remplacer ces ordonnances, pourvu qu'aucune d'elles ne soit en contradiction avec les lois de la partie du Royaume-Uni dans laquelle elle sera en vigueur, ou avec la présente loi, ou avec l'acte de concession.

Les ordonnances seront écrites, et revêtues du sceau de la Compagnie. Copie en sera remise à tout fonctionnaire ou agent qu'elles intéressent.

Art. 125.

La Compagnie pourra, par ces ordonnances, imposer des pénalités raisonnables à ceux de ses agents ou employés qui y contreviendraient, jusqu'à concurrence du maximum de 126 francs.

Art. 126.

Toutes les ordonnances de la Compagnie seront conçues de façon à permettre à tout magistrat appelé à en appliquer les pénalités, de condamner seulement au payement d'une partie de l'amende, s'il le trouve bon.

Art. 127.

La production d'un exemplaire manuscrit ou imprimé de ces ordonnances, revêtu du sceau de la Compagnie, sera une preuve suffisante, en justice, de l'existence et des termes de ces ordonnances.

Art. 128 à 134.

Ces articles sont relatifs au mode de nomination et de fonctionnement des arbitres. Ils ont perdu une grande partie de leur intérêt depuis le vote de l'acte de 1873 (36 *et* 37 *Victoria*, ch. XLVIII).

Art. 135 à 160.

Règles de procédure judiciaire.

Art. 161 et 162.

Ces deux articles obligent la Compagnie à conserver, déposer et mettre à la disposition de ceux qui veulent les consulter, des exemplaires des actes de concession.

Art. 163 à 169.

Déclaration que la présente loi n'est pas applicable à l'Écosse, et qu'elle pourra être amendée ou abrogée dans toute session présente ou future.

XI

COMPANIES CLAUSES CONSOLIDATION ACT. 1845.

ÉCOSSE.

8 ET 9 VICTORIA, CHAP. XVII.

8 mai 1845.

ACTE POUR CONSOLIDER EN UN SEUL ACTE CERTAINES DISPOSITIONS HABITUELLEMENT INSÉRÉES DANS LES ACTES RELATIFS A LA CONSTITUTION DES COMPAGNIES INCORPORÉES POUR DES ENTREPRISES D'INTÉRÊT PUBLIC EN ÉCOSSE.

Cette loi est une reproduction, sur tous les points essentiels, de la précédente. Elle comprend 166 *articles, dont les suivants diffèrent seuls de la loi applicable en Angleterre, savoir : art.* 8, 15, 19 *à* 21, 27 *à* 29, 31, 34, 37 *à* 39, 41 *à* 43, 46, 54, 56 *à* 58, 74, 82, 99, 114 *à* 116, 121, 129, 134 *à* 136, 141, 143 *à* 146, 149 *à* 164. *Les différences sont peu considérables et portent principalement, pour ne pas dire exclusivement, sur des détails de procédure qui sont mis en harmonie avec la loi d'Écosse.*

Les articles suivants de l'acte ci-dessus (8 *et* 9 *Victoria,* ch. XVIII) *sont reproduits textuellement dans la présente loi, savoir :*

Art. 2, 5 *à* 7, 9 *à* 17, 21 *à* 25, 29, 31, 32, 34, 35, 38, 42 *à* 50, 52, 56 *à* 70, 72 *à* 78, 80, 82 *à* 96, 98 *à* 110, 114 *à* 117, 119 *à* 125, 127 *à* 130, 135 *à* 138, 140, 145, 146, 160 *et* 162.

XII

LAND CLAUSES CONSOLIDATION ACT. 1845.

ANGLETERRE ET IRLANDE.

8 ET 9 VICTORIA, CHAP. XVIII.

8 mai 1845.

ACTE POUR CONSOLIDER EN UN SEUL ACTE CERTAINES DISPOSITIONS HABITUELLEMENT INSÉRÉES DANS LES ACTES QUI AUTORISENT L'EXPROPRIATION DE TERRAINS POUR DES TRAVAUX D'INTÉRÊT PUBLIC.

Art. 1 à 3.

Formules et interprétation des termes.

Art. 4.

Et soit-il ordonné qu'en citant le présent acte dans d'autres actes du Parlement et dans les documents légaux, il suffira de dire : le *Land clauses consolidation act* de 1845.

Art. 5.

Pouvoir d'incorporer, dans un acte, tout ou partie de la présente loi.

ACQUISITION A L'AMIABLE DES TERRAINS.

Art. 6.

En se conformant aux dispositions de la présente loi et de l'acte de concession, les promoteurs de l'entreprise pourront s'entendre à l'amiable avec les propriétaires des terrains que l'acte de concession les autorise à acquérir, et qui leur sont nécessaires. Ils pourront également s'entendre avec toutes les parties ayant un droit ou un intérêt sur ces propriétés, et autorisées à vendre moyennant finances, pour acheter tout ou partie de ces droits ou intérêts quelle qu'en soit la nature.

Art. 7 à 11.

Ces articles permettent de vendre toute propriété même grevée d'hypothèques ou autres droits reconnus par la législation anglaise, en indiquant entre quelles mains sera versé le prix de ces ventes.

Art. 12.

Lorsque les promoteurs de l'entreprise seront autorisés par l'acte de concession, à acheter des terrains pour un travail extraordinaire, les parties autorisées par la loi à vendre leurs terrains ou leurs droits, pourront également les vendre en vue de l'exécution de ces travaux extraordinaires.

Art. 13.

Les promoteurs de l'entreprise pourront revendre tout ou partie des terrains acquis pour un travail extraordinaire, aux personnes et moyennant le prix qu'ils jugeront convenables, et acquérir, dans le même but, d'autres terrains qu'ils pourront de même revendre de temps en temps; mais la quantité de terrains qu'ils posséderont à la fois ne devra pas excéder le maximum fixé.

Art. 14.

Les promoteurs de l'entreprise ne pourront acheter, pour des travaux extraordinaires, que la quantité de terrain prescrite, à toute personne qui serait incapable de vendre ou qui ne peut vendre qu'en vertu des dispositions de la présente loi. S'ils revendent à une autre personne tout ou partie des terrains ainsi acquis, ils ne pourront plus acheter, en remplacement, d'autres terrains aux personnes ci-dessus indiquées.

Art. 15.

Aucune disposition de la présente loi ou de l'acte de concession n'autorisera une corporation municipale à vendre, sans l'autorisation des commissaires de la Trésorerie de Sa Majesté, ou de trois d'entre eux, un terrain que la législation générale ne leur permettrait pas de vendre sans cette autorisation, à moins que l'acte de concession autorise la Compagnie à exproprier ce terrain.

EXPROPRIATION DES TERRAINS.

Art. 16.

Lorsque l'entreprise doit être exécutée au moyen d'un capital à souscrire par les promoteurs, la totalité du capital, ou, au moins, une somme suffisante pour exécuter les travaux, devra être souscrite par contrat obligeant les parties, leurs héritiers, administrateurs et exécuteurs, à payer les sommes souscrites par chacun, avant qu'il soit légalement permis de faire usage des pouvoirs conférés par la présente loi, l'acte de concession ou autre loi incorporée avec cet acte, en ce qui concerne le droit d'expropriation des terrains.

Art. 17.

Un certificat signé de deux magistrats, certifiant que la somme voulue a été entièrement souscrite, sera suffisant pour attester le fait, et sur la demande des promoteurs de l'entreprise et la production des justifications qu'ils regarderont comme suffisantes et probantes, les magistrats délivreront le certificat.

Art. 18.

Lorsque les promoteurs de l'entreprise voudront acheter les terrains que la loi leur permet d'acquérir, ou en prendre possession, ils en donneront avis aux propriétaires et aux parties autorisées par la loi à vendre ou céder, ou à celles de ces parties que les promoteurs pourront connaître après une enquête soigneusement faite. Ils demanderont à chacune de ces parties quels sont ses droits ou intérêts dans ces propriétés, et quel prix elle en demande.

L'avis indiquera en détail les terrains à acquérir et fera connaître que les promoteurs de l'entreprise désirent traiter de leur achat et payer à chaque partie les dommages-intérêts qui pourraient lui être dus à raison du tort éprouvé par suite de l'exécution des travaux.

Art. 19.

Tous les avis que les promoteurs de l'entreprise sont tenus d'envoyer aux parties intéressées dans les terrains, seront remis personnellement à ces parties ou déposés à leur demeure habituelle, si on peut la trouver après une enquête soigneusement faite. Si ces parties sont éloignées du Royaume-Uni ou ne peuvent être trouvées malgré les recherches, les avis seront remis à celui qui occupe les lieux, et si personne ne les occupe, ils seront affichés à quelque endroit en vue, sur lesdits terrains.

Art. 20.

Si la partie en question est une corporation, l'avis sera remis à son siége principal, ou si ce siége ne peut être trouvé après une enquête soigneusement faite, à quelque membre important de la corporation, et à celui qui occupe les lieux, et si nul ne les occupe, ledit avis sera affiché à quelque endroit en vue, sur les terrains.

Art. 21.

Si, dans les vingt et un jours qui suivent l'envoi de l'avis, une des parties n'indique pas le chiffre de sa demande pour la cession du terrain, et ne fait pas connaître son intention de traiter avec les promoteurs de l'entreprise, ou si elle ne peut arriver à s'entendre avec lesdits promoteurs sur le chiffre de l'indemnité à payer pour la cession du terrain ou comme compensation des dommages résultant de l'exécution des travaux, le montant de l'indemnité sera fixé conformément aux règles ci-après.

Art. 22.

Si les promoteurs de l'entreprise et les propriétaires ou autres parties, ne peuvent s'entendre sur la valeur du terrain ou de leurs intérêts, et que l'indemnité demandée n'excède pas 1262 francs, le chiffre de l'indemnité sera fixé par deux juges de paix.

Art. 23.

Si l'indemnité demandée ou offerte excède 1262 francs, et que la partie qui demande cette indemnité désire que le chiffre en soit fixé par des arbitres, et notifie, par écrit, ce désir aux promoteurs de l'entreprise — avant que ceux-ci aient requis le shériff de convoquer le jury d'expropriation — en indiquant la nature de ses droits et le chiffre de l'indemnité réclamée, la question sera tranchée par des arbitres.

Si la partie ne manifeste pas cette intention, ou si la question soumise aux arbitres n'a pas été tranchée dans le délai de 3 mois, ou que les arbitres et le tiers arbitre n'aient pas rendu une sentence finale, le chiffre de l'indemnité sera fixé par le jury.

Art. 24.

Tout magistrat, sur la demande d'une partie, relative à toute question d'indemnité que la loi permet de faire trancher par des magistrats, assignera l'autre partie à comparaître devant deux magistrats, aux lieu et place indiqués.

En présence des parties ou en l'absence de l'une d'elles dûment convoquée, les juges pourront examiner et juger la question. Ils pourront examiner les deux parties ou l'une d'elles, et leurs témoins, sous la foi du serment. Les frais seront taxés et répartis par les juges.

Art. 25.

Lorsqu'il s'élèvera une question d'indemnité à fixer par arbitrage, — à moins que les parties ne s'entendent pour nommer un seul arbitre, — chacune des parties, à la requête de l'autre, nommera un arbitre, auquel la question sera soumise.

Cette nomination sera faite au nom des promoteurs de l'entreprise, et signée d'eux ou de deux d'entre eux, ou de leurs secrétaires et commis. L'autre partie nommera l'arbitre par un écrit signé et revêtu du sceau commun, si cette partie est une corporation.

Cette nomination sera remise à l'arbitre, et sera considérée comme une déclaration que la partie qui l'a faite se soumet à l'arbitrage. Aucune des parties ne pourra révoquer cette nomination sans le consentement de l'autre, et la mort de l'une des parties ne pourra entraîner la révocation des arbitres.

Si, dans les 14 jours, et après qu'une requête indiquant la question que l'on désire soumettre aux arbitres a été remise à l'autre partie avec invitation de nommer son arbitre, cette dernière partie ne procède pas à la nomination ; la partie requérante ayant elle-même nommé son arbitre, peut charger ce dernier d'agir au nom des deux parties. L'arbitre ainsi nommé peut instruire et juger l'affaire, et son jugement sera sans appel.

Art. 26.

Si l'un des arbitres meurt, ou devient incapable de remplir sa mission, avant que la décision soit rendue, la partie qui l'a nommé peut lui désigner, par écrit, un remplaçant.

Si, dans les 7 jours après qu'elle a reçu de l'autre partie l'avis de pourvoir à cette nomination, elle néglige de le faire, l'autre arbitre peut procéder *ex parte*. L'arbitre nommé en remplacement d'un autre, comme il a été dit ci-dessus, aura les mêmes pouvoirs que celui qu'il remplace.

Art. 27.

Lorsqu'il aura été nommé plus d'un arbitre, les arbitres désignés devront, avant de commencer l'examen des questions qui leur seront soumises, nommer, par écrit, un tiers arbitre qui sera chargé de trancher les points sur lesquels ils ne pourraient s'entendre, ou que le tiers arbitre peut être appelé à trancher en vertu de la loi.

Si ce tiers arbitre meurt ou devient incapable d'agir, ils pourvoiront à son remplacement, et la décision du tiers arbitre sur les questions qui lui seront soumises sera sans appel.

Art. 28.

Si, dans l'un des cas prévus ci-dessus, les arbitres nommés refusent de remplir ces fonctions, ou si, dans les 7 jours qui suivent la requête de l'une des parties, ils négligent de nommer le tiers arbitre, le *Board of Trade*, si l'une des parties est une Compagnie de chemins de fer, et dans tout autre cas, deux juges de paix, sur la demande de l'une ou l'autre partie, désigneront un tiers arbitre, dont la décision sur tous les points en désaccord, et sur les questions que la loi les appelle à trancher, sera définitive.

Art. 29.

Si un seul arbitre a été désigné, et qu'il meure, ou devienne incapable, avant d'avoir rendu sa sentence, les questions qui lui étaient soumises seront tranchées par arbitrage, conformément à la loi, comme si ledit arbitre n'avait pas été nommé.

Art. 30.

Dans le cas où il y a plus d'un arbitre, si l'un d'eux refuse d'agir ou n'agit pas dans un délai de 7 jours, l'autre arbitre peut procéder *ex parte*, et sa décision sera considérée comme ayant été rendue par un seul arbitre nommé par les deux parties.

Art. 31.

Lorsqu'il aura été nommé plus d'un arbitre, et qu'aucun d'eux n'aura refusé ou négligé d'agir, mais que la sentence n'aura pas été rendue dans les 21 jours qui suivent la nomination du dernier arbitre, ou dans le délai supplémentaire convenu par écrit entre les arbitres, la question sera tranchée par le tiers arbitre nommé, comme il a été dit ci-dessus.

Art. 32 et 33.

Ces articles indiquent la forme légale de l'arbitrage et de la déclaration à signer par les arbitres.

Art. 34.

Les frais de l'arbitrage seront répartis par les arbitres, et supportés par les promoteurs de l'entreprise, à moins que l'indemnité accordée soit égale ou inférieure à celle offerte, auquel cas les frais seront supportés pour moitié par chaque partie.

Art. 35 à 37.

Règles de procédure.

Art. 38.

Avant de réclamer la réunion d'un jury pour trancher les questions d'indemnité, les promoteurs de l'entreprise feront connaître à l'autre partie, 10 jours au moins à l'avance, leur intention de convoquer le jury. Cet avis indiquera la somme offerte pour l'achat des terrains ou comme réparation des dommages causés par l'exécution des travaux.

Art. 39 et 40.

Formes dans lesquelles les parties doivent s'adresser aux sheriffs ou aux coroners pour la convocation d'un jury.

Art. 41.

Au reçu de cette réquisition, le *sheriff* convoquera un jury de 24 personnes désintéressées dans la question, et ayant les qualités voulues pour siéger comme jurés ordinaires devant les cours supérieures, à s'assembler aux lieu et temps qu'il fixera à cet effet, le délai étant de 14 jours au moins et 21 jours au plus, après la réception de la réquisition, et le lieu n'étant pas éloigné de plus de 13 kilomètres du terrain exproprié, à moins que les parties ne consentent à modifier ces conditions. Le *sheriff* signifiera aux promoteurs de l'entreprise, les lieu et temps qu'il a fixés.

Art. 42.

Sur les jurés comparaissant à la suite de la convocation, le *sheriff* tirera au sort le nom de 12 jurés, comme pour les procès devant les cours supérieures. Si le nombre de ceux qui répondent à l'appel n'est pas suffisant, le *sheriff* choisira d'autres personnes désintéressées dans la question, parmi celles qui sont présentes ou peuvent être promptement trouvées, de façon à compléter le nombre prescrit. Les parties pourront exercer leurs récusations légales; mais aucune d'elles ne pourra récuser la liste entière.

Art. 43 à 50.

Règles de procédure.

Art. 51.

Lorsque le verdict du jury accordera une somme plus forte que celle offerte par les promoteurs de l'entreprise, tous les frais seront supportés par ces derniers. Si la somme est égale ou inférieure à celle offerte, ou si le propriétaire dûment convoqué n'a pas comparu, les frais seront supportés pour moitié par chaque partie.

Art. 52 et 53.

Règles de procédure pour le règlement et le recouvrement des frais.

Art. 54.

Si l'une des parties désire que la question d'indemnité soit tranchée par un jury spécial, on se conformera à ce désir, pourvu que, si la demande est formée par l'autre partie, elle ait été envoyée aux promoteurs de l'entreprise avant que ceux-ci aient adressé leur réquisiton au *sheriff*.

Art. 55 à 57.

Règles de procédure.

Art. 58 à 62.

Procédure à suivre pour l'expropriation des terrains dont les propriétaires sont absents.

Art. 63.

Dans l'estimation de l'indemnité à payer par les promoteurs de l'entreprise, les juges, arbitres, ou experts, suivant les cas, tiendront compte, non-seulement de la valeur du terrain, mais encore du dommage causé au propriétaire en raison de la séparation de diverses parties de sa propriété, ou autres dommages résultant pour ses propriétés de l'exercice des pouvoirs conférés par la présente loi, ou par l'acte de concession et les lois qui y sont incorporées.

Art. 64 à 67.

Formes d'appel pour les cas où un propriétaire absent vient à se présenter.

Art. 68.

Toute personne ayant droit à une indemnité à raison d'expropriation ou de dommages causés à sa propriété par l'exécution des travaux, et à laquelle les promoteurs n'ont pas donné satisfaction conformément aux termes de la présente loi ou de l'acte de concession, pourra faire fixer cette indemnité, à son gré, par des arbitres ou par le jury, si elle réclame une somme supérieure à 1262 francs.

Si elle désire que la somme soit fixée par des arbitres, elle en informera, par écrit, les promoteurs de l'entreprise, en indiquant la nature de ses droits et la somme qu'elle réclame, et, à moins que lesdits promoteurs ne consentent à payer cette somme, et n'en prennent, par écrit, l'engagement formel, dans le délai de 21 jours après la réception de l'avis, la question sera tranchée par des arbitres.

Si elle préfère s'en rapporter au jury, elle en informera, par écrit, les promoteurs de l'entreprise, en leur donnant les indications ci-dessus prévues, et lesdits promoteurs, à moins qu'ils ne consentent à payer la somme demandée et n'en prennent, par écrit, l'engagement formel, devront, dans les 21 jours qui suivront la réception de l'avis, requérir le *sheriff* de convoquer un jury pour trancher la question conformément à la loi. S'ils manquent de le faire, ils seront tenus de payer l'indemnité demandée, dont le montant pourra être recouvré, avec les frais, devant les cours supérieures.

Art. 69 à 80.

Le législateur prévoit le cas où la partie ayant droit à une indemnité est légalement incapable d'en toucher le montant, et prescrit d'en déposer le montant à la Banque : ce sont des règles de procédure qui n'offrent pas d'intérêt.

Art. 81 à 83.

Formes dans lesquelles doivent être passés les actes de cession de terrains.

ENTRÉE SUR LES TERRAINS.

Art. 84.

Les promoteurs de l'entreprise ne pourront, sans le consentement des propriétaires et locataires, pénétrer sur les terrains que la loi les autorise à acquérir et à utiliser d'une façon permanente, avant d'avoir payé à la partie intéressée ou déposé à la Banque, comme il sera dit, le montant de l'indemnité, tel qu'il a été fixé par agrément ou autrement.

Ils pourront cependant, en prévenant les parties 3 jours au moins et 14 jours au plus à l'avance, et sans consentement préalable, pénétrer sur les terrains, dans le seul but de vérifier la nature du sol, de prendre des cotes de nivellement, ou de tracer la ligne des travaux. Ils devront, dans ce cas, payer une indemnité à raison de tous les dommages qu'ils pourraient occasionner aux propriétés en exécutant ces travaux préliminaires.

Art. 85.

Si les promoteurs de l'entreprise désirent pénétrer sur les terrains et y exécuter des travaux avant que l'indemnité soit fixée à l'amiable ou par un verdict, ils pourront déposer en garantie à la Banque, soit une somme équivalente à celle demandée par la partie intéressée qui s'oppose à la prise de possession, soit la somme qui sera fixée par un expert nommé par le *Board of Trade*[1], et remettre à ladite partie, une obligation revêtue de leur sceau commun s'ils sont constitués en corporation, et sinon, signée d'au moins deux d'entre eux, et garantie par deux cautions acceptées par le *Board of Trade*[2] en cas de désaccord entre les parties.... Ces obligations et les cautions porteront engagement de payer le montant de l'indemnité qui devra être fixée conformément à la loi, pour l'expropriation des terrains sur lesquels on aura pénétré, et des intérêts au taux de 5 pour 100 par an à partir du moment où les terrains sont occupés jusqu'à celui où l'indemnité sera payée.

Cs dépôt une fois fait, et cette obligation remise ou offerte à la partie, les promoteurs de l'entreprise pourront pénétrer sur les terrains, et s'en servir sans avoir

1. La loi disait : par deux juges de paix. Cette disposition a été changée par l'acte 30 et 31 Victoria, ch. CXXVII, art. 36.

2. Même remarque que ci-dessus.

payé ou consigné l'indemnité qui, dans tout autre cas, aurait dû être payée ou consignée, conformément à la loi, avant qu'il fût permis de pénétrer sur le terrain.

Art 86.

Forme du dépôt et du reçu de la Banque.

Art 87.

L'argent déposé, comme il a été dit, à la Banque, y restera à titre de gage au profit des propriétaires sur les terrains desquels on a pénétré....

Art. 88.

Mode de procéder dans le cas où les bureaux du trésorier général de la Cour de chancellerie sont fermés.

Art 89.

Si les promoteurs de l'entreprise, ou un de leurs entrepreneurs, pénètrent autrement que dans les conditions ci-dessus indiquées, et avec intention délictueuse, sur les terrains requis pour l'exécution du travail, ou en prennent possession sans le consentement des propriétaires, ou sans avoir payé l'indemnité ou effectué le dépôt de garantie, ils seront passibles, envers le propriétaire, de 252 francs de dommages-intérêts, en outre de la somme à laquelle ils seront condamnés pour réparation du dommage résultant de cet acte illégal. Ces pénalités seront recouvrées devant deux magistrats.

Si, après une condamnation subie à raison de ces faits, lesdits promoteurs ou entrepreneurs continuent à rester en possession des terrains, ils seront passibles d'une amende de 631 francs pour chacun des jours pendant lesquels se prolongera la contravention. Cette pénalité sera recouvrée avec les frais devant les cours supérieures.

Cependant, aucune des dispositions pénales précédentes ne sera applicable aux promoteurs qui seraient de bonne foi, et auraient payé une indemnité à la personne qu'ils croyaient légitime propriétaire de ces terrains....

Art. 90 et 91.

Règles de procédure.

Art. 92.

Et soit-il ordonné que nul ne pourra jamais être tenu de vendre ou de transférer aux promoteurs d'une entreprise, une partie seulement d'une maison, autre bâtiment, ou manufacture, s'il veut et peut en vendre et transférer la totalité.

TERRAINS SÉPARÉS.

Art. 93.

Lorsque des terrains situés en dehors d'une ville ou non bâtis, seront coupés par les travaux, et partagés de telle sorte qu'il en reste, soit sur chacun des côtés, soit sur l'un des côtés, une parcelle moindre de 20 ares, si le propriétaire de cette parcelle demande qu'elle soit acquise avec le terrain nécessaire à l'exécution du travail, les promoteurs de l'entreprise seront tenus de faire cette acquisition, à moins que le propriétaire de la parcelle ne possède également des terrains contigus auxquels il pourrait facilement l'annexer.

Dans ce dernier cas, les promoteurs de l'entreprise, s'ils en sont requis par le propriétaire, devront, à leurs frais, réunir cette parcelle aux terrains voisins, en enlevant les haies et en nivelant le sol, de façon à laisser le terrain en bon état, et propre à la culture.

Art. 94.

Si un terrain est coupé et traversé de telle sorte qu'il reste, de l'un des côtés, une parcelle moindre de 20 ares, ou d'une valeur moindre que la somme nécessaire pour établir un pont, aqueduc ou autre communication que la loi oblige les promoteurs à construire, et que le propriétaire, n'ayant pas de terrains contigus auxquels on puisse annexer la parcelle, exige que les promoteurs établissent la communication ci-dessus indiquée, ceux-ci peuvent exiger qu'on leur vende cette parcelle.

Toute contestation sur la valeur de cette parcelle, ou sur les frais qu'entraînerait l'établissement d'une communication, sera tranchée suivant les formes prescrites par la présente loi, pour le cas où une vente ne peut avoir lieu à l'amiable.

Le jury ou les arbitres appelés à décider la question, pourront, sur la demande de l'une des parties, fixer le prix de la parcelle et le chiffre de la dépense qu'entraînerait l'établissement d'une communication.

Art. 95 à 122.

Mode de procéder à l'égard des propriétés dites en copyhold, des terres vaines et vagues, des biens hypothéqués ou grevés d'usufruit, etc., etc.

Art. 123.

Et soit-il ordonné que les pouvoirs accordés aux promoteurs de l'entreprise, d'exproprier les terrains nécessaires à leurs travaux, ne pourront être exercés que pendant la période prescrite, et, si aucun délai n'est fixé, après trois années, qui courront à dater du vote de l'acte de concession.

Art. 124 à 126.

Dispositions relatives aux omissions qui auraient pu être commises dans les expropriations.

REVENTE DES TERRAINS INUTILES.

Art. 127.

Dans le délai prescrit, ou, si aucun délai n'est prescrit, dans les dix ans qui suivront l'époque fixée par l'acte de concession pour l'achèvement des travaux, les promoteurs de l'entreprise devront revendre tous les terrains qui leur seront inutiles, et appliquer la somme provenant de ces ventes à l'objet indiqué par l'acte de concession.

S'ils ne le font pas, tous ces terrains inutiles non vendus dans le délai légal, seront dévolus aux propriétaires des terrains contigus, et deviendront leur propriété en proportion de l'étendue respective desdits terrains contigus.

Art. 128.

Avant de disposer des terrains inutiles, les promoteurs de l'entreprise devront, sauf pour les propriétés urbaines ou bâties, les offrir aux anciens propriétaires, ou à leurs ayants droit. Si ces derniers refusent, ou s'il est impossible de les trouver après une enquête soigneuse, l'offre en sera faite aux propriétaires des terrains contigus. Si plusieurs personnes ont un droit de préemption, les promoteurs devront successivement leur offrir les terrains.

Art. 129.

Si la personne à laquelle l'offre a été faite, désire faire

l'acquisition, elle devra le faire connaître dans un délai de six semaines, aux promoteurs de l'entreprise. Si elle refuse, ou si elle garde le silence pendant six semaines, son droit de préemption sera éteint....

Art. 130.

Si la personne qui a le droit de préemption désire faire l'acquisition, mais ne peut s'entendre sur le prix avec les promoteurs de l'entreprise, ce prix sera fixé par des arbitres, qui répartiront les frais.

Art. 131 à 153.

Ces articles qui terminent l'acte, ne contiennent que des clauses de procédure ou de forme. L'un d'eux dispose que la présente loi n'est pas applicable en Écosse.

XIII

LAND CLAUSES CONSOLIDATION ACT. 1845.

ÉCOSSE.

8 ET 9 VICTORIA, CHAP. XIX.

8 mai 1845.

ACTE POUR CONSOLIDER EN UN SEUL ACTE CERTAINES DISPOSITIONS HABITUELLEMENT INSÉRÉES DANS LES ACTES QUI AUTORISENT L'EXPROPRIATION POUR DES ENTREPRISES D'INTÉRÊT PUBLIC EN ÉCOSSE.

Cette loi ne fait que reproduire, en les adaptant à la législation générale de l'Écosse, les dispositions de la loi précédente. Elle contient 144 *articles dont quelques-uns sont la reproduction textuelle des articles* 2, 5, 13, 26, 29, 30, 37, 48, 55, 56, 62, 84, 92, 120, 121, 123, 128, 129, 140, 147, 151 *et* 153 *de la loi anglaise citée ci-dessus.*

Les autres présentent beaucoup d'analogie quant au fond, sinon quant à la forme; aucun n'offre une dissemblance assez marquée pour qu'il soit nécessaire de le reproduire.

XIV

RAILWAYS CLAUSES CONSOLIDATION ACT. 1845.

ANGLETERRE ET IRLANDE.

8 ET 9 VICTORIA, CHAP. XX.

8 mai 1845.

ACTE POUR CONSOLIDER EN UN SEUL ACTE CERTAINES DISPOSITIONS HABITUELLEMENT INSÉRÉES DANS LES ACTES QUI AUTORISENT LA CONSTRUCTION DE CHEMINS DE FER.

Considérant qu'il convient de réunir en un acte général, diverses dispositions généralement insérées dans les actes du Parlement qui autorisent la construction de lignes de chemins de fer, et qu'il y a lieu d'éviter l'obligation de reproduire ces mêmes dispositions dans chacun des actes relatifs à ces entreprises, en même temps que de rendre plus uniformes ces dispositions elles-mêmes....

Art. 1er.

Cet article déclare que le présent acte n'aura pas d'effet rétroactif.

Art. 2 et 3.

Ces deux articles, dits d'interprétation, fixent le sens légal de certains termes, tels que terrain, entreprise, mois, cours de justice, serment, comté, etc..

Art. 4.

Et soit-il ordonné qu'en citant le présent acte dans

d'autres actes du Parlement, et dans des actes légaux, il suffira d'employer l'expression de « l'acte de consolidation des clauses relatives aux chemins de fer, de 1845. » (*Railways clauses consolidation act.*)

CONSTRUCTION DU CHEMIN DE FER.

Art. 5.

Et considérant qu'il peut y avoir lieu, dans certains cas, d'incorporer dans certains actes futurs, une portion seulement de la présente loi, soit-il ordonné que pour faire cette incorporation, il suffira d'ordonner par ledit acte, que les articles de la présente loi contenant les dispositions que l'on veut incorporer (en indiquant le sujet par les termes employés dans la présente loi en tête du paragraphe y relatif) sont incorporés dans cet acte. Et toutes les clauses et dispositions de la présente loi contenant les dispositions incorporées, seront, à moins d'une disposition contraire ou différente contenue dans ledit acte, considérées comme faisant partie de cet acte, et cet acte sera considéré comme contenant la substance même des clauses ainsi incorporées.

Art. 6.

Dans l'exercice des pouvoirs que lui confère l'acte spécial de concession du chemin de fer, pour exproprier des terrains, la Compagnie sera soumise aux restrictions contenues dans le présent acte et dans celui des *Land clauses consolidation*. La Compagnie devra payer aux propriétaires ou locataires et autres intéressés, une complète indemnité pour les terrains pris, employés ou endommagés, ladite indemnité représentant la valeur de ces terrains, et, en outre, les dommages éprouvés par ces propriétaires, locataires ou intéressés, en raison de l'exercice des pouvoirs conférés à la Compagnie par le présent acte, ou par l'acte de concession, ou par tout autre acte.

A moins qu'il n'en soit autrement ordonné par l'acte spécial, ou par les présentes, le montant de cette indemnité sera fixé et arrêté dans les formes prescrites par le *Land clauses consolidation act*, pour le règlement des indemnités dues pour l'expropriation ou l'achat des terrains, et toutes les dispositions de l'acte ci-dessus indiqué seront applicables à la fixation du montant de l'indemnité, ainsi qu'aux moyens d'en obtenir légalement le payement.

Art. 7.

Si les plans ou livres de référence mentionnés dans l'acte de concession renferment quelque omission, erreur ou fausse indication, relativement aux terrains ou à l'indication des propriétaires, locataires ou occupants des terrains, la Compagnie pourra, après en avoir donné avis, dix jours à l'avance, aux propriétaires des terrains affectés par la rectification demandée, s'adresser à deux juges de paix pour obtenir la rectification nécessaire.

Si les juges de paix estiment que l'omission, erreur, ou fausse indication provient d'une erreur, ils certifieront le fait, en indiquant, sur leur certificat, les particularités de l'omission, et sur quoi porte l'erreur. Ce certificat sera déposé chez les greffiers de paix des divers comtés dans lesquels sont situés les terrains, chez les greffiers paroissiaux (en Angleterre) et chez les maîtres de poste les plus voisins (en Irlande), pour toutes les paroisses sur le territoire desquelles sont situés les terrains. Ce certificat sera conservé par lesdits agents avec les autres pièces relatives à la même affaire, et les plans, livres de référence ou annexes seront censés corrigés conformément aux indications du certificat.

La Compagnie pourra exécuter les travaux conformément aux dispositions du certificat.

Art. 8.

La Compagnie ne pourra commencer les travaux du chemin de fer avant d'avoir déposé chez les greffiers de paix des divers comtés traversés par la ligne, un plan et une section indiquant les modifications au plan et à la section originale, approuvées par le Parlement : ces nouveaux documents seront à la même échelle, et contiendront les mêmes détails que les pièces originales. La Compagnie déposera également chez les greffiers paroissiaux, en Angleterre, et aux bureaux de poste, en Irlande, dans chacune des paroisses sur le territoire desquelles le tracé a été modifié, un extrait des plans et sections relatifs à ladite paroisse.

Art. 9.

Lesdits greffiers de paix, greffiers paroissiaux, et maîtres de poste recevront lesdits plans et extraits, et les garderont avec les pièces originales. Ils permettront à toute personne intéressée, de les examiner, d'en prendre des copies ou des extraits, de la même façon, dans les mêmes termes et, en cas de refus, sous les mêmes pénalités, que celles indiquées pour les pièces originales par l'acte de la première année du règne de Sa Majesté (1 Victoria, ch. LXXXIII).

Art. 10.

Les copies exactes desdits plans et livres de référence ou des modifications, ou les extraits de ces pièces, certifiés véritables par le greffier de paix, qui devra délivrer ces certificats à toutes les parties intéressées, sur leur demande, feront foi en justice.

Art. 11.

Dans la construction du chemin de fer, la Compagnie ne pourra modifier les niveaux indiqués sur les plans approuvés par le Parlement, de plus de 1m,52 en aucun cas, ni de plus de 0m,60 dans les traverses des villes, villages, rues, ou terrains bâtis d'une façon continue, sans avoir préalablement obtenu le consentement écrit des propriétaires ou des locataires des terrains sur lesquels aurait lieu le changement. Si une rue ou un chemin public est affecté par cette modification, la Compagnie devra obtenir l'autorisation des agents chargés de l'entretien de cette rue ou de ce chemin. S'il n'y a point d'agents spéciaux, elle demandera l'autorisation nécessaire, à deux ou plusieurs juges de paix du district réunis à cet effet, en *petty session*. Elle devra obtenir aussi le consentement des commissaires des égouts, des propriétaires de canaux, voies navigables, Compagnies du gaz ou des eaux, que cette déviation peut affecter.

Toutefois, la Compagnie pourra modifier les niveaux au delà de la limite indiquée ci-dessus, sans justifier des consentements ci-dessus prescrits, en établissant des viaducs ou des talus solides, pourvu toutefois qu'elle conserve la hauteur légale fixée pour le passage des routes, rues, ou canaux sur lesquels passe le viaduc.

Avis de la tenue des *petty sessions* réunies pour accorder les autorisations indiquées plus haut, sera donné 14 jours d'avance dans les journaux du comté, affiché aux portes de l'église de la paroisse sur laquelle sont situés les terrains, et s'il n'y a pas d'église, à l'endroit où sont habituellement apposées les affiches de ce genre.

Art. 12.

Avant de pouvoir modifier le niveau de plus de 1m,50, ou de plus de 0m,60 dans les villes ou villages, même avec le consentement indiqué par l'article précédent, la Compagnie devra, trois semaines avant de commencer son travail, donner avis de cette modification, au moyen d'une insertion faite dans deux journaux, ou deux fois dans un journal du district dans lequel doit avoir lieu le changement.

Le propriétaire de tout terrain affecté par le changement pourra, avant que le travail soit commencé, s'adresser au *Board of Trade*, après en avoir donné avis à la Compagnie dix jours à l'avance, pour faire décider s'il y a lieu, en présence de l'opposition du réclamant, de laisser exécuter la modification. Le *Board of Trade* tranchera la question, et, par un certificat écrit, refusera ou accordera l'autorisation nécessaire, avec ou sans modifications au projet proposé. La Compagnie devra se conformer strictement aux termes dudit certificat.

Art. 13.

Lorsque les plans et sections indiquent que le chemin de fer sera construit en un certain endroit, sur des arches ou viaducs, la Compagnie devra se conformer à cette indication.

Lorsqu'un tunnel est indiqué sur les plans et sections, comme devant être construit en un certain endroit, la Compagnie devra l'exécuter, à moins que les propriétaires, locataires ou occupants du sol au-dessous duquel le tunnel devait être construit, consentent à ce que cet ouvrage ne soit pas exécuté.

Art. 14.

Il est interdit à la Compagnie de modifier les pentes, courbes, tunnels, ou autres travaux d'art indiqués par les plans et sections, si ce n'est dans les limites et aux conditions ci-après indiquées :

Conformément aux conditions ci-dessus indiquées pour les modifications des niveaux, la Compagnie pourra réduire ou augmenter l'inclinaison des pentes dans les conditions suivantes : dans les pentes inférieures à 1 pour 100, jusqu'à concurrence de $1^m,90$ par kilomètre, et même plus, si le *Board of Trade* estime que la sécurité et l'intérêt du public le permettent. Dans les pentes supérieures à 1 pour 100, jusqu'à concurrence de $0^m,60$

par kilomètre, et même plus, si le *Board of Trade* y consent.

La Compagnie pourra diminuer le rayon d'une courbe indiquée au plan, pourvu que le rayon ne soit pas inférieur à 805 mètres, à moins que le *Board of Trade* y consente.

La Compagnie pourra construire un tunnel non indiqué sur le plan, au lieu d'une tranchée, ou un viaduc au lieu d'un remblai, avec l'autorisation du *Board of Trade*.

Art. 15.

La Compagnie pourra s'écarter du tracé indiqué par les plans, jusqu'à concurrence de la limite de déviation indiquée par ces mêmes plans. Dans les traverses des villes, villages ou terrains bâtis d'une façon continue, le maximum sera de 9^{m},14; partout autre part il sera de 91^{m},43.

Toutefois, le chemin ne pourra, au moyen de cette déviation, traverser les propriétés d'une personne (propriétaire, locataire ou occupant) dont le nom ne figure pas sur le livre de référence, sans avoir obtenu le consentement de cette personne, à moins toutefois que l'omission de ce nom provienne d'une erreur, et que cette erreur ait été certifiée dans les conditions prévues par les articles précédents.

Art. 16.

Sous la réserve des dispositions et restrictions contenues dans la présente loi, et dans l'acte de concession et autre loi incorporée dans cet acte, la Compagnie pourra exécuter, pour la construction des chemins de fer ou des travaux en dépendant, les ouvrages ci-après désignés.

Elle peut faire, ou construire, dans, sur, au travers, ou dessous tout terrain, rue, montagne, vallée, route, chemin de fer, tramway, rivière, canal, ruisseau ou autre cours d'eau, dans les limites indiquées par les plans ou les livres de références, ou les annexes modifiées comme il a été dit : des plans inclinés, tunnels, remblais, aqueducs, ponts, routes, chemins, sentiers, conduits, tuyaux de drainage, contre-forts, arches, tranchées, clôtures, qu'elle juge utile de construire temporairement ou d'une façon permanente.

Elle peut modifier le cours de toute rivière non navigable, ruisseau, courant, et bras non navigable d'une rivière navigable, pour la construction et l'entretien des tunnels, ponts, sentiers ou autres travaux situés au-dessus ou au-dessous, et détourner ou changer temporairement, ou d'une façon permanente, les cours de ces rivières ou ruisseaux, les rues, routes ou sentiers, ou élever ou abaisser le niveau de ces rivières ou ruisseaux, rues, routes, ou chemins, de façon à les diriger sur, sous, ou à côté du chemin de fer, suivant qu'elle le juge utile.

Elle peut établir des tuyaux de drainage, ou conduits, sous, à travers, ou sur les terrains contigus au chemin de fer, pour détourner ou amener les eaux.

Elle peut élever et construire les maisons, magasins, bureaux et autres bâtiments, cours, stations, dépôts, machines, appareils et autres ouvrages et accessoires qu'elle juge utile.

Elle peut, de temps à autre, modifier, réparer ou supprimer tout ou partie des ouvrages ci-dessus désignés, et les remplacer par d'autres ouvrages.

Elle peut enfin faire tous les autres travaux nécessaires pour la construction, l'entretien, le changement, l'amélioration, ou l'exploitation du chemin de fer.

Pourvu toutefois, qu'en exerçant les pouvoirs qui lui sont ainsi conférés, la Compagnie cause aussi peu de dommages que possible, et indemnise pleinement, conformément à la loi, toutes les parties intéressées, de tous les dommages résultant de l'exécution des travaux ci-dessus indiqués.

Art. 17.

La Compagnie ne pourra construire sur le rivage de la mer ou le long d'une anse, baie, bras de mer, ou rivière navigable communiquant avec la mer, dans la partie où se fait sentir le flux et le reflux des marées, ni établir un chemin de fer ou pont au-dessus d'une baie, anse, bras de mer, ou rivière navigable dans la partie ci-dessus indiquée, sans le consentement préalable du Souverain, ledit consentement donné par écrit par....... [1], et seulement en se conformant aux plans, restrictions et règles imposées et approuvées par la même autorité.

Ces ouvrages une fois construits ne pourront être modifiés ou changés sans la même approbation, et si l'un des travaux ci-dessus indiqués est commencé ou fini contrairement aux dispositions de cet acte, les fonctionnaires ci-dessus désignés pourront le faire détruire ou enlever, en rétablissant les lieux dans leur état primitif aux frais de la Compagnie. Le montant des frais sera recouvré suivant les règles tracées pour recouvrer les amendes encourues par la Compagnie.

Art. 18.

Pour construire le chemin de fer, la Compagnie pourra élever, abaisser ou changer la position des cours d'eau, conduites d'eau ou de gaz desservant les maisons contiguës au chemin de fer, de même que les tuyaux principaux ou accessoires placés par une Compagnie pour desservir ces maisons. Elle pourra déplacer les autres obstacles qu'elle rencontrerait, en causant le moins de dégâts et de dommages possibles, et en exécutant les travaux sous la direction de la Compagnie propriétaire

1. La loi a été modifiée sur ce point; elle indiquait que le consentement devait être donné par l'Amirauté. Mais aux termes de l'act 25 et 26 Victoria, ch. LXIX, article 6, la compétence a été attribuée au *Board of Trade*.

des tuyaux, ou des commissaires ou agents chargés du service du pavage, des égouts, des routes, rues, chemins, sentiers et autres lieux publics dans la paroisse ou le district, si cette Compagnie ou ces agents jugent convenable d'intervenir, après avoir été prévenus 48 heures au moins à l'avance.

Art. 19.

Pourvu toutefois que la Compagnie n'entrave ou ne déplace les tuyaux principaux (autres que ceux d'un service privé), siphons, robinets ou autres objets appartenant à une Compagnie ou Société, et ne fasse rien qui puisse entraver le passage de l'eau ou du gaz dans ces tuyaux, avant d'avoir rétabli, à ses frais, et posé en remplacement de ceux qu'elle supprime, d'autres ouvrages analogues, prêts à servir, aussi proches que possible de ceux qui ont été enlevés, et acceptés par l'ingénieur ou inspecteur de la Compagnie du gaz ou des eaux, ou, en cas de désaccord, entre cet agent et la Compagnie du chemin de fer, dans les conditions fixées par un juge.

Art. 20.

La Compagnie ne pourra poser aucun tuyau dans des conditions contraires à celles prescrites par les actes du Parlemement relatifs aux Compagnies ou Sociétés des eaux ou du gaz. Elle ne pourra, dans l'exécution de ses travaux, abaisser aucune route, sans laisser au moins $0^{m},45$ d'épaisseur entre le sol de cette route et les tuyaux.

Art. 21.

La Compagnie devra payer une indemnité suffisante pour réparer tous les dommages causés aux Compagnies ou Sociétés des eaux ou du gaz, par le trouble apporté à leur jouissance, et indemniser complétement toutes les parties, en raison des pertes ou dommages éprouvés par suite du déplacement des tuyaux, conduits ou ouvrages des Compagnies ou Sociétés du gaz ou des eaux, ou des entraves apportées au service des eaux pour les particuliers.

Art. 22.

S'il est nécessaire d'établir le chemin de fer au-dessus des conduits principaux d'une Compagnie ou Société du gaz ou des eaux, la Compagnie du chemin de fer devra construire et entretenir, à ses frais, un bon aqueduc qui rende facile l'accès des tuyaux en cas de réparations à exécuter.

Art. 23.

Si, par suite de l'exécution des travaux dont il a été parlé, la Compagnie interrompt le service du gaz ou des eaux, elle sera passible d'une amende de 505 francs pour chaque jour d'interruption. Le produit de cette amende sera attribué aux pauvres de la paroisse sur le territoire de laquelle le fait se sera produit. Les fonds seront répartis par les agents de l'Administration des pauvres.

Art. 24.

Toute personne qui entravera volontairement les agents de la Compagnie dans l'exercice des droits qui leur appartiennent légalement, en enlevant, ou déplaçant des pieux ou jalons placés sur les terrains pour marquer le tracé, ou qui endommagera ou détruira les autres marques placées dans le même but, sera, pour chaque cas, passible d'une amende de 126 francs [1]....

1. La fin de l'art. 24 ainsi que les art. 25 à 29 traitent d'un cas spécial à l'Irlande, et de certains pouvoirs conférés dans ce pays aux commissaires du drainage.

OCCUPATION TEMPORAIRE DES TERRAINS.

Art. 30.

En se conformant aux dispositions de la présente loi et de l'acte de concession, la Compagnie pourra, à toute époque avant l'expiration du délai fixé pour le complet achèvement du chemin de fer, passer sur toute route privée existante, couverte de cailloux, pierres, ou autres matériaux durs (excepté sur les avenues ou les routes plantées d'arbres et ayant un caractère d'agrément, et sur les chemins d'accès aux maisons particulières), située dans les limites indiquées, et, à défaut d'indication, éloignée de moins de 458 mètres du centre de la voie ferrée, tel qu'il est indiqué sur le plan.

Toutefois, avant d'user de cette faculté, la Compagnie devra prévenir, au moins 3 semaines à l'avance, les propriétaires ou locataires de la route ou des terrains qu'elle traverse, en indiquant l'objet et la durée de l'occupation temporaire.

La Compagnie devra payer aux propriétaires ou locataires de la route et des terrains qu'elle traverse, une indemnité consistant en une somme d'argent une fois versée ou en des versements semestriels fixés d'un commun accord. En cas de désaccord, la somme sera fixée par deux juges de paix, dans la forme prescrite par les *Land clauses consolidation act*, pour les indemnités inférieures à 1262 francs.

Art. 31.

Les propriétaires ou locataires de ces routes et des terrains qu'elles traversent, peuvent, dans les dix jours qui suivent la réception de l'avis prescrit par l'article précédent, notifier, par écrit, à la Compagnie qu'ils s'opposent à ce qu'elle se serve de leur route, par la raison qu'une autre route privée, dont la Compagnie peut se servir légalement, ou une route publique, peuvent être employées de préférence.

Il sera procédé, dans ce cas, comme il sera dit ci-après au sujet des occupations temporaires des terrains pour lesquels la Compagnie doit signifier son intention trois semaines à l'avance, et comme si, dans ces dispositions, le mot de *route* était substitué à celui de *terrain*.

Art. 32.

En se conformant aux dispositions de la présente loi et de l'acte de concession, la Compagnie pourra, à toute époque, avant l'expiration du délai fixé pour le complet achèvement du chemin de fer, et sans être tenue à aucun payement, offre, ou consignation préalable, pénétrer sur tout terrain situé dans les limites indiquées par l'acte de concession.

Si cet acte ne fixe rien à cet égard, ces limites seront de 182 mètres à partir du centre de la ligne indiqué sur les plans.

La Compagnie ne pourra, cependant, pénétrer dans les jardins, vergers, ou plantations attenant aux habitations ou en dépendant, ni dans les parcs, promenades plantées, avenues, parterres d'ornement, ni dans les terrains éloignés de la maison d'habitation d'une distance moindre que celle fixée par l'acte de concession. Si cet acte ne fixe rien à cet égard, cette distance sera de 458 mètres.

La Compagnie pourra occuper ces terrains aussi longtemps qu'il sera nécessaire pour la construction ou l'entretien du chemin de fer ou des ouvrages accessoires ci-après désignés. Elle pourra se servir de ces terrains pour les objets suivants :

Prendre de la terre au moyen de tranchées;

Déposer des gravois;

Extraire les matériaux nécessaires à la construction du chemin de fer et des ouvrages ci-après indiqués;

Construire des routes parallèles ou perpendiculaires au chemin de fer.

Dans l'exercice des pouvoirs qui lui sont ainsi conférés, la Compagnie peut déposer et travailler les matériaux nécessaires à la construction du chemin de fer, extraire du sol, l'argile, les pierres, graviers, sable ou autres matériaux qui peuvent s'y trouver et peuvent servir à la construction du chemin de fer ou des routes dont il a été parlé ci-dessus. Elle peut établir des ateliers, hangars, et autres constructions temporaires.

Néanmoins, aucune disposition de la présente loi n'exempte la Compagnie des actions en réparation de dommages de toute nature, qu'elle pourrait causer dans l'exercice des pouvoirs qui lui sont conférés, aux terres ou maisons des personnes autres que les propriétaires des terrains mêmes occupés.

Néanmoins encore, aucune carrière de pierres ou d'ardoises, de terre à briques ou autre terrain semblable, se trouvant en exploitation au moment du vote de l'acte de concession, ne pourra être occupé, ni en totalité, ni en partie, par la Compagnie du chemin de fer.

Art. 33.

Si les terrains sont employés comme lieux de dépôt de matériaux, ou fouillés pour des extractions de terre ou de matériaux utiles à la construction du chemin de fer, la Compagnie, avant d'y pénétrer, devra (à moins qu'il s'agisse d'un accident qui exige des réparations immédiates) prévenir, trois semaines à l'avance, les propriétaires ou locataires de ces terrains, de l'intention qu'elle a d'y pénétrer dans ce but.

Si ces terrains sont employés dans un autre des buts qui ont été indiqués, la Compagnie devra (sauf dans le cas prévu plus haut) donner avis dix jours à l'avance.

Les avis signifiés par la Compagnie, devront reproduire la substance des dispositions qui suivent, relativement aux droits qu'ont les propriétaires ou locataires, soit de forcer la Compagnie à acheter leurs terrains, soit d'obtenir une indemnité à raison de l'occupation temporaire, suivant les cas.

Art. 34.

L'avis susmentionné sera remis personnellement aux propriétaires ou locataires, ou déposé au lieu de leur dernière résidence. Si cette résidence est inconnue, ou s'ils sont en dehors du Royaume-Uni et ne peuvent être découverts, après une enquête sérieuse, l'avis sera remis à celui qui occupe le terrain; et si le terrain n'est pas occupé, cet avis sera affiché en un lieu visible sur le terrain même.

Art. 35.

Dans tous les cas où la loi oblige à donner l'avis trois semaines à l'avance, le propriétaire ou le locataire des terrains pourra, dans le délai de dix jours après avoir reçu cet avis, signifier, par écrit, à la Compagnie qu'il s'oppose à ce qu'elle se serve de ses terres, soit par le motif que tout ou partie de ces terres ou des matériaux qu'elles renferment, lui est essentiel pour la jouissance des terres contiguës qu'il possède, soit parce que certains autres terrains contigus seraient plus propres à l'usage que la Compagnie en veut faire.

Dans le cas où cette opposition se produit, il est procédé de la manière suivante :

Art. 36.

Si l'opposition est fondée sur le motif que tout ou partie des terrains que la Compagnie veut occuper est indispensable au propriétaire pour la jouissance des terrains contigus qui lui appartiennent, tout juge de paix pourra, sur la demande de ce propriétaire, sommer la Compagnie de comparaître devant deux juges de paix au lieu et à l'heure dite, dans le délai des vingt et un jours qui suivront l'envoi de l'avis donné au propriétaire.

En présence de la Compagnie, ou elle dûment convoquée, si elle fait défaut, les deux juges de paix examineront les motifs de l'opposition. S'ils jugent que tout ou partie des terrains ou des matériaux est indispensable au propriétaire pour la jouissance des terrains contigus qu'il possède, et ne peut, en conséquence, être occupé ou pris par la Compagnie, ils rendront, par écrit, une ordonnance portant que tout ou partie des terres ou des matériaux spécifiés ne pourra être occupé ou pris par la Compagnie.

Cette ordonnance étant signifiée à la Compagnie, celle-ci ne pourra occuper ou prendre ni les terrains, ni les matériaux spécifiés, à moins d'obtenir le consentement écrit du propriétaire.

Art. 37.

Si l'opposition est fondée sur ce que d'autres terrains adjacents à ceux que la Compagnie veut occuper, sont suffisants, et conviennent mieux à l'objet proposé, et si la Compagnie refuse d'occuper ces autres terrains à la place de ceux qu'on lui conteste, tout juge de paix pourra, sur la demande du propriétaire ou locataire intéressé, sommer la Compagnie et les propriétaires ou locataires de ces autres terrains à comparaître devant deux juges de paix, au lieu et à l'heure indiqués, dans un délai maximum de quatorze jours à dater de la demande, ou de sept jours à dater de la sommation.

En présence ou en l'absence des parties dûment convoquées, les juges de paix décideront sommairement quels seront les terrains que la Compagnie pourra occuper, et donneront à la Compagnie l'autorisation nécessaire.

Art. 38.

Si les juges estiment, après enquête, dans le cas

prévu à l'article précédent, que les terrains d'un propriétaire qui n'a pas été assigné sont suffisants en quantité et se trouvent dans les limites légales, et qu'ils conviennent mieux que ceux des propriétaires assignés, ils peuvent ajourner leur décision et assigner les propriétaires qui ne l'ont pas été, dans les délais fixés à l'article 37. En présence des parties, ou celles-ci dûment assignées, ils décideront quels sont les terrains à occuper, et donneront à la Compagnie l'autorisation nécessaire.

Art. 39.

Avant de pénétrer, en vertu des dispositions précédentes, sur les terrains employés pour dépôt de déblais, ou pour extraction de terre ou autres matériaux, ou pour construction de chemins, la Compagnie devra, si elle en est requise par le propriétaire ou locataire, sept jours au moins avant le terme fixé par l'avis de prise de possession, fournir deux cautions suffisantes, acceptées, en cas de dissentiment, par un juge de paix, qui s'obligeront jusqu'à concurrence de la somme fixée à l'amiable, ou, en cas de désaccord, par un juge de paix, à payer à la partie les dommages-intérêts qu'elle pourra obtenir comme il sera dit.

Art. 40.

Avant de prendre possession des terrains dans l'un des buts ci-dessus prévus, la Compagnie devra, si elle en est requise par le propriétaire ou locataire, établir entre ces terrains et les terrains adjacents, des clôtures suffisantes, avec les portes qui seront réclamées. Elle devra placer aussi des clôtures et portes aux routes privées dont elle fera usage, toutes les fois que cela sera nécessaire pour empêcher le bétail de s'échapper.

En cas de contestation avec les propriétaires, sur la nécessité de ces portes ou clôtures, la Compagnie devra établir celles que lui indiqueront deux juges de paix, sur la demande des propriétaires, dans les formes précédemment indiquées.

Art. 41.

Si, en vertu de la présente loi ou de l'acte de concession, la Compagnie extrait d'un terrain, des matériaux pour la construction ou l'entretien du chemin de fer ou des travaux accessoires, elle devra se conformer aux indications de l'agent ou du représentant du propriétaire. En cas de désaccord, il sera statué par un juge de paix, saisi par l'une des parties, l'autre partie étant dûment assignée.

Art. 42.

Toutes les fois qu'une compagnie occupera des terrains pour y déposer des déblais, ou en extraire des matériaux nécessaires à la construction ou à l'entretien du chemin de fer, les propriétaires, locataires, ou parties intéressées indiquées par le *Land clauses consolidation act*, pourront, à toute époque, pendant que durera l'occupation, mais avant d'avoir reçu, de ce chef, aucune indemnité, sommer, par écrit, la Compagnie d'acquérir ces terrains et les droits y attachés. La sommation indiquera les particularités des droits de chacun sur le terrain, et le chiffre demandé. La Compagnie sera tenue d'acquérir ces terrains et les droits y attachés, appartenant aux parties qui ont fait la sommation.

Art. 43.

Dans tous les cas qui viennent d'être prévus, où la Compagnie n'est pas sommée d'acheter les terrains, et dans tous les autres cas d'occupations temporaires en vertu de la présente loi ou de l'acte de concession, la Compagnie devra, dans le délai d'un mois à partir du commencement de l'occupation, si elle en est requise, payer à celui qui jouit des terrains, la valeur des récoltes ou des semailles, ainsi qu'une indemnité à raison du dommage temporaire résultant de l'occupation.

La Compagnie payera également tous les six mois, au propriétaire ou locataire, suivant les cas, une somme qui sera fixée, en cas de désaccord, par deux juges de paix. Six mois après que l'occupation a cessé, et six mois au plus tard après l'époque fixée pour l'achèvement des travaux, la Compagnie devra payer au propriétaire ou locataire, ou déposer à la Banque, au profit des ayants droit, une indemnité pour les pertes, dommages et dégâts permanents ou temporaires causés à la propriété, en y comprenant la valeur intégrale de l'argile, des pierres, cailloux, sable, et autres matériaux extraits.

Art. 44.

Le montant et la répartition des indemnités et dommages-intérêts payés par la Compagnie dans tous ces cas, seront fixés conformément aux dispositions du *Land's clauses consolidation act*, relatives aux cas d'expropriations.

Art. 45.

Et soit-il ordonné qu'outre les terres qu'elle est autorisée à exproprier en vertu du présent acte ou de la loi de concession, la Compagnie pourra acheter à l'amiable tout terrain adjacent ou proche du chemin de fer, dans les limites du nombre d'acres fixé pour les besoins extraordinaires, dans l'un des buts ci-après indiqués :

Pour établir de nouvelles stations, cours, magasins, ou lieux pour la commodité des voyageurs, pour recevoir, emmagasiner, charger ou décharger les marchandises ou le bétail à transporter, pour élever des grues, balances, bureaux, entrepôts et autres bâtiments et accessoires.

Pour construire des chemins ou sentiers d'accès, ou autre objet nécessaire ou utile pour la construction ou l'exploitation du chemin de fer.

TRAVERSÉE DES ROUTES.

Art. 46.

Si la voie ferrée doit traverser une route publique, la Compagnie établira un pont, soit au-dessous, soit au-dessus de cette route, dans les conditions de hauteur, de largeur et d'accès prescrites par la présente loi ou par l'acte de concession (à moins que cet acte n'en dispose autrement). Ce pont, ainsi que les abords et accessoires, sera construit et entretenu par la Compagnie. Cependant la Compagnie pourra, avec l'autorisation de deux juges de paix, traverser à niveau tout chemin autre qu'une route publique de voitures.

Art. 47.

Si le chemin de fer traverse à niveau une route publique, la Compagnie devra construire et entretenir des barrières suffisantes de chaque côté, et placer des gardes chargés de les ouvrir et de les fermer. Ces portes seront tenues constamment fermées, sauf au moment où des chevaux, bestiaux, charrettes ou voitures auront à traverser la voie. Elles seront établies de façon à clore absolument la voie ferrée, afin que les chevaux ou les bestiaux n'y puissent pas pénétrer. Les gardes devront les fermer aussitôt que les chevaux, bestiaux, charrettes ou voitures auront traversé, sous peine de 50 francs d'amende pour chaque contravention.

Cependant, le *Board of Trade* pourra, s'il le juge utile, décider que les portes seront fermées en dedans de la voie, et dans ce cas, elles devront être constamment closes, sauf au moment du passage des machines ou des trains, sous la pénalité indiquée plus haut.

Art. 48.

Aux points où le chemin de fer traverse à niveau une

route à péage contiguë à une station, tous les trains devront ralentir leur marche à une vitesse de 6400 mètres par heure, et la Compagnie devra se soumettre, à cet égard, aux règlements que pourra faire le *Board of Trade.*

Art. 49.

A moins que l'acte de concession n'en ordonne autrement, tout pont sur lequel le chemin de fer traverse une route, sera construit dans les conditions suivantes :

L'arche aura au moins $10^m,64$ de largeur sur les routes à péage, $7^m,60$ sur les routes publiques, et $3^m,65$ sur les routes privées.

La hauteur de l'arche au-dessus du sol sera de $4^m,86$ sur une largeur de $3^m,65$ pour les routes à péage, de $4^m,56$ sur une largeur de $3^m,04$ pour les routes publiques, et la naissance de la voûte sera, en tout cas, de $3^m,65$ au-dessus du sol.

Pour les routes privées, la hauteur sera de $4^m,25$ sur une largeur de $2^m,76$.

La pente de la route qui passe sous les ponts n'excédera pas $0^m,3$ par 9 mètres, pour les routes à péage $0^m,3$ par 6 mètres pour les routes publiques, et $0^m,3$ par 3 mètres pour les routes privées. Si la route est un chemin de fer ou un tramway, la pente n'excédera pas les limites fixées par l'acte; et si aucune limite n'est fixée, elle ne pourra excéder les limites existantes au moment du vote de cet acte.

Art. 50.

Tout pont sur lequel la route traversera le chemin de fer, sera, à moins d'une clause spéciale contenue dans l'acte de concession, construit dans les conditions suivantes :

Il y aura, de chaque côté, un parapet suffisant, haut de $1^m,20$ au moins sur le pont même, et de $0^m,91$ aux abords.

La route, sur le pont, devra avoir, entre les parapets,

10^{m},60 si c'est une route à péage, 7^{m},55 si c'est une route publique, et 2^{m},60 si c'est une route privée.

La pente d'accès n'aura pas plus de 0^{m},3 par 9 mètres sur les routes à péage, 0^{m},3 par 6 mètres sur les routes publiques et 0^{m},3 par 4^{m},80 sur les routes privées.

Au-dessus des chemins de fer ou tramways, la pente n'excédera pas le maximum fixé par l'acte de concession; et si cet acte ne décide rien à ce sujet, elle ne devra pas excéder la pente existante au moment du vote de cet acte.

Art. 51.

Néanmoins, lorsque la largeur moyenne de la route sur les 15 mètres qui précèdent ou suivent le passage, est moindre que celle fixée par la présente loi, les ponts ne devront avoir que la largeur de cette route, sous la réserve que leur largeur ne pourra être moindre de 6 mètres sur une route à péage ou publique.

Si, postérieurement à la construction du pont, la route est élargie, la Compagnie devra, à ses frais, élargir également le pont, de façon à lui donner une largeur égale à celle de la route, suivant les indications des agents du service de la voirie, mais dans les limites du maximum fixé par la loi.

Art. 52.

Néanmoins encore, si la pente moyenne d'une route sur 228 mètres à partir du point où le chemin de fer la traverse, ou si la pente moyenne de la partie de la route à modifier ou à rectifier, est plus rapide que celle prescrite par la présente loi, la Compagnie pourra faire passer la route au-dessus ou au-dessous de la voie ferrée, ou construïre une nouvelle route dont la pente n'excédera pas celle de la voie supprimée ou rectifiée.

Art. 53.

S'il est nécessaire, pour exercer les pouvoirs conférés par cette loi ou par l'acte de concession, de traverser, couper, élever, abaisser ou prendre une partie d'une route quelconque, que ce soit une route à voitures, à chevaux, tramway, chemin de fer, route publique ou privée, de façon à la rendre impraticable, dangereuse ou très-incommode pour les voyageurs et pour les voitures ou pour ceux qui ont le droit de s'en servir, la Compagnie devra, préalablement, construire une autre route qu'elle entretiendra à ses frais dans un état aussi satisfaisant que celui dans lequel se trouvait l'ancienne route.

Art. 54.

Si la Compagnie ne construit pas, comme il vient d'être dit, une nouvelle route avant de toucher à l'ancienne, elle sera passible d'une amende de 505 francs pour chaque jour pendant lequel cette route ne sera pas faite, à dater du moment de prise de possession de l'ancienne route. Cette amende sera payée aux agents du service de la voirie et employée à l'entretien, si c'est une route publique.

Si c'est une route privée, l'amende sera payée au propriétaire; elle sera recouvrée, avec les frais, devant l'une des cours supérieures.

Art. 55.

Si un tiers ayant droit à l'usage de la route interrompue, souffre quelque dommage par suite de cette interruption, avant que la route nouvelle soit construite, il pourra recouvrer des dommages-intérêts avec dépens contre la Compagnie, devant l'une des cours supérieures, qu'il ait, ou non, intenté une action en payement de l'amende ci-dessus indiquée, et sans préjudice du droit qu'ont les autres intéressés de poursuivre l'application de cette pénalité.

Art. 56.

Si la route interrompue peut être rétablie sans gêne pour la construction et l'exploitation du chemin de fer, elle sera remise dans l'état même où elle se trouvait au moment où la Compagnie y a touché, autant du moins que cela sera possible. Si la route ne peut être rétablie sans gêner la construction et l'exploitation du chemin de fer, la Compagnie établira la route qui la remplace, dans des conditions identiques, autant que cela sera possible.

La route ancienne sera rétablie, ou la route nouvelle qui la remplace, suivant le cas, sera construite dans les délais suivants à dater du jour où la route a été interrompue, à moins que les agents chargés du service de la voirie n'accordent par écrit un plus long délai, savoir : si c'est une route à péage, dans le délai de six mois, et si c'est une route ordinaire, dans le délai d'un an.

Art. 57.

Si la route n'est pas rétablie, ou si la route qui doit la remplacer n'est pas achevée dans le délai fixé par la présente loi ou par l'acte de concession, la Compagnie sera passible envers les agents chargés de l'administration de cette route, si c'est une route publique, ou envers le propriétaire, si c'est une route privée, de dommages-intérêts fixés à 126 francs par jour à dater de l'expiration du délai légal. Les juges qui prononceront la condamnation pourront ordonner que tout ou partie de cette somme sera employé à exécuter le travail nécessaire.

Art. 58.

Lorsque la Compagnie se sert pour la construction de chemins de fer, d'une route quelconque, elle doit, de temps à autre, réparer toute les dégradations provenant de son fait. Les questions relatives à la responsabilité de la Compagnie et aux réparations qu'elle doit exécuter, seront tranchées par deux juges de paix qui décideront quelles sont les réparations à la charge de la Compagnie, dans quel délai elles doivent être faites, et pourront, en cas de non-exécution, prononcer une amende dont le maximum est fixé à 126 francs par jour.

Le montant de l'amende sera payé à l'agent chargé de l'administration de la route, si c'est une route publique, et employé à l'entretien; il sera remis au propriétaire, si c'est une route privée.

Toutefois, lorsqu'il s'agit d'une route à péage, les magistrats devront tenir compte des sommes payées par la Compagnie à titre de péage.

Art. 59.

Lorsque la Compagnie voudra obtenir le consentement de deux juges de paix, comme il a été dit plus haut, pour établir un passage à niveau sur un chemin autre qu'un chemin public de voitures, elle devra, 14 jours au moins avant la tenue des *petty sessions* pendant lesquelles sera faite la demande, en donner avis dans un journal du comté, et au moyen d'affiches placées à la porte de l'église principale de la paroisse sur le territoire de laquelle doit être établi le passage, et s'il n'y a pas d'église, à la place habituelle des affiches.

Si deux ou plusieurs juges de paix du district assemblés en petite session jugent, après que la publicité a été donnée au projet, que la Compagnie peut, sans inconvénient pour la sécurité et la commodité du public, traverser la route au moyen d'un passage à niveau, ils pourront accorder à la Compagnie l'autorisation nécessaire.

Art. 60.

Toute personne à laquelle la décision ainsi rendue fait grief, pourra, dans les conditions ci-après indiquées pour les cas d'appel en matière d'amende, en appeler aux sessions trimestrielles du comté ou du lieu de la circonscription.

Les juges de paix réunis en session trimestrielle pourront, après avoir entendu le plaignant, confirmer ou annuler la décision, ou décider que la traversée du chemin de fer se fera dans les conditions qu'ils jugeront convenables, et répartir les frais de la demande et de l'appel comme ils le trouveront raisonnable.

Art. 61.

Si le chemin de fer traverse à niveau un chemin autre qu'une voie publique de voitures; la Compagnie fera et entretiendra à ses frais, les travaux nécessaires pour les abords et les clôtures. Si c'est un chemin destiné au bétail, elle établira et entretiendra de bonnes et suffisantes clôtures. Si c'est un chemin de piétons, elle placera de bonnes et suffisantes portes ou barrières de chaque côté du chemin de fer.

Art. 62.

Si la Compagnie n'établit pas aux passages à niveau des chemins, des abords convenables ou les clôtures, portes, etc. qu'elle est tenue de placer, deux juges de paix pourront, sur la demande des agents chargés de l'administration de la route ou de deux propriétaires de la paroisse ou du district, et la Compagnie ayant été prévenue 10 jours au moins à l'avance, ordonner à la Compagnie d'établir les abords, clôtures, portes, etc., dans les délais qu'ils fixeront.

A défaut d'exécuter cet ordre, la Compagnie sera passible d'une amende de 126 francs par jour de retard, et les juges qui prononceront l'amende pourront ordonner que tout ou partie de l'argent soit employé à exécuter les travaux dont l'absence a motivé la condamnation de la Compagnie.

Art. 63.

Si les commissaires ou agents d'une route à péage, ou le surveillant d'une route, craignent que les chevaux des personnes qui passent ne soient effrayés par la vue des locomotives ou des wagons circulant sur les chemins de fer, ils pourront, après avoir prévenu la Compagnie 14 jours à l'avance, s'adresser au *Board of Trade*. Si l'administration juge que le danger peut être supprimé ou diminué par la construction d'un mur sur le côté de la route, elle pourra indiquer les travaux à exécuter pour supprimer ou diminuer ce danger, et requérir la Compagnie de les exécuter dans un temps donné, à partir de la réception de l'avis.

Art. 64.

Lorsque la Compagnie aura été ainsi mise en demeure d'exécuter un mur, elle devra achever le travail dans le délai fixé par l'avis de l'Administration, à défaut de quoi, elle devra payer aux commissaires, agents, surveillants, etc., 126 francs par jour de retard à dater de l'expiration du délai fixé. Les juges de paix qui prononceront cette amende, pourront ordonner que tout ou partie des fonds sera employé a exécuter les travaux dont l'inexécution a entraîné l'amende.

Art. 65.

Lorsque, en vertu de la présente loi ou de l'acte de concession, la Compagnie est tenue d'entretenir un pont, haie, porte ou autre travail fait par elle, deux juges de paix pourront, sur la demande de tout surveillant ou de deux propriétaires de la paroisse ou du district, qui se plaindront que l'ouvrage n'est pas convenablement entretenu, et après avis donné à la Compagnie 10 jours à l'avance, ordonner à la Compagnie de mettre les choses en état dans le délai qu'ils fixeront. Si la Compagnie ne se conforme pas à ces ordres, elle sera condamnée à une amende de 126 francs par jour de retard, et les juges de paix qui auront prononcé l'amende pourront ordonner que tout ou partie des fonds sera employé de la façon et par les personnes qu'ils désigneront, à faire les réparations nécessaires.

Art. 66.

Et considérant qu'il est souvent possible d'éviter des dépenses et de satisfaire à l'intérêt public en s'adressant au *Board of Trade* au sujet des travaux d'art nécessaires, lorsqu'il est impossible de se conformer strictement aux dispositions de la présente loi et de l'acte de concession, ou que du moins ces dispositions causent à la Compagnie des difficultés sans aucun avantage pour le public, soit-il ordonné que, dans le cas où il se présente quelque difficulté relativement à la construction, à la modification ou à la restauration d'un pont, d'une route ou autre travail d'art prescrit par la présente loi ou par l'acte de concession, entre la Compagnie et les commissaires, surveillants ou autres personnes chargées du service, ou légalement autorisées à exiger la construction de ces routes, ponts ou travaux, chacune des parties pourra, en prévenant l'autre, par écrit, 14 jours à l'avance, s'adresser au *Board of Trade*, pour lui demander de décider la façon dont sera construit, modifié, ou refait, la route, le pont, ou l'autre travail.

Le *Board of Trade* pourra, s'il le juge convenable, prendre une décision sur ce point, et autoriser, par écrit, tout mode d'arrangement ou de construction de la route, du pont ou autre ouvrage, qui lui paraîtra répondre, au fond, aux exigences de cette loi et de l'acte de concession, et qui donnera au public des facilités égales ou supérieures. Lorsque le *Board of Trade* aura rendu cette décision, le travail sera exécuté dans les termes prescrits, et sera considéré comme fait conformément aux dispositions de la présente loi et de l'acte de concession. Toutefois le *Board of Trade* ne pourra prendre cette décision qu'après s'être assuré qu'elle ne préjudicie en rien aux droits et aux intérêts actuels des tiers.

Art. 67.

Et soit-il ordonné que tous les règlements, certificats, avis et autres documents écrits faits ou rendus par le

Board of Trade, et signés par un agent de cette administration délégué à cet effet, seront, pour l'exécution de cette loi ou de l'acte de concession, censés faits et rendus par le *Board of Trade*, et sans qu'il soit besoin de prouver l'autorité de la personne qui a signé, ni l'authenticité de la signature, qui seront admis, jusqu'à preuve contraire.

Ces documents, déposés à l'un des principaux bureaux de la Compagnie, ou adressés par la poste au secrétaire de la Compagnie, seront censés remis à la Compagnie. Tous les avis et autres documents adressés au *Board of Trade* en vertu de la présente loi et de l'acte de concession, seront remis ou adressés par la poste au siége de l'administration du *Board of Trade* à Londres.

TRAVAUX EN FAVEUR DES PROPRIÉTAIRES RIVERAINS.

Art. 68.

La Compagnie construira et maintiendra perpétuellement, pour la commodité des propriétaires ou locataires des terrains contigus au chemin de fer, les ouvrages suivants :

Les portes, ponts, arches et passages sur, sous, à côté ou aboutissant au chemin de fer, en nombre suffisant pour supprimer les obstacles causés par le chemin de fer aux communications entre les terrains qu'il traverse ; ces travaux seront faits pendant ou après la construction du chemin de fer qui traverse ces terrains ;

Les poteaux, barrières, haies, fossés ou autres clôtures nécessaires pour séparer les terrains pris par le chemin de fer de ceux qui ne l'ont pas été, interdire l'entrée de ces terrains, empêcher le bétail des propriétaires ou fermiers, d'en sortir s'ils sont effrayés par le chemin de fer, avec les portes nécessaires ouvrant sur ces terrains et non sur la voie ferrée, et avec toutes les barrières nécessaires. Les poteaux, barrières et autres clôtures devront être placés aussitôt que la Compagnie prendra possession des terrains, si les propriétaires l'exigent, et les autres travaux devront être exécutés aussitôt que possible;

Les arches, tunnels, aqueducs, ou autres passages nécessaires, au-dessus, au-dessous, ou à côté du chemin de fer, et suffisants pour que les eaux puissent s'écouler des terrains affectés par le chemin de fer, aussi complétement qu'avant la construction de la ligne ou du moins aussi complétement que possible. Ces travaux seront exécutés au fur et à mesure de la construction du chemin;

Enfin des abreuvoirs convenables pour le bétail, chaque fois que la construction du chemin de fer prive le bétail des propriétaires voisins de l'accès aux anciens abreuvoirs. Ces abreuvoirs devront, en tout temps, contenir, autant que possible, la même quantité d'eau que ceux qu'ils remplacent. La Compagnie construira tous les canaux ou tuyaux nécessaires pour y amener l'eau.

Toutefois, la Compagnie ne pourra être tenue d'exécuter ceux de ces travaux qui pourraient empêcher ou entraver la construction du chemin de fer, non plus que ceux pour la privation desquels les propriétaires ou locataires ont consenti à recevoir et ont reçu une indemnité.

Art. 69.

Toute difficulté qui s'élèverait relativement, soit à la nature ou à la qualité de ces travaux, soit à leurs dimensions et à leur suffisance, soit à leur entretien, seront tranchées par deux juges de paix qui fixeront l'époque à laquelle la Compagnie devra commencer l'exécution de ces travaux.

Art. 70.

Si, dans les 14 jours qui suivent la date ainsi fixée, la Compagnie ne se met pas à l'œuvre, ou si ayant commencé les travaux, elle ne les continue pas avec assez de diligence, la partie lésée pourra elle-même exécuter les travaux ou réparations. Les dépenses raisonnablement faites seront remboursées par la Compagnie à celui qui les aura encourues, et les difficultés qui pourraient s'élever sur ce point seront tranchées par deux juges de paix.

Néanmoins, aucun propriétaire, ou locataire, ou autre personne ne pourra entraver la circulation ou endommager le chemin de fer ou les travaux qui en dépendent pour un temps plus long, ou d'une façon autre que ce qui est indispensablement nécessaire pour l'exécution ou la réparation desdits ouvrages.

Art. 71.

Si l'un des propriétaires ou locataires des terrains affectés par le chemin de fer, considère que les travaux exécutés par la Compagnie ou ordonnés par les juges de paix ne sont pas suffisants pour permettre la jouissance facile de ses propriétés, il lui sera loisible, en tout temps et à ses frais, de faire les travaux complémentaires qu'il jugera nécessaires, et qui seront autorisés par la Compagnie, et en cas de dissentiment, par deux juges de paix.

Art. 72.

Si la Compagnie le désire, ces travaux complémentaires seront exécutés sous la direction de son ingénieur, conformément aux plans et détails approuvés par ledit ingénieur. Cependant, la Compagnie ne pourra exiger que les plans approuvés nécessitent une dépense plus considérable que celle qui a été faite par la Compagnie elle-même pour les travaux de même nature, ou que les travaux soient exécutés d'une manière plus coûteuse que celle employée, en cas semblable, par la Compagnie.

Art. 73.

La Compagnie ne pourra être obligée de faire aucun

travail complémentaire d'accommodation, pour l'usage des propriétaires ou locataires des terrains contigus au chemin de fer, après l'expiration de la période fixée, ou, si aucune période n'a été fixée, après un délai de cinq ans à partir de l'achèvement des travaux et de l'ouverture de la ligne au public.

Art. 74.

Jusqu'au moment où la Compagnie aura construit les ponts ou autres moyens de communication qu'elle doit faire en vertu de la présente loi ou des actes de concession, entre les terrains coupés par le chemin de fer, mais non après ce moment, les propriétaires ou locataires de ces terres, et les personnes dont les droits sont affectés par suite de cette absence de communication, ainsi que leurs serviteurs, pourront librement passer et repasser, à tout moment, avec leurs voitures, chevaux et autres animaux, en ligne droite (et non autrement), à travers la partie du chemin de fer construite sur leurs terrains, de façon à pénétrer sur leurs terres et à exercer leur droit de passage, mais non de façon à entraver la circulation sur le chemin de fer ou à causer quelque dommage.

Toutefois, si le propriétaire ou locataire de ces terrains s'est entendu avec la Compagnie pour recevoir une indemnité en raison de la suppression de ces communications, au lieu de les faire rétablir, il ne pourra, ni lui, ni ses ayants droit, traverser le chemin de fer.

Art. 75.

Celui qui néglige de fermer une porte placée sur l'un des côtés du chemin de fer pour l'usage des propriétaires ou locataires des terrains contigus, aussitôt qu'il aura passé avec ses voitures, ou avec le bétail ou autres animaux confiés à ses soins, sera passible, pour chaque contravention, d'une amende de 50 francs.

Art. 76.

Et soit-il ordonné que la présente loi ou l'acte de concession n'empêcheront, ni les propriétaires ou locataires des terrains contigus au chemin de fer, ni d'autres personnes, de placer, soit sur leurs terrains, soit sur ceux des tiers qui y consentiraient, des embranchements communiquant avec le chemin de fer, dans le but d'amener des wagons au, du, ou sur le chemin de fer, dans les conditions et sous les restrictions portées dans l'acte de la sixième année de Sa Majesté, intitulé : *Acte pour le règlement des chemins de fer et les transports de troupes.*

La Compagnie devra, si elle en est requise, faire, aux frais des propriétaires ou autres personnes, conformément à l'acte ci-dessus mentionné, les aiguilles et voies nécessaires pour la communication de l'embranchement, en un lieu où cette communication ne peut nuire à la sécurité publique, ni au chemin de fer, ni à l'exploitation. La Compagnie ne pourra percevoir aucune redevance pour le parcours des voyageurs, marchandises ou autres objets sur cet embranchement. Toutefois, cette disposition sera soumise aux restrictions et conditions ci-après :

Aucun embranchement de ce genre ne pourra être établi parallèlement au chemin de fer.

La Compagnie ne sera tenue de faire communiquer l'embranchement avec ses voies, ni dans les endroits qu'elle a réservés pour établir un ouvrage spécial que cette communication pourrait gêner, ni dans les plans inclinés, pont ou tunnels.

Les personnes qui construiront ces chemins d'embranchement, ou s'en serviront, seront soumises aux règlements de la Compagnie, relatifs aux passages à niveau, et autres; elles seront tenues de renouveler de temps à autre, les aiguilles, conformément aux meilleures dispositions adoptées par la Compagnie, et sous la direction de l'ingénieur de ladite Compagnie.

Art. 77 à 85.

Ces articles traitent le cas tout spécial des rapports des Compagnies avec les propriétaires de mines. Ils indiquent que la Compagnie peut exproprier les mines, et prescrivent les précautions que doivent prendre les propriétaires des mines au-dessus desquelles passe le chemin de fer.

TRANSPORT DES VOYAGEURS ET DES MARCHANDISES.

Art. 86.

La Compagnie pourra employer des locomotives ou autre force motrice, ainsi que des voitures ou wagons traînés ou poussés par ce moyen. Elle pourra transporter les voyageurs ou les marchandises qu'on lui présentera, et recevoir, en échange, les prix raisonnables qu'elle fixera, dans les limites du maximum indiqué par l'acte de concession.

Art. 87.

La Compagnie pourra, de temps à autre, entrer en arrangement avec toute autre Compagnie propriétaire ou locataire d'un autre chemin de fer, pour laisser passer sur, ou le long des chemins qui lui sont concédés par une loi, les machines, wagons, ou autres voitures de l'autre Compagnie, ou pour faire passer ses machines, wagons, ou autres voitures sur les lignes de l'autre Compagnie, moyennant les prix, sous les conditions et avec les restrictions arrêtées d'un commun accord.

Dans ce but, les Compagnies pourront faire des traités pour le partage et la division des recettes perçues sur leurs lignes respectives.

Art. 88.

Néanmoins, aucun des traités dont il a été parlé ci-dessus, ne pourra modifier, affecter, augmenter, ou diminuer les tarifs que les Compagnies sont respectivement autorisées à percevoir de toute personne ou autre Compagnie; mais toute autre personne ou Compagnie pourra, malgré ce traité, jouir desdits chemins de fer dans les mêmes termes, sous les mêmes conditions, et moyennant les mêmes prix que si le traité n'existait pas.

Art. 89.

Aucune disposition de la présente loi ou de l'acte de concession, n'aura pour effet d'étendre la responsabilité de la Compagnie au delà et à d'autres cas que ceux dans lesquels, suivant les lois du royaume, les propriétaires de diligences et entrepreneurs de transport sont responsables, ni d'étendre ou de diminuer pour ou contre la Compagnie, les priviléges ou la protection accordés aux propriétaires de diligences ou entrepreneurs de transport; mais la Compagnie aura, au contraire, le bénéfice de cette protection et de ces priviléges.

Art. 90.

Et considérant qu'il convient que la Compagnie puisse modifier les tarifs du chemin de fer, de façon à les mettre en rapport avec les conditions du trafic; mais qu'il importe aussi que ce pouvoir ne soit pas employé pour avantager ou désavantager certaines personnes, ou pour créer un monopole injuste au profit de la Compagnie ou d'un particulier, la Compagnie pourra, dans les conditions et les limites fixées par la présente loi et par l'acte de concession, changer et modifier, de temps à autre, les tarifs autorisés par l'acte de concession pour tout ou partie du chemin de fer, comme elle le jugera convenable, pourvu que ces tarifs soient également perçus d'après le même taux — que ce soit par tonne et par mille ou autrement, — et pour tout le monde : voyageurs, marchandises, voitures de même espèce, transportées ou poussées par les mêmes voitures ou machines, passant sur la même ligne, et dans les mêmes conditions. Aucune réduction ou augmentation ne sera faite sur ces prix, soit directement, soit indirectement, en faveur ou au détriment d'une Compagnie ou d'un particulier faisant usage du chemin de fer.

Art. 91.

Et considérant que divers actes du Parlement ont autorisé les Compagnies à demander, pour le transport des voyageurs et des marchandises, ou autres services, une somme égale au tarif d'un mille pour tout parcours d'une fraction de mille : Lorsque plusieurs lignes seront fusionnées ensemble, les tarifs seront calculés comme si toutes les lignes fusionnées n'en avaient formé qu'une seule à l'origine.

Art. 92.

La Compagnie ne pourra jamais demander, ou recevoir, ou établir, pour le transport des voyageurs ou des marchandises, un prix supérieur à celui autorisé par la présente loi et par l'acte de concession.

Toute Compagnie ou toute personne aura le droit, en payant le tarif établi, de se servir du chemin de fer avec des machines et des wagons construits conformément à la loi, sous les conditions et restrictions contenues dans ledit acte de la sixième année de Sa Majesté, pour le règlement des chemins de fer et le transport des troupes, et conformément aux règlements que la Compagnie pourra faire à ce sujet, en vertu des pouvoirs que lui donnent la présente loi et l'acte de concession.

Art. 93.

Un tableau de tous les tarifs dont la perception est autorisée par l'acte spécial, et que la Compagnie percevra, sera publié au moyen d'une affiche peinte sur une ou plusieurs planches, en lettres noires distinctes sur fond blanc, ou en lettres blanches sur fond noir, ou au moyen d'une affiche imprimée en caractères lisibles, sur du papier, collée sur ces planches, et placée en vue dans les stations ou lieux de perception.

Art. 94.

La Compagnie fera mesurer la longueur du chemin de fer, et placera, le long de la ligne, à chaque quart de mille, des pierres, poteaux ou autres objets visibles, portant des chiffres ou marques indiquant les distances.

Art. 95.

La Compagnie ne pourra réclamer ni recevoir le prix d'aucun transport, tant que les tarifs ci-dessus indiqués ne seront pas publiés comme il a été dit, et que les bornes de distance prescrites ne seront pas placées.

Toute personne qui, méchamment, renversera, détériorera ou détruira les affiches de tarifs ou bornes de distance, sera passible, pour chaque délit, d'une amende de 126 francs.

Art. 96.

Les prix du tarif seront payés aux personnes et aux endroits, sur, ou près du chemin de fer, dans la forme, et conformément aux règles que la Compagnie indiquera par un avis placé à la suite des affiches de tarifs.

Art. 97.

Si une personne refuse de payer, lorsqu'on le lui réclame, le prix du transport de marchandises ou de voitures, la Compagnie pourra garder et vendre ces marchandises ou ces voitures en totalité ou en partie, ou, si elles ont été enlevées des bâtiments de la Compagnie, celle-ci pourra garder et vendre toutes autres marchandises ou voitures se trouvant dans ses bâtiments et appartenant au même propriétaire. Sur le produit de la vente, la Compagnie conservera le prix qui lui est dû, plus le montant des frais de garde et de vente, et rendra le surplus, s'il y en a, de l'argent ou des marchandises ou des voitures non vendues, à l'ayant droit.

La Compagnie pourra, si elle le préfère, s'adresser à la justice pour obtenir le payement de ce qui lui est dû.

Art. 98.

Tout propriétaire ou conducteur de voitures ou de marchandises transportées par le chemin de fer devra, sur la réquisition qui lui en sera faite, remettre au receveur, au lieu où il se tient pour recevoir les marchandises et percevoir le prix du transport sur le chemin de fer que ces marchandises ont parcouru ou vont parcourir, un état exact, fait par écrit et signé par lui, de la quantité ou du nombre des objets transportés et des points entre lesquels les marchandises ou voitures circuleront sur le chemin de fer. Si les marchandises ainsi transportées dans un wagon spécial ou remises à la Compagnie pour être transportées par elle, sont taxées à des prix différents, le propriétaire ou conducteur devra spécifier le nombre ou les quantités soumises à chaque droit.

Art. 99.

Tout propriétaire ou autre personne qui ne donnera pas cette indication ou refusera de produire sa lettre de voiture ou bulletin d'expédition au receveur ou autre agent de la Compagnie qui le réclame, ou qui donnera de faux renseignements, ou qui chargera ou déchargera à un endroit autre que ceux indiqués, dans le but d'éviter le payement des droits, sera passible envers la Compagnie, pour chaque cas, d'une amende de 252 francs par tonne de marchandise ou par colis pesant moins de 45 kilog., et ainsi de suite en proportion, pour les marchandises ne pesant pas une tonne et pour les colis pesant plus de 45 kilog. chargés sur les wagons. Cette amende sera perçue en sus du prix du transport.

Art. 100.

Toute difficulté relative au montant des sommes dues à la Compagnie pour transport, garde ou vente, faits conformément à la présente loi ou à l'acte de concession, sera tranchée par la justice, et la Compagnie pourra, pendant l'instance, conserver les marchandises, ou, s'il y a lieu, l'argent provenant de la vente qui aurait été faite.

Art. 101.

En cas de difficulté entre le receveur ou autre employé de la Compagnie, et le propriétaire de wagons circulant sur le chemin de fer ou de marchandises transportées par ces wagons, relativement au poids, à la quantité et la qualité, ou à la nature de ces objets, le receveur ou agent de la Compagnie peut retenir les voitures et les marchandises et les examiner, peser, jauger, ou mesurer autrement. Si les objets lui paraissent de poids ou de quantités plus considérables ou d'une nature autre qu'il n'a été indiqué par l'expéditeur, celui-ci, ou le propriétaire, au choix de la Compagnie, payera le coût du mesurage et de l'examen. Si, au contraire, la déclaration est reconnue exacte, la Compagnie supportera les frais, outre les dommages-intérêts qu'un juge de paix pourrait allouer, en vertu d'un jugement sommaire, en raison du délai.

Art. 102.

Si un juge de paix constate, sur la plainte de la Compagnie, que ce délai, le mesurage ou l'examen des voitures ou marchandises n'avait pas de sérieuses raisons d'être, ou a été vexatoire de la part du receveur ou autre agent, ce dernier sera condamné à payer lui-même tous les frais et dommages-intérêts dont il a été parlé. En cas de non-payement immédiat, la somme sera recouvrée par voie de saisie, sur l'ordre d'un juge de paix.

Art. 103.

Celui qui voyage ou tente de voyager dans une des voitures de la Compagnie ou d'une autre Compagnie ou personne exploitant le chemin de fer, sans avoir payé le tarif et avec l'intention d'éviter ce payement; celui qui, ayant payé sa place pour une certaine distance, va intentionnellement et frauduleusement plus loin, sans avoir payé le supplément de prix et avec intention d'éviter ce payement; celui qui, intentionnellement ou frauduleusement, refuse ou néglige, en arrivant au point pour lequel il a payé sa place, de quitter le wagon, sera passible, pour chaque cas, envers la Compagnie, d'une amende n'excédant pas 50 francs.

Art. 104.

Celui qui sera surpris commettant ou tentant de commettre la fraude indiquée à l'article précédent, pourra être arrêté et détenu par tous agents de la Compagnie ou d'une autre Compagnie, tous agents de police, geôliers ou officiers de paix, jusqu'à ce qu'il soit possible de le conduire devant un juge de paix ou jusqu'à ce qu'il soit dûment et légalement renvoyé de la poursuite.

Art. 105.

Nul ne pourra transporter ou demander à la Compagnie de transporter, sur le chemin de fer, de l'eau-forte, du vitriol, de la poudre à canon, des allumettes chimiques ou autres objets que la Compagnie estimerait dangereux. Celui qui expédierait ces objets par le chemin de fer, sans indiquer extérieurement leur nature ou sans prévenir par écrit l'agent de la Compagnie auquel ils sont remis, au moment même de cette remise, sera passible, envers la Compagnie, d'une amende de 505 francs pour chaque contravention. La Compagnie pourra refuser d'accepter tout colis qu'elle supposerait contenir des matières dangereuses, ou demander que tout colis de cette espèce soit ouvert, afin d'en vérifier le contenu.

Art. 106.

Cet article est relatif au droit qu'a la Compagnie de poursuivre les comptables infidèles.

Art. 107.

Et soit-il ordonné que la Compagnie fera préparer, chaque année, un compte rendu des recettes et dépenses de toutes les sommes perçues par elle en vertu de la présente loi ou de l'acte de concession, jusqu'au 31 décembre ou autre date qui lui conviendra. Ce compte donnera le détail des recettes et dépenses, avec la balance vérifiée et certifiée par les administrateurs ou certains d'entre eux, et par les censeurs. Elle en enverra gratuitement une copie, si elle en est requise, aux *Overseers* des pauvres des diverses paroisses que traverse le chemin de fer, et aux greffiers de paix des comtés desservis. Cet envoi sera fait avant le 31 janvier.

Ce compte rendu sera mis à la disposition du public, à toute heure raisonnable, et pourra être examiné moyennant le payement de un franc vingt-cinq centimes. La Compagnie qui n'enverrait pas ce document lorsqu'elle en sera requise sera passible, chaque fois, d'une amende de cinq cent cinq francs.

RÈGLEMENTS INTÉRIEURS.

Art. 108.

La Compagnie pourra, de temps en temps, suivant les prescriptions et sous les restrictions indiquées dans la présente loi et dans l'acte de concession, faire des règlements sur les matières suivantes, savoir :

Pour régler le mode de traction et la vitesse des trains;

Pour régler l'heure d'arrivée et de départ des trains;

Pour régler le chargement et le déchargement des wagons et le poids maximum de leur charge;

Pour régler la réception et la remise des marchandises et autres objets transportés par les trains;

Pour défendre de fumer ou faire toute autre chose incommode, dans ou sur les wagons, et dans les stations et locaux de la Compagnie;

Et en général pour régler le mode de voyager, et le mode d'exploitation du chemin de fer.

Toutefois, aucune règle ne pourra autoriser la clôture du chemin de fer ou empêcher la circulation des locomotives et des wagons, à des délais raisonnables, à moins qu'il soit nécessaire de fermer tout ou partie du chemin de fer pour y exécuter des réparations, ou pour un autre motif sérieux.

Art 109.

Pour assurer l'exécution de tout ou partie de ces règlements, la Compagnie pourra, conformément à l'acte de la quatrième année du règne de S. M. intitulé : *Un acte pour réglementer les chemins de fer*, faire des ordonnances (*Bye-Laws*) qu'elle pourra rapporter, modifier et remplacer, pourvu que ces ordonnances ne contiennent rien de contraire aux lois de la partie du Royaume-Uni dans laquelle elles seront en vigueur.

Ces ordonnances seront faites par écrit, et sous le sceau officiel de la Compagnie. Toute personne qui les violera, sera, pour chaque contravention, passible d'une amende n'excédant pas cent vingt-six francs, que la Compagnie édictera comme pénalité pour ce cas particulier. Si la contravention commise cause quelque danger ou incommodité au public, ou entrave la Compagnie dans sa jouissance légale du chemin de fer, la Compagnie pourra intervenir sommairement pour remédier au danger, incommodité ou entrave, sans préjudice de l'amende encourue par suite de la violation de l'ordonnance.

Art. 110.

La substance des ordonnances ci-dessus indiquées, confirmées ou autorisées, suivant l'acte relatif à l'autorisation et à la confirmation de ces ordonnances, sera peinte sur un tableau ou imprimée sur du papier et collée sur un tableau, et constamment maintenue sur la façade ou autre partie en vue de tout magasin ou station appartenant à la Compagnie, suivant la nature et l'objet principal de ces ordonnances, de telle sorte que les parties intéressées en aient publiquement connaissance. Ces tableaux seront renouvelés de temps en temps, aussi souvent que tout ou partie du texte des ordonnances sera effacé ou détruit.

Aucune pénalité infligée par ces ordonnances ne pourra être recouvrée si elle n'a été publiée et maintenue publique de la façon ci-dessus indiquée.

Art. 111.

Ces ordonnances une fois confirmées, publiées et affichées, seront obligatoires et devront être observées par toutes les parties : elles suffiront à justifier quiconque les exécutera.

La preuve de la publication résultera de la preuve du fait qu'un papier imprimé ou un tableau peint a été affiché et maintenu comme il vient d'être prescrit, et que si ce tableau a été déplacé ou endommagé, il a été remplacé aussi promptement que possible.

LOCATION DES CHEMINS DE FER.

Art. 112.

Lorsque la Compagnie sera autorisée par le Parlement à louer tout ou partie de son chemin de fer à une Compagnie ou à une personne, le bail devra contenir tous les engagements habituels et convenables, de la part du locataire, d'entretenir et de laisser à la fin du bail le chemin ou la partie du chemin de fer qui fait l'objet du traité, en bon état de réparation et d'entretien et, en outre, les dispositions, conventions et clauses, habituellement insérées dans les actes de cette nature.

Art. 113.

En vertu de ce bail, la Compagnie, ou le locataire, aura droit au libre usage du chemin ou de la portion du chemin qui fait l'objet du traité, ainsi qu'à tous les pouvoirs et priviléges accordés à la Compagnie concessionnaire, et qui pourraient être exercés par ses administrateurs, agents, employés ou secrétaires, en vertu de la présente loi ou de l'acte de concession, relativement à la possession, à la jouissance et à l'administration du chemin de fer loué. Les recettes seront à la disposition du locataire ou de ses employés et agents, conformément aux règles et restrictions imposées à la Compagnie et à ses administrateurs et agents. Le locataire sera, d'ailleurs, en ce qui concerne le chemin loué, tenu à toutes les obligations imposées à la Compagnie par la présente loi ou par l'acte de concession.

DES LOCOMOTIVES ET WAGONS.

Art. 114.

Toute locomotive employée sur le chemin de fer, si elle brûle du charbon ou autre combustible produisant de la fumée, devra être construite de façon à consumer sa fumée. Si une locomotive n'est pas construite conformément à ce principe, la Compagnie ou le particulier qui en fera usage sera passible d'une amende de cent vingt-six francs pour chacun des jours pendant lesquels cette locomotive a été employée sur le chemin de fer.

Art. 115 à 125.

La loi prévoit ici le cas où des particuliers feraient circuler sur les chemins d'une Compagnie, des locomotives et wagons leur appartenant.

Art. 126 à 137.

Ces articles fixent la procédure des arbitrages auxquels les Compagnies peuvent recourir. Ils ont perdu à peu près tout intérêt depuis le vote de l'acte de 1873.

Art. 138 à 142.

Ces articles règlent des points de procédure, pour ce qui concerne notamment les saisies auxquelles on aurait recours pour le recouvrement des amendes, etc.

Art. 143.

La Compagnie devra publier un résumé des cas de contravention punissables d'une amende en vertu de la présente loi, de l'acte de concession ou des ordonnances, et intéressant d'autres personnes que les actionnaires, agents, ou employés de Compagnie. Elle indiquera le montant de ces amendes et le fera peindre sur un tableau, ou imprimer sur un papier collé sur un tableau qui devra être placé dans un endroit en vue, au lieu du siége principal de la Compagnie. Lorsque ces pénalités seront d'une application locale, elle les affichera dans un endroit en vue, dans le voisinage du lieu où elles sont applicables et qu'elles concernent. Ces affiches seront renouvelées aussi souvent qu'elles seront effacées ou détruites en totalité ou en partie, et aucune amende ne pourra être recouvrée si elle n'a été annoncée de la façon ci-dessus prescrite.

Art. 144.

Celui qui abîmera ou renversera un écriteau placé en vertu de la présente loi, ou de l'acte de concession, pour indiquer les pénalités, ou qui effacera tout ou partie des lettres, sera, dans chaque cas, passible d'une amende qui n'excédera pas 126 francs, et contraint, en outre, de payer la réparation du tableau.

Art. 145 à 151.

Dispositions relatives à la procédure devant les juges de paix en cas de contraventions, etc.

Art. 152.

Celui qui, par un acte de négligence ou autre, aura encouru l'une des amendes édictées par le présent acte ou par la loi de concession, pour dommages causés à la Compagnie, sera tenu, outre le payement de l'amende, de réparer le dommage. En cas de désaccord, le chiffre des dommages-intérêts sera fixé par le juge qui aura prononcé l'amende. En cas de non-payement, le recouvrement aura lieu par voie de saisie, sur l'autorisation des magistrats.

Art. 153.

Cet article autorise les juges de paix à faire comparaître des témoins.

Art. 154.

Les agents et employés de la Compagnie et toutes les personnes auxquelles ils réclament assistance, pourront arrêter et retenir toute personne qui aura commis quelque contravention aux dispositions de la présente loi ou de l'acte de concession, dont le nom et le domicile seraient inconnus de ces agents. Ils conduiront, aussitôt que possible, les personnes arrêtées devant un magistrat, sans avoir besoin d'un mandat ou d'une autre autorisation que celle donnée par la présente loi ou par l'acte de concession. Le magistrat entendra et jugera aussitôt que possible la plainte portée contre le délinquant.

Art. 155 à 161.

Ces articles ont pour principal objet de régler la procédure d'exécution des jugements des juges de paix.

Art. 162.

La Compagnie devra, à toute époque, à dater de l'expiration des six mois suivant le vote de l'acte de concession, avoir, à son siége principal, un exemplaire dudit acte, imprimé par un ou plusieurs imprimeurs de Sa Majesté. Elle devra, dans le même délai, déposer un exemplaire de ce document aussi imprimé, chez les greffiers de paix des divers comtés traversés par ses chemins.

Lesdits greffiers de paix recevront et garderont, aussi bien que la Compagnie, ces exemplaires, et toute partie intéressée pourra les consulter ou copier en tout ou en partie, sous les conditions indiquées dans l'acte de la première année du règne de Sa Majesté, intitulé : *Acte pour obliger les greffiers de paix des comtés, et autres personnes, à garder les documents que les standing orders de l'une ou l'autre des Chambres du Parlement ordonnent de déposer dans leurs bureaux.*

Art. 163.

Si la Compagnie néglige de déposer ou de conserver cet acte comme il vient d'être dit, elle sera, pour chaque contravention, condamnée à une amende de 505 francs, augmentée de 126 francs pour chacun des jours pendant lesquels se continuera la contravention.

Art. 164.

Et soit-il ordonné que le présent acte n'est pas applicable à l'Écosse.

Art. 165.

Et soit-il déclaré que la présente loi pourra être amendée ou abrogée par un acte passé dans la présente session du Parlement.

XV

RAILWAYS CLAUSES CONSOLIDATION ACT.

ÉCOSSE.

8 ET 9 VICTORIA, CHAP. XXXIII.

21 juillet 1845.

ACTE POUR CONSOLIDER EN UN SEUL ACTE CERTAINES DISPOSITIONS GÉNÉRALEMENT INSÉRÉES DANS LES LOIS QUI AUTORISENT LA CONSTRUCTION DE CHEMINS DE FER EN ÉCOSSE.

Cet acte qui a 154 *articles contient, en ce qui concerne l'Écosse, les dispositions édictées par l'acte* 8 *et* 9 *Victoria, ch.* XX, *pour l'Angleterre et l'Irlande. Il en reproduit textuellement un grand nombre de clauses, savoir : art.* 2, 5 *et* 6, 12 *à* 14, 17 *à* 22, 24, 31 *à* 33, 40 *et* 41, 44, 47 *à* 52, 56, 61, 63 *et* 64, 66 *à* 68, 73 *à* 77, 84, 86 *à* 88, 90, 92 *à* 99, 103, 105, 108 *à* 111, 113 *à* 123, 137, 138 *et* 163.

Les points sur lesquels portent les différences avec la loi anglaise sont principalement ceux de procédure, ainsi que tous ceux qui concernent la législation sur les mines. Ces dissemblances, rendues nécessaires par la diversité des lois écossaises sur certaines questions, n'ont, d'ailleurs, qu'une importance secondaire, et portent sur la forme beaucoup plus que sur le fond.

XVI

IRLANDE.

8 ET 9 VICTORIA, CHAP. XLVI.

21 juillet 1845.

ACTE RELATIF A LA NOMINATION DE CONSTABLES SUPPLÉMENTAIRES POUR MAINTENIR L'ORDRE DANS LE VOISINAGE DES CHANTIERS DE TRAVAUX PUBLICS EN IRLANDE.

Les 3 articles de cette loi permettent au Lord Lieutenant d'Irlande de nommer des constables supplémentaires pour maintenir l'ordre dans les localités voisines de celles où s'exécutent des travaux de chemins de fer. Les frais d'entretien de ces agents doivent être payés par les Compagnies concessionnaires, et peuvent être recouvrés en justice par voie de saisie.

XVII

ROYAUME-UNI.

8 ET 9 VICTORIA, CHAP. XCVI.

4 août 1845.

ACTE POUR RESTREINDRE LES POUVOIRS DE VENDRE OU DE LOUER DES CHEMINS DE FER CONTENUS DANS CERTAINS ACTES DU PARLEMENT RELATIFS A DES CHEMINS DE FER.

Article unique.

Considérant que divers actes du Parlement relatifs aux chemins de fer, votés dans la présente session, ont donné aux Compagnies l'autorisation générale de louer ou de prendre en location, de vendre ou de transférer, leurs propres lignes ou des lignes ne leur appartenant pas, et qu'il convient de restreindre ces autorisations,

Soit-il ordonné qu'il ne sera permis à aucune Compagnie de chemin de fer, en vertu des pouvoirs qui lui auraient été accordés par un acte de la présente session, de faire ou d'accorder, ni à aucune autre partie ou Compagnie de chemins de fer, d'accepter, en vertu de ces mêmes pouvoirs, une vente, location, ou autre transfert d'aucune ligne de *railway*, sans y avoir été spécialement autorisée par une disposition spéciale d'un acte du Parlement, indiquant le nom du chemin de fer dont la location, la vente ou le transfert sont autorisés, et la Compagnie ou partie à laquelle il est permis de faire, donner, ou accepter cette vente, location, ou transfert.

XVIII

ROYAUME-UNI.

9 ET 10 VICTORIA, CH. XX.

18 juin 1846.

ACTE POUR AMENDER L'ACTE DE LA 2e ANNÉE DU RÈGNE DE SA MAJESTÉ RÉGNANTE, RELATIF A LA GARDE DES FONDS DÉPOSÉS EN VERTU DES STANDING ORDERS DES DEUX CHAMBRES DU PARLEMENT, PAR LES SOUSCRIPTEURS DES ENTREPRISES OU TRAVAUX A EXÉCUTER EN VERTU D'UNE AUTORISATION DU PARLEMENT.

Les fonds dont il est ici question, doivent être déposés à la Banque d'Angleterre, mais il est permis de remplacer les versements en argent par le dépôt de titres de rentes sur l'État ou de bons du Trésor (5 *articles*).

XIX

ROYAUME-UNI.

9 ET 10 VICTORIA, CH. LVII.

18 août 1846.

ACTE POUR FIXER LA LARGEUR DE LA VOIE DES CHEMINS DE FER.

C'est la loi qui établit, pour l'avenir, la largeur de la voie des chemins à construire, et la fixe à 1ᵐ,42 pour la Grande-Bretagne, et 1ᵐ,60 pour l'Irlande. Elle fait une exception en faveur des lignes déjà construites qui pourront être maintenues à la largeur de 2ᵐ,12. Cet acte, qui renferme 9 articles, a cessé de présenter un sérieux intérêt. L'ancienne voie large a aujourd'hui disparu presque complétement.

XX

ROYAUME-UNI.

9 ET 10 VICTORIA, CH. XCIII.

26 août 1846.

ACTE RELATIF AUX INDEMNITÉS A PAYER AUX FAMILLES DES PERSONNES TUÉES DANS UN ACCIDENT.

Art. 1er.

Soit-il ordonné... que dans tous les cas où la mort d'une personne sera causée par un acte délictueux, négligence, ou faute qui aurait permis (si la mort ne s'en était pas suivie) à la victime, d'intenter une action et de recouvrer une indemnité, la personne qui aurait pu être poursuivie si la mort n'était pas survenue, pourra être actionnée en dommages-intérêts, malgré la mort de la victime, et même dans le cas où la mort aurait été causée par un acte qualifié crime par la loi.

Art. 2.

Cette action sera intentée au profit des femme, mari, père, mère, et enfants de la personne ainsi tuée, et sera dirigée par l'exécuteur ou administrateur de la victime. Le jury fixera le chiffre des indemnités à la somme qu'il jugera équitable en raison du dommage souffert par les personnes au nom desquelles l'action est intentée, et la somme allouée, déduction faite de la partie des frais non supportée par le défendeur, sera répartie par le jury entre ces différentes personnes.

Art. 3.

Une seule action pourra être introduite en raison du même fait, et cette action devra être intentée dans un délai de douze mois à dater de la mort de la victime.

Art. 4 à 6.

Clauses de procédure et de forme.

XXI

ROYAUME-UNI.

10 ET 11 VICTORIA, CH. LXXXV.

22 juillet 1847.

ACTE POUR ACCORDER DE NOUVELLES FACILITÉS POUR LA TRANSMISSION DES LETTRES PAR LA POSTE, ETC.

L'art. 16 *de cette loi donnait au directeur général des postes certaines facilités pour le transport des dépêches par chemin de fer, mais, bien qu'il n'ait pas été abrogé, il semble à peu près inutile, depuis le vote de la loi* 1873.

XXII

IRLANDE.

11 ET 12 VICTORIA, CH. LXXII.

31 août 1848.

ACTE POUR AMENDER LES LOIS RELATIVES A LA POLICE EN IRLANDE.

C'est une modification peu importante des lois sur le même sujet précédemment citées : Le changement porte sur le mode de répartition des dépenses.

XXIII

RAILWAY CLEARING ACT. 1850.

GRANDE-BRETAGNE.

13 ET 14 VICTORIA, CH. XXXIII.

25 juin 1850.

ACTE POUR RÉGLEMENTER LES PROCÉDURES LÉGALES INTENTÉES PAR OU CONTRE LE COMITÉ DES COMPAGNIES DE CHEMINS DE FER, ASSOCIÉES D'APRÈS LE PRINCIPE DU RAILWAY CLEARING SYSTEM, ET POUR D'AUTRES OBJETS.

Art. 1er.

Soit-il ordonné.... que les diverses Compagnies, qui, au moment du vote de la présente loi, font partie de l'association du *Clearing system*, et toute autre Compagnie qui se joindra à elles dans la forme ci-après prescrite, seront soumises aux dispositions du présent acte.

Art. 2.

Et soit-il ordonné que, lorsqu'une Compagnie, ne faisant pas partie de l'association, demandera au comité, par un écrit revêtu de son sceau, à être admise dans l'association du *Clearing system*, et que le comité y consentira, ladite Compagnie fera partie de cette association à dater du jour où le consentement aura été donné, ou de l'époque indiquée par sa demande.

Art. 3.

Si une Compagnie informe le comité, par un écrit revêtu du sceau commun, qu'elle désire cesser de faire partie de l'association, elle cessera effectivement d'en faire partie un mois après avoir envoyé cet avis, ou après un plus long délai, si ce délai a été indiqué dans l'avis.

Art. 4.

Si les deux tiers des membres du comité présents à une séance spécialement convoquée à cet effet, avertissent, par un écrit signé du secrétaire ou de deux membres du comité, une Compagnie, qu'elle cessera de faire partie de l'association à une époque fixée, qui doit être un mois au moins après l'envoi de l'avis, cette Compagnie cessera, au jour dit, de faire partie de l'association.

Art. 5.

Chaque Compagnie faisant partie de l'association aura toujours le droit d'être représentée dans le comité par un délégué, qui sera nommé par les administrateurs, ladite nomination étant attestée par un écrit signé du secrétaire ou de deux administrateurs de cette Compagnie. Toutefois, les actes du comité ne laisseront pas d'être valides, si une Compagnie ne se trouve pas représentée par un délégué, à une séance.

Art. 6.

Le comité se réunira à une heure de l'après-midi, le second mercredi des mois de mars, juin, septembre et décembre de chaque année, ou aussitôt après cette date que le *quorum* se trouvera formé. Il se réunira également à toute autre époque, lorsque le secrétaire, sur la réquisition écrite du président ou de deux membres, l'aura convoqué au moyen d'un avis, envoyé dix jours à l'avance à chaque Compagnie faisant partie de l'association, ou au secrétaire de chaque Compagnie.

Toute réunion peut être ajournée de temps en temps et de place en place, comme le comité le jugera convenable.... Pour constituer un comité, la présence de dix membres sera nécessaire.

A moins qu'il n'en soit autrement disposé, toutes les questions seront tranchées à la majorité des voix des membres présents. En cas de partage, le président aura voix prépondérante. L'ordre du jour indiquant les affaires à soumettre au comité sera envoyé à chaque Compagnie ou à son secrétaire, six jours au moins avant la séance.

Art. 7 à 10.

Ces articles donnent au comité le pouvoir de nommer et de remplacer son président, son secrétaire et son trésorier.

Art. 11.

Toutes les sommes d'argent reçues par le comité seront conservées par lui à titre de *fidei-commis*, au nom de la Compagnie ou des Compagnies auxquelles le comité décidera que ces sommes doivent être remises.

Aucun membre du comité ne sera responsable des sommes qui peuvent être perdues ou enlevées, à raison de la faute, de l'inconduite, ou de l'insolvabilité du trésorier, du banquier ou agent ayant la garde des fonds, ni à raison de toute cause autre que sa propre inconduite.

Art. 12.

Les comptes de l'association et les sommes dues aux différentes Compagnies qui en font partie, ou dues par ces Compagnies, seront arrêtés et réglés par le secrétaire, qui fixera également la part contributive de chaque Compagnie, aux dépenses de l'association. Toute difficulté relative à ces comptes sera décidée par le comité, et sa déclaration qu'une somme est due par une Compagnie sera définitive et sans appel, et la Compagnie sera débitrice de cette somme envers le comité.

Art. 13.

Le comité payera, sur les fonds de l'association, toutes les dépenses de cette association, ainsi que les frais, charges, indemnités ou dépenses que les membres du comité ou l'un d'eux auraient encourues dans l'exercice de leur mandat. Les membres du comité et le secrétaire seront pleinement indemnisés et remboursés sur les fonds de l'association et par les Compagnies qui en font partie, des suites de toutes actions, procès, frais, dépenses et indemnités qu'ils auraient pu encourir en leur qualité, à raison de tous les actes qu'ils auraient faits ou omis *bona fide*, dans la limite ou même au delà de leurs pouvoirs.

Art. 14.

Le comité peut intenter une action, sous le nom de son secrétaire, pour recouvrer d'une Compagnie la somme qu'il a mise à sa charge, comme étant due à une autre Compagnie ou à l'association, que cette Compagnie fasse encore ou ait cessé de faire partie de l'association, et que le secrétaire ait ou non indiqué antérieurement cette somme comme due par cette Compagnie.

Art. 15 à 17.

Formes légales de procédure des actions judiciaires.

Art. 18.

Le comité fera inscrire sur des livres spécialement destinés à cet usage, les notes, minutes ou copies, suivant les cas, des nominations faites ou des contrats passés par lui, des décisions et des procès-verbaux de toutes ses séances.

Le président de la séance signera toutes les mentions relatives aux actes faits pendant la séance qu'il présidait. Il ajoutera à sa signature le mot : *Président.*

Les inscriptions seront transcrites sur le registre et

signées, soit pendant, soit après la séance à laquelle elles se rapportent. Toute mention signée sera reçue en témoignage devant tous les juges, sans qu'il soit besoin de prouver que les personnes qui ont fait les inscriptions sont membres du comité, ni que la signature est celle du président.... tous ces points étant présumés jusqu'à preuve du contraire.

Art. 19.

Dans le jugement de toute affaire, s'il est prouvé à la satisfaction de la cour ou du juge, que la Compagnie fait, ou a fait partie de l'association, les livres du comité constitueront une preuve *prima facie* de la vérité de toutes les inscriptions qu'ils contiennent, et le secrétaire, bien que l'action soit introduite en son nom, pourra, de même que les membres du comité, être entendu comme témoin par le demandeur ou par le défendeur.

Art. 20.

Le comité peut, en toute matière, actionner et être actionné au nom du secrétaire.

En toute action civile ou d'équité, en matière de banqueroute ou en toute autre affaire civile ou criminelle, le nom du secrétaire peut être employé à la place de celui du comité, et le secrétaire peut témoigner au nom du comité dans le cas de banqueroute, insolvabilité ou liquidation.

Art. 21 à 28.

Règles de procédure et articles de forme.

XXIV

ABANDONMENT OF RAILWAYS ACT.

ROYAUME-UNI.

13 ET 14 VICTORIA, CH. LXXXIII.

14 août 1850.

ACTE POUR FACILITER L'ABANDON DE CONCESSIONS DE CHEMINS DE FER, ET LA DISSOLUTION DES COMPAGNIES DANS CERTAINS CAS.

Art. 1er.

Soit-il ordonné.... que si une Compagnie autorisée par un acte futur du Parlement à construire un chemin de fer, désire abandonner tout ou partie de cette entreprise, commencée ou non, elle devra, au nom et avec le consentement des porteurs des trois cinquièmes des actions, représentées comme il sera dit, dans une assemblée convoquée dans les formes ci-après indiquées, adresser une demande écrite au *Board of Trade*[1], en indiquant le chemin de fer qu'elle désire abandonner, et les motifs de cet abandon.

Art. 2.

Les administrateurs de la Compagnie pourront, à toute époque, convoquer une assemblée des actionnaires pour faire décider s'il y a lieu d'adresser cette demande au *Board of Trade*.

1. Le texte porte aux commissaires des chemins de fer. Ces commissaires ayant cessé d'exister, la loi a décidé que toutes leurs attributions seraient dévoluées au *Board of Trade*. (14 et 15 Victoria, ch. LXIV.)

Art. 3.

Les actionnaires de la Compagnie, au nombre de cinq au moins, possédant ensemble au moins le vingtième du capital de la Compagnie, représenté par des actions ou des titres consolidés sur lesquels tous les versements requis ont été faits, mais sans qu'on puisse compter dans ce nombre les actions appartenant aux administrateurs... pourront adresser aux administrateurs une requête écrite pour leur demander de convoquer une assemblée, dans le but ci-dessous indiqué. Au reçu de cette réquisition, les administrateurs convoqueront une assemblée des actionnaires pour le jour qu'ils fixeront, compris dans le délai de quatorze jours au moins et vingt-huit jours au plus, après la réception de la réquisition.

A défaut par les administrateurs de convoquer et d'annoncer l'assemblée dans les quatorze jours qui suivent la réception de la réquisition, les actionnaires susindiqués pourront eux-mêmes convoquer l'assemblée au jour qu'ils fixeront....

Toutefois, lorsqu'une assemblée aura été convoquée en vertu de cette réquisition, les administrateurs ne pourront être tenus de convoquer une autre assemblée, en vertu d'une nouvelle réquisition ayant le même but, dans les douze mois qui suivront le terme de l'assemblée précédente.

Art. 4.

Après la convocation de l'assemblée, ou la réception d'une réquisition, les administrateurs ne pourront effectuer aucun payement sur les fonds de la Compagnie, pour des dépenses relatives au chemin dont l'abandon est demandé, si ce n'est pour acquitter *bona fide* des dettes ou engagements, ou en vertu d'un contrat ou traité antérieurement conclu, et pour le payement des dépenses relatives à la tenue de l'assemblée. Ils ne pourront davantage contracter un engagement ou marché relativement au chemin dont l'abandon est proposé, ni faire aucun appel, ni transférer aucun titre jusqu'à ce que l'assemblée ait statué sur la proposition.

Art. 5.

La convocation de l'assemblée sera faite au moyen d'un avis publié dans les formes prescrites ou habituellement employées pour les assemblées extraordinaires. Si l'assemblée est convoquée par les administrateurs, il sera envoyé, par la poste, une lettre spéciale à chaque actionnaire.... sept jours au moins avant celui de la réunion.... Cette convocation indiquera le lieu et le but de la réunion, fera connaître la ligne dont l'abandon est proposé, et invitera chaque actionnaire à signifier son assentiment ou son refus sur un bulletin conforme au modèle ci-annexé, qui sera joint à la circulaire. Elle demandera à l'actionnaire de renvoyer le bulletin, signé de lui, au secrétaire de la Compagnie, ou d'assister à l'assemblée générale, et de remettre ce bulletin également signé au président de la réunion.

Art. 6.

Dans l'assemblée convoquée comme il a été dit, les scrutateurs, nommés comme il sera indiqué, additionneront le nombre d'actions respectivement possédées par les actionnaires qui donnent leur assentiment et par ceux qui le refusent, (que le vote soit donné par un écrit envoyé d'avance au secrétaire ou remis au président,) et ils feront connaître ces chiffres au président, lequel annoncera publiquement à l'assemblée les chiffres respectifs, et indiquera si les trois cinquièmes des actions représentées comme il a été dit, sont en faveur de l'abandon.

Dans le calcul du nombre des actions possédées par chaque actionnaire, il ne sera pas tenu compte de celles dont le porteur n'aura pas été dûment inscrit sur les livres, ou sur laquelle tous les versements appelés n'ont pas été faits, si l'appel a eu lieu depuis plus de trois mois, ou si l'assemblée est réunie à la requête des actionnaires plus de trois mois avant l'envoi de leur réquisition.

Art. 7.

Le président du Conseil d'administration ou, en son absence, le vice-président, présideront l'assemblée. Si tous deux sont absents, l'assemblée choisira un président parmi les actionnaires présents.

Art. 8.

Dans toute assemblée de ce genre, les actionnaires présents éliront, parmi eux, trois scrutateurs. Pour cette élection, chaque actionnaire n'aura qu'une voix et ne votera que pour un scrutateur.

La décision des scrutateurs élus ou de deux d'entre eux, sur tous les sujets de leur compétence, sera définitive à tous égards.

Art. 9.

Pour recevoir le rapport des scrutateurs, le président pourra, sur la demande de l'un d'eux, et devra, si la demande lui en est faite par plus d'un scrutateur, ajourner l'assemblée à un autre jour qu'il fixera. Le délai sera d'un jour franc au moins et de sept jours au plus, après l'assemblée ainsi ajournée.

Art. 10.

Le certificat du président que l'assemblée a été dûment tenue, et que le consentement a été donné, s'il l'a été, sera, dans la semaine qui suivra la réunion, déposé au *Board of Trade*[1].

1. Même observation que plus haut. La loi disait : aux commissaires des chemins de fer.

Art. 11.

Si les actionnaires de la Compagnie qui ont signé la réquisition ou ont assisté à l'assemblée appelée à statuer sur l'abandon, estiment que la convocation a été irrégulièrement faite, ou que le sens de l'assemblée n'a pas été pris conformément à la volonté du législateur, et que, si la convocation avait été bien faite et l'assemblée dûment consultée, le projet aurait été adopté, il leur sera permis, s'ils sont au nombre de cinq et possèdent ensemble le vingtième du capital de la Compagnie, calculé comme il a été dit précédemment, de s'adresser au *Board of Trade*, en indiquant les motifs de leur réclamation et en sollicitant la convocation d'une nouvelle assemblée.

Si l'administration, après avoir entendu les parties, sur leur désir, juge qu'il y a de bonnes raisons de penser que l'assemblée dûment convoquée et consultée aurait donné son assentiment au projet, elle en donnera un certificat et invitera les administrateurs à convoquer une autre assemblée.... Si ces derniers négligent de le faire, les actionnaires plaignants pourront eux-mêmes faire la convocation, et toutes les règles contenues dans la présente loi seront applicables à l'assemblée ainsi tenue.

Art. 12.

Si l'une de ces assemblées décide que la demande d'abandon sera faite, ou si le *Board of Trade* délivre le certificat indiqué à l'article précédent, à partir de la date de cette assemblée ou de ce certificat, suivant les cas, les administrateurs ne pourront continuer la construction du chemin de fer ou de la partie dont l'abandon est proposé, jusqu'à ce que le *Board of Trade*[1] ait statué, auquel cas ils agiront conformément à la décision de l'administration.

1. Même observation que pour les articles précédents.

Art. 13.

Si le *Board of Trade*[1] estime qu'il y a des motifs suffisants pour prendre en considération la demande, il invitera la Compagnie à publier, dans la forme qu'il approuvera, un avis faisant connaître cette demande, au moyen d'une insertion dans la *Gazette* de Londres, d'Édimbourg ou de Dublin, suivant que la ligne est située en Angleterre, en Écosse ou en Irlande, d'une autre insertion répétée pendant trois semaines de suite dans un journal publié ou répandu dans les comtés traversés; et d'une affiche placée pendant trois dimanches successifs aux portes des églises des paroisses intéressées....

L'avis indiquera quand et comment les personnes qui se prétendent lésées par l'abandon, et désirent s'y opposer, pourront présenter leurs observations à l'administration.

Art. 14.

Pour connaître l'état et la situation de la Compagnie qui fait cette demande, savoir s'il convient d'autoriser l'abandon du chemin de fer, et dans quelles conditions cette faculté peut être accordée, le *Board of Trade* pourra examiner les livres, comptes, notes, procès-verbaux, et généralement tous documents en possession de la Compagnie. Il pourra envoyer, aux frais de la Compagnie ou des réclamants, un agent, pour inspecter la ligne dont on propose l'abandon, e recueillir, sur les lieux, les renseignements nécessaires. La Compagnie ou ceux de ses employés qui refuseraient de se prêter à cet examen.... seront, dans chaque cas, passibles d'une amende de 505 francs pour chacun des jours pendant lesquels ils persisteront dans leur refus.

1. Même observation que pour les articles précédents.

Art. 15.

Le *Board of Trade*, après avoir eu la preuve que les avis ont été publiés, et, à l'expiration du délai accordé pour former opposition, après avoir considéré les objections produites, s'il y en a, pourra, s'il le trouve bon, et dans les conditions qu'il jugera convenables, autoriser par une ordonnance l'abandon du chemin de fer ou de la partie de chemin de fer qu'il indiquera.

Art. 16.

En considérant les objections qui peuvent être faites par certains actionnaires contre l'abandon proposé d'une partie seulement d'un chemin de fer, et en fixant les conditions dans lesquelles il croit devoir autoriser cet abandon partiel, le *Board of Trade* aura égard à la situation des terrains et maisons des actionnaires opposants par rapport à la partie du chemin de fer dont l'abandon est proposé. Si ces actionnaires ont souscrit dès le début à l'entreprise et ne sont ni des *solicitors*, agents, ou ingénieurs employés dans l'entreprise, et si leurs demeures ou leurs propriétés sont près du tracé de la ligne dont on demande l'abandon, le *Board of Trade* pourra, en autorisant la réduction du capital de la Compagnie, décider que le montant du capital nominal des actions possédées par ces actionnaires sera réduit à la somme déjà versée ou à toute autre somme qu'il jugera convenable. Il pourra aussi, sur la demande de ces actionnaires, annuler tout ou partie de ces actions, et ordonner qu'une certaine somme qu'il fixera, en ayant égard aux circonstances de l'affaire, leur sera remboursée.

Art. 17.

Dans le mois qui suivra la date de l'ordonnance rendue par le *Board of Trade*, la Compagnie en donnera avis par une annonce insérée dans la *Gazette* de Londres, d'Édimbourg ou de Dublin..., et une fois, pendant trois semaines consécutives, dans un autre journal publié ou répandu dans le comté traversé par la ligne, et par des affiches placées trois dimanches de suite à la porte principale de l'église des paroisses intéressées.... Cette annonce invitera toute personne ayant quelque réclamation à faire valoir contre la Compagnie pour une indemnité ou tout autre motif, en raison de l'abandon autorisé par cette ordonnance, à faire parvenir cette réclamation, dans un délai de quatre mois à partir du jour où a été rendue l'ordonnance, au secrétaire de la Compagnie, en sa résidence officielle.

Art. 18.

Le *Board of Trade*, ayant acquis la preuve que les avis prescrits ont été publiés conformément à la loi, délivrera un certificat qui fera foi en justice.

Art. 19.

A la suite de l'ordonnance et de la publication des avis, la Compagnie sera (sous réserve des dispositions ci-après) déchargée de toute obligation de faire, entretenir, ou exploiter le chemin de fer indiqué par l'ordonnance, ou la partie de ce chemin dont l'abandon est autorisé, ainsi que d'acheter les terrains nécessaires, ou de compléter les achats commencés, ou de donner suite aux marchés passés, ou d'achever l'exécution des marchés relatifs à la ligne abandonnée et que cet abandon ne permet pas d'exécuter. Néanmoins, la présente loi n'exempte pas la Compagnie d'acheter les terrains dont les contrats de vente ont été arrêtés et exécutés en partie, ou dont le prix a été fixé avant le vote de la présente loi, quand même le délai d'achat indiqué par les actes aurait été prolongé d'accord avec la Compagnie.

Art. 20.

Dans tous les cas où, avant la signature de l'ordonnance, un avis a été donné ou un traité passé avec la Compagnie, pour l'achat des terrains dont l'expropriation a été autorisée par l'acte de concession des lignes abandonnées, traité dont la présente loi la dégage, ou lorsqu'un traité a été passé pour la construction, l'entretien, ou l'exploitation de la ligne abandonnée, ou autre marché auquel l'abandon ne permet pas de donner suite, la Compagnie devra indemniser les propriétaires ou locataires des terrains ou les contractants indiqués ci-dessus. Le chiffre de l'indemnité sera fixé, dans tous les cas qui viennent d'être prévus, par des arbitres.

Art. 21.

Lorsque la ligne dont l'abandon est autorisé aura été finie ou commencée, la Compagnie devra indemniser les propriétaires ou locataires des terrains adjacents, dans les limites fixées par des arbitres, à raison de tout dommage qui pourrait résulter de l'absence de portes, passages, aqueducs, ponts et autres ouvrages que la Compagnie aurait dû faire si le chemin n'avait pas été abandonné.

Art. 22.

Lorsqu'une ligne dont l'abandon a été autorisé, était partiellement ou entièrement finie, et qu'une route avait été détournée par la Compagnie au moyen d'un pont ou d'un tunnel dont l'entretien aurait été à la charge de la Compagnie, dans ce cas, à moins que le *Board of Trade* n'autorise à détruire ce pont ou ce tunnel et à rétablir la route dans son état primitif, la Compagnie devra payer au propriétaire, si c'est une route privée, et aux agents chargés de l'entretien, si c'est une route publique, une somme qui sera fixée par arbitres, en compensation de l'obligation où aurait été la Compagnie d'entretenir le pont, le viaduc ou la route.

Art. 23 à 25.

Règles de procédure.

Art. 26.

L'autorisation accordée à la Compagnie d'abandonner un chemin de fer ne portera pas préjudice aux droits qu'auraient les propriétaires ou locataires de terrains, à recevoir de la Compagnie une indemnité pour réparation des dommages causés par l'occupation temporaire de leurs terrains....

Art. 27.

Tous les terrains acquis par la Compagnie pour l'exécution du chemin de fer abandonné, devront être revendus dans le délai fixé par l'ordonnance qui autorise l'abandon, et si aucun délai n'est prescrit, dans les deux ans qui suivent la date de cette ordonnance, et dans les formes prescrites par la loi sur l'expropriation, pour la vente des terrains non utilisés.... Toutefois l'offre que fera la Compagnie aux personnes ayant un droit de préemption, ne pourra indiquer un prix plus considérable que celui payé pour l'achat de ces terrains.

Art. 28.

Lorsque le *Board of Trade* autorisera, par une ordonnance, l'abandon partiel des lignes d'une Compagnie, il pourra, s'il le juge convenable, ordonner la réduction du capital autorisé, dans les proportions et dans les conditions qu'il jugera convenables, en ayant soin que cette réduction ne porte pas sur une partie du capital relativement plus considérable que le prix de la ligne abandonnée ne représente relativement à celui du chemin entier. Il pourra également réduire, de la même façon, le montant des sommes que la Compagnie est autorisée à emprunter sur hypothèque, et il indiquera, par son ordonnance, le chiffre de cette réduction....

Art. 29.

Lorsqu'aura été rendue l'ordonnance qui autorise l'abandon du chemin de fer, tous les pouvoirs de la Compagnie relativement à la construction, à l'entretien et à l'exploitation de ce chemin, cesseront, et la Compagnie n'aura plus d'existence que pour liquider ses affaires. *La fin de l'article a été abrogée par l'acte* 32 *et* 33 *Victoria, ch.* CXIV.

Art. 30 à 33.

Abrogés par l'art. 32 *et* 33 *Victoria, ch.* CXIV.

Art. 34 et 35.

Articles de procédure relatifs à la liquidation des Compagnies en Angleterre et en Écosse.

Art. 36.

Aucune des dispositions du present acte ne pourra autoriser l'abandon par une Compagnie, de tout ou partie d'un chemin de fer ou autre travail que ladite Compagnie aurait pris l'engagement de construire, par un traité passé avec une personne ou une autre Compagnie, et revêtu de son sceau, à moins que cette personne ou cette Compagnie consente, par écrit, à l'abandon.

Art. 37.

Dans tous les cas où le *Board of Trade* autorisera l'abandon de tout ou partie d'une ligne de chemin de fer, il soumettra au Parlement, dans les dix jours qui suivent la signature de l'ordonnance, si le Parlement est assemblé, et sinon, aussitôt que commencera la session, un exemplaire de l'ordonnance, accompagné d'un rapport indiquant les faits qui, dans l'opinion de l'administration, ont motivé l'ordonnance.

Art. 38.

Interprétation des termes.

Art. 39.

En citant le présent acte dans d'autres lois et dans les procédures légales, il suffira d'employer l'expression : *Acte de* 1850 *sur l'abandon des chemins de fer.*

Art. 40.

Clause de forme (Pouvoirs d'amendement et d'abrogation).

XXV

ROYAUME-UNI.

14 ET 15 VICTORIA, CH. XLIX.

1er août 1851.

ACTE POUR ABROGER L'ACTE 11 ET 12 DE SA MAJESTÉ RÉGNANTE, AU SUJET DES ENQUÊTES PRÉLIMINAIRES DANS CERTAINS CAS OU SONT SOLLICITÉS DES ACTES PRIVÉS, ET POUR ÉTABLIR D'AUTRES RÈGLES A CE SUJET.

Il s'agit ici dans cette loi très-courte, des travaux à exécuter sur le bord de la mer, sur les terrains dits tidal lands. *La loi donne, en ce cas, des pouvoirs spéciaux à l'Amirauté, en lui permettant de forcer les Compagnies à lui fournir des renseignements particuliers, et en lui donnant le pouvoir d'ordonner les enquêtes nécessaires pour sau-*

vegarder les intérêts publics. Un acte postérieur (25 *et* 26 *Victoria, ch.* 69), *a transféré au* Board of Trade *la plupart des attributions de l'Amirauté en cette matière.*

XXVI

ROYAUME-UNI.

14 ET 15 VICTORIA, CH. LXIV.

7 août 1851.

ACTE QUI ABROGE LA LOI ÉTABLISSANT LES COMMISSAIRES DES CHEMINS DE FER.

Cet acte abroge une loi antérieure (9 *et* 10 *Victoria, ch.* 105) *qui avait institué les Commissaires de chemins de fer et tranfère au Board of Trade toutes les attributions de ces agents.*

Une loi du 21 *juillet* 1873, *reproduite ci-après, a rétabli des Commissaires des chemins de fer, mais avec des attributions différentes.*

XXVII

IRLANDE.

16 ET 17 VICTORIA, CH. LXX.

août 1851.

ACTE POUR MODIFIER ET CHANGER CERTAINES DISPOSITIONS DU LAND CLAUSES CONSOLIDATION ACT DE 1845, EN CE QUI CONCERNE L'IRLANDE.

Cette loi rendue nécessaire par suite des différences qui existent dans la constitution de la propriété en Angleterre et en Irlande, n'a d'intérêt qu'au point de vue de la procédure légale. Votée pour une période limitée elle a été légèrement amendée et rendue définitive par l'acte du 13 *août* 1860 (23 *et* 24 *Victoria, ch.* 97).

XXVIII

ROYAUME-UNI.

16 ET 17 VICTORIA, CH. LXIX.

15 août 1853.

ACTE POUR ÉDICTER DE MEILLEURES DISPOSITIONS RELATIVEMENT A L'ENGAGEMENT ET AU SERVICE DES MARINS, ET AMENDER LES LOIS CONCERNANT LA MARINE DE SA MAJESTÉ EN CE QUI REGARDE LES CHEMINS DE FER.

L'art. 18 *de cet acte décide que les Compagnies de chemins de fer devront transporter les marins et assimilés, aux mêmes conditions que les militaires.*

XXIX

RAILWAYS AND CANALS TRAFIC ACT.

ROYAUME-UNI.

17 ET 18 VICTORIA, CH. XXXI.

10 juillet 1854.

ACTE POUR AMÉLIORER L'EXPLOITATION DES CHEMINS DE FER ET DES CANAUX.

L'art. 1er *contient l'interprétation des termes. L'art.* 2, *le principal de la loi, a été modifié et amendé par l'art.* 11 *de la loi de* 1873. *Il n'en est pas moins nécessaire de le citer textuellement.*

Art. 2.

Toute Compagnie de chemin de fer, Compagnie de canal ou Compagnie de chemin de chemin de fer et de canal, devra, suivant ses pouvoirs, donner toutes les facilités raisonnables pour l'expédition et la réception des marchandises, sur les divers chemins de fer et canaux qui lui appartiennent ou qu'elle exploite, et pour le retour des wagons, camions, bateaux et autres véhicules.

Aucune Compagnie ne pourra faire ou accorder aucune préférence ou avantage indû ou déraisonnable, à un particulier ou à une Compagnie, ou pour une espèce particulière de marchandises, sous quelque rapport que ce soit.

Aucune Compagnie ne pourra soumettre un particulier ou une Compagnie quelconque, ou une espèce particulière de marchandises, à un désavantage indû ou déraisonnable, sous quelque rapport que ce soit.

Toute Compagnie qui possède ou exploite des chemins de fer ou canaux formant une ligne continue, ou qui possède des gares ou magasins contigus à ceux d'une autre compagnie, devra donner toutes les facilités dues et raisonnables pour la réception et la réexpédition de tout le trafic allant de l'un de ces chemins de fer ou canaux sur l'autre, sans délai déraisonnable et sans préférence, avantage, ou désavantage, de manière à n'entraver, en aucune façon, le public qui désire faire usage de ces lignes comme d'une voie de communication continue, et de sorte que toute facilité raisonnable puisse, au moyen des canaux et chemins de fer des diverses Compagnies, être, à toute époque, assurée au public.

Art. 3 à 6.

Ces clauses relatives à la procédure ont été également remplacées par l'acte de 1873, qui transfère aux commissaires des chemins de fer les pouvoirs attribués aux cours supérieures.

Art. 7.

Toute compagnie sera responsable de la perte ou des accidents survenus aux chevaux, bestiaux, ou animaux, ainsi qu'aux autres objets, marchandises et choses occasionnés par la négligence ou la faute de la Compagnie ou de ses agents, et cela nonobstant tout avis, condition ou déclaration, fait ou donné contrairement à cette disposition, ou ayant pour objet de limiter la responsabilité de la Compagnie : tout avis, ou déclaration de ce genre étant nul et de nul effet.

Il n'est cependant pas interdit aux Compagnies de faire les conditions que les cours saisies de la question trouveraient justes et raisonnables, relativement à la réception, l'expédition et la remise des animaux, articles, objets et marchandises.

Toutefois, il ne pourra être recouvré contre les Compagnies, relativement à la perte ou aux accidents survenus à ces animaux, rien au delà des sommes ci-après : pour un cheval, 1,262 fr.; par tête de gros bétail, 378 fr.; par tête de cochon ou mouton, 50 fr.; à moins que l'expéditeur ait déclaré une valeur supérieure, auquel cas la Compagnie aura le droit de faire payer une somme additionnelle proportionnée à cette valeur déclarée, outre le prix ordinaire... La preuve de la valeur des animaux incombera à l'expéditeur qui réclame une indemnité.

Aucun traité spécial entre la Compagnie et les expéditeurs, relativement à la réception, à l'expédition et à la remise d'animaux, marchandises, articles, ou objets quelconques, n'obligera les parties, s'il n'est respectivement signé par chacune d'elles.

Aucune disposition du présent acte ne modifiera les droits, priviléges ou responsabilités d'une Compagnie, indiqués par l'acte 11 George IV et 1 Guillaume IV, ch. LXVIII, au sujet des objets mentionnés par ledit acte.

Art. 8.

Le présent acte peut être cité, en toute occasion, sous le titre : d'*acte de* 1864, *sur le trafic des canaux et des chemins de fer*.

XXX

ANGLETERRE.

17 ET 18 VICTORIA, CH. XCVII.

10 août 1854.

ACTE POUR AMENDER ET ÉTENDRE LES ACTES POUR LA CLÔTURE, LES ÉCHANGES, ET L'AMÉLIORATION DE LA TERRE.

Les art. 15 *à* 20 *de cette loi modifient, sur certains points, les dispositions de l'acte de* 1845 (8 *et* 9 *Victoria, ch.* XVIII) *sur l'expropriation, relatives aux terres vaines et vagues. Ils ne présentent, d'ailleurs, aucun intérêt.*

XXXI

ÉCOSSE.

21 ET 22 VICTORIA, CH. LXV.

2 août 1858.

ACTE POUR AMENDER UN ACTE DE LA DERNIÈRE SESSION, TENDANT A RENDRE PLUS EFFICACE L'ACTION DE LA POLICE DANS LES COMTÉS ET BOURGS D'ÉCOSSE.

Cette loi qui n'a, en réalité, qu'un article, permet de faire en Écosse ce que des actes précédents avaient déjà autorisé en Angleterre et en Irlande, c'est-à-dire de nommer des constables spéciaux dans les pays où se font des travaux de chemins de fer et de mettre la dépense à la charge des Compagnies.

XXXII

ROYAUME-UNI.

21 ET 22 VICTORIA, CH. LXXV.

2 août 1858.

ACTE POUR MODIFIER LA LOI RELATIVE AUX TRAINS A BON MARCHÉ, ET POUR RESTREINDRE L'EXERCICE DE CERTAINS POUVOIRS PAR LES COMPAGNIES DE CHEMINS DE FER QUI POSSÈDENT DES CANAUX.

Art. 1er.

Lorsque la distance parcourue par un voyageur de troisième classe, dans un train qui circule dans les conditions relatives aux trains à bon marché contenues dans l'acte 7 et 8 Victoria, ch. LXXXV, est inférieure à 1 mille (1,610m), le prix à payer pour cette fraction peut être de 10 centimes.

Lorsque la distance est de 1, 2, 3, ou plusieurs milles, plus une fraction de mille, le prix à payer pour cette fraction sera de 5 centimes, si elle excède un demi-mille.

Le prix pour les enfants de 3 à 12 ans sera la moitié de celui fixé pour les voyageurs,

Art. 2.

A l'avenir, aucune somme perçue pour un billet de troisième classe dans les trains ci-dessus indiqués, ne sera considérée en justice comme ayant excédé le maximum fixé par l'acte 7 et 8 Victoria, ch. LXXXV, si elle n'excède pas 2 centimes et demi pour chaque quart de mille parcouru.

Art. 3.

Nonobstant les dispositions de l'acte 8 et 9 Victoria, ch. XLII, aucune Compagnie de canal ou de navigation qui est en même temps une Compagnie de chemin de fer, ou qui a le droit d'exploiter un chemin de fer construit en vertu d'un acte du Parlement, ne pourra accepter la location de tout ou partie de l'entreprise d'une autre Compagnie de chemin de fer et de canal, ou d'une Compagnie de canal ou de chemins de fer, ou du droit de percevoir les tarifs, droits et taxes produites par tout ou partie de l'entreprise, sans y avoir été autorisée par des actes spéciaux indiquant et autorisant lesdites locations.

Art. 4.

Cet article limitait à un an la durée de la présente loi. L'acte 23 et 24 Victoria, ch. XLI, l'a abrogé, et a rendu la loi définitive.

XXXIII

RAILWAY COMPANIES ARBITRATION ACT.

ROYAUME-UNI.

22 ET 23 VICTORIA, CH. LIX.

13 août 1859.

ACTE POUR PERMETTRE AUX COMPAGNIES DE CHEMINS DE FER DE FAIRE TRANCHER PAR ARBITRES LEURS DIFFÉRENDS AVEC D'AUTRES COMPAGNIES.

Cette loi qui permet aux Compagnies de faire trancher par des arbitres les questions sur lesquelles elles ne peuvent s'entendre, a été modifiée par l'acte de 1873, *qui leur permet, en pareil cas, de s'adresser aux commissaires des chemins de fer. Les Compagnies n'ont pas fait jusqu'à présent grand usage de cette faculté.*

Quoi qu'il en soit, il semble inutile de reproduire in extenso *les articles du présent acte, qui fixent la procédure des arbitrages, et qui peuvent se résumer en quelques lignes :*

Les Compagnies peuvent convenir de soumettre à des arbitres toute difficulté sur laquelle la loi leur permet de transiger.

Elles peuvent se mettre d'accord pour nommer un seul arbitre; sinon, il y a autant d'arbitres que de Compagnies, et toutes les règles ordinaires relatives à la nomination de tiers-arbitres, en remplacement des arbitres, et à l'exécution des sentences, sont applicables aux arbitrages entre Compagnies.

XXXIV

IRLANDE.

23 ET 24 VICTORIA, CH. XXIX.

15 mai 1860.

ACTE POUR RENDRE PLUS EFFICACE EN IRLANDE LE SYSTÈME DU CLEARING HOUSE, ET FACILITER CERTAINES PROCÉDURES.

L'acte de 1850 *avait consacré l'établissement du Clearing-House en Angleterre; la présente loi, a le même objet en ce qui concerne l'Irlande. Les dispositions sont d'ailleurs à peu près calquées sur celles de la loi anglaise.*

XXXV

ROYAUME-UNI.

23 ET 24 VICTORIA, CHAP. XLI.

23 juillet 1860.

ACTE POUR RENDRE PERPÉTUEL, UN ACTE DES 21e ET 22e ANNÉES DE SA MAJESTÉ RÉGNANTE, QUI AMENDE LA LÉGISLATION SUR LES TRAINS A BON MARCHÉ, ET RESTREINT L'EXERCICE DE CERTAINS DROITS PAR LES COMPAGNIES DE CANAUX QUI SONT ÉGALEMENT DES COMPAGNIES DE CHEMINS DE FER.

Considérant que l'acte susvisé expire à la fin de la présente session du Parlement, et qu'il convient de le rendre perpétuel.... Soit-il ordonné :

Article unique.

Ledit acte indiqué ci-dessus sera perpétuel.

XXXVI

IRLANDE.

23 ET 24 VICTORIA, CHAP. XCVII.

13 août 1860.

ACTE POUR AMENDER, ET RENDRE PERPÉTUEL L'ACTE DE 1851 SUR LES CHEMINS DE FER IRLANDAIS.

Cette loi très-courte ne contient que certaines dispositions relatives aux procédures légales, et peu importantes.

XXXVII

ROYAUME-UNI.

23 ET 24 VICTORIA, CHAP. CVI.

20 août 1860.

ACTE POUR AMENDER L'ACTE DE CONSOLIDATION DE 1845 SUR L'EXPROPRIATION, EN CE QUI CONCERNE LES VENTES ET INDEMNITÉS POUR LES TERRAINS GREVÉS DE REDEVANCES, ANNUAL FEU, ETC., ET POUR PERMETTRE AU PRINCIPAL SECRÉTAIRE D'ÉTAT DE SA MAJESTÉ, POUR LA GUERRE, DE FAIRE USAGE DES DISPOSITIONS DUDIT ACTE.

Cette loi, en huit articles, ne porte que sur des points de procédure légale. Son article 7 permet au département de la guerre et à l'amirauté de se prévaloir, pour les achats à l'amiable nécessités par le service public, des dispositions de la loi de 1845.

XXXVIII

24 ET 25 VICTORIA, CHAP. L.

1er août 1861.

ACTE POUR FACILITER LE TRANSPORT DES HYPOTHÈQUES ET BONS ÉMIS PAR LES COMPAGNIES DE CHEMINS DE FER, EN ÉCOSSE.

Cette loi n'a que deux articles. Son but est de permettre de transférer les titres au moyen d'un simple endossement.

XXXIX ET XL

ANGLETERRE ET IRLANDE.

24 ET 25 VICTORIA, CHAP. XCVII ET C.

6 août 1861.

ACTES RELATIFS AUX DÉGRADATIONS DE LA PROPRIÉTÉ, ET AUX ATTAQUES CONTRE LES PERSONNES.

Les articles 4, 33, 35, 36, 37 *et* 38 *de la première de ces lois,* 32, 33 et 34 *de la deuxième, fixent les peines dont se rendent passibles ceux qui détériorent les chemins de fer. On peut les résumer ainsi : Tout individu qui place sur la voie ferrée des pierres, du bois ou autre obstacle, qui enlève un rail ou un signal, qui jette des pierres ou autres objets sur un train, met le feu aux bâtiments ou au matériel d'une Compagnie, ou commet intentionnellement tout autre acte pouvant mettre en danger la vie des voyageurs, est coupable de crime (felony) et peut être condamné, soit à la servitude pénale à perpétuité ou à temps, soit à deux ans de prison avec ou sans travail forcé, et à la peine du fouet, s'il y a lieu.*

XLI

ROYAUME-UNI.

25 ET 26 VICTORIA, CHAP. LXIX.

27 juillet 1862.

ACTE POUR TRANSFÉRER DE L'AMIRAUTÉ AU BOARD OF TRADE, CERTAINS POUVOIRS ET ATTRIBUTIONS RELATIVES AUX PORTS ET A LA NAVIGATION, CONTENUES DANS DES ACTES LOCAUX ET AUTRES.

Plusieurs actes généraux ou locaux ayant donné certaines attributions à l'amirauté, en ce qui concerne les chemins de fer à construire près de la mer, des ports, etc., la présente loi tranfère ces attributions au Board of Trade, sauf lorsqu'il s'agit des arsenaux, des ports militaires ou autres, intéressant la marine royale.

XLII

COMPANIES ACT.

ROYAUME-UNI.

25 ET 26 VICTORIA, CHAP. LXXXIX.

7 août 1862.

ACTE SUR L'INCORPORATION, L'ADMINISTRATION ET LA DISSOLUTION DES COMPAGNIES COMMERCIALES ET AUTRES ASSOCIATIONS.

Attendu qu'il convient de consolider et d'amender les lois relatives à l'incorporation, l'administration et la dissolution des Compagnies commerciales, soit-il ordonné en conséquence ainsi qu'il suit :

PRÉLIMINAIRES.

Art. 1er.

Cet acte peut être cité, pour tout objet sous le titre d'acte de 1862 sur les Compagnies. (*The Companies act.* 1862.)

Art. 2.

Cet acte à l'exception de la clause temporaire, qui est ci-après déclarée immédiatement applicable, ne sera en vigueur qu'à dater du 2 novembre 1862, et cette époque est ci-après désignée comme celle du commencement du présent acte.

Art. 3.

Dans cet acte, on considère comme Compagnie d'assurance toute Compagnie qui fait des assurances en même temps qu'une ou plusieurs autres opérations.

Art. 4.

Aucune Compagnie ou association de plus de dix personnes ne pourra se former dans le but d'entreprendre des affaires de banque, à moins d'être enregistrée comme Compagnie, conformément à la présente loi, ou formée en vertu d'une loi ou de lettres patentes.

Aucune Compagnie ou association de plus de vingt personnes ne pourra entreprendre collectivement aucune autre affaire ayant le gain pour objet, si elle n'est enregistrée comme Compagnie, conformément au présent acte, ou autorisée à cette fin par un acte particulier du Parlement, par une charte royale ou par des lettres patentes, ou si elle ne se livre à l'exploitation des mines dans le ressort et sous la juridiction des cours spéciales pour les mines d'étain.

Art. 5.

Le présent acte est divisé en neuf parties.

PREMIÈRE PARTIE.

CONSTITUTION ET INCORPORATION DES SOCIÉTÉS.

ACTE DE SOCIÉTÉ.

Art. 6.

Sept personnes ou plus, associées pour un objet légal, pourront, en mettant leurs signatures au bas d'un acte de Société et en se conformant, d'ailleurs, aux dispositions du présent acte relatives à l'enregistrement, former une Compagnie incorporée avec responsabilité limitée ou non.

Art. 7.

La responsabilité des membres d'une Compagnie formée en vertu de la présente loi, peut, suivant l'acte de Société, être limitée, soit à la somme non versée sur les actions qui appartiennent respectivement à chacun d'eux, soit à un chiffre pour lesquels les sociétaires acceptent respectivement l'obligation de contribuer aux dettes de la Compagnie.

Art. 8.

Lorsqu'une Compagnie est formée sous la condition que la responsabilité des actionnaires est limitée à la somme non versée sur les actions, l'acte de Société contiendra les énonciations suivantes :

1° Le nom de la Compagnie projetée, avec l'addition, à la fin du mot *Limited;*

2° La partie du Royaume-Uni (Angleterre, Écosse ou Irlande), dans laquelle sera établi le siége légal;

3° L'objet pour lequel se constitue la Société;

4° La déclaration que la responsabilité des actionnaires est limitée;

5° Le montant du capital nominal.

Le nombre des actions et la valeur de chacune d'elles.

Aucun souscripteur ne pourra prendre moins d'une action.

Chaque souscripteur devra écrire sur l'acte, à côté de son nom, le nombre des actions par lui souscrites.

Art. 9.

Lorsqu'une Compagnie est formée d'après le principe que la responsabilité des membres est limitée au chiffre pour lequel chacun d'eux s'est obligé aux dettes en cas de liquidation, ce qui constitue, comme il sera dit, une

Société *limitée par garantie*, l'acte de société doit contenir les énonciations suivantes :

1° Le nom de la Compagnie projetée avec l'addition à la fin, du mot *Limited*.

2° La partie du Royaume-Uni (Angleterre, Écosse ou Irlande) dans laquelle sera établi le siége social.

3° L'objet pour lequel se constitue la Société.

4° Une déclaration portant que chaque membre s'engage à contribuer aux charges de la Compagnie, si elle vient à être liquidée (pendant qu'il en est membre, ou dans le délai d'une année après qu'il a cessé d'en faire partie) pour le payement des dettes et engagements de la Compagnie, contractés avant l'époque où il a cessé de faire partie de la Société, et pour l'acquittement des frais, et dépenses de la dissolution, et l'établissement des droits respectifs de chacun, ladite contribution dont le chiffre sera fixé suivant les besoins, ne devant pas excéder le maximum spécifié dans l'acte de société.

Art. 10.

Lorsqu'une Compagnie est constituée d'après le principe que la responsabilité des membres n'est pas limitée, c'est-à-dire sous la forme ci-après indiquée sous le nom de Compagnie illimitée (*Unlimited Company*), l'acte de Société contiendra les indications suivantes :

1° Le nom de la Société;

2° La partie du Royaume-Uni (Angleterre, Écosse ou Irlande) dans laquelle sera établi le siége social.

3° L'objet pour lequel se constitue la Société.

Art. 11.

L'acte de société sera revêtu du même timbre que tout acte, et sera signé par chaque souscripteur en présence et avec l'attestation d'un témoin, au moins. Ladite attestation sera considérée comme suffisante en Écosse aussi bien qu'en Angleterre ou en Irlande. Le contrat, une fois enregistré, engagera la Compagnie et les signataires comme si chaque membre y avait signé son nom et apposé son sceau, et inséré tant pour lui que pour ses héritiers, exécuteurs testamentaires, etc., l'engagement d'observer toutes les conditions du contrat, conformément à la présente loi.

Art. 12.

Toute Compagnie à responsabilité limitée peut modifier les conditions de l'acte de société si elle en a le pouvoir aux termes de l'acte primitif ou d'une résolution spéciale votée comme il sera prescrit ci-après, dans le but, soit d'augmenter son capital par l'émission de nouvelles actions jusqu'à concurrence du chiffre qui sera déterminé, soit de consolider ou de diviser son capital en actions d'une plus grande valeur, mais, sauf dans ce cas ou dans celui de changement de nom, la Compagnie ne pourra modifier l'acte de société.

Art. 13.

Toute compagnie constituée conformément à la présente loi peut, en vertu d'une résolution spéciale votée comme il sera dit, et avec le consentement du *Board of Trade*, changer son nom. L'archiviste inscrira alors le nouveau nom, au lieu de l'ancien, sur le registre, et délivrera un certificat d'incorporation, mais ce changement de nom ne pourra modifier en rien les droits ou les obligations de la Compagnie, ou vicier les procédures commencées contre elle sous son ancien nom.

DES STATUTS.

Art. 14.

L'acte de société *peut*, s'il s'agit d'une Compagnie limitée, et *doit*, s'il s'agit d'une Compagnie limitée par garantie ou non limitée, être accompagné, lorsqu'on l'enregistre, des statuts qui régissent l'association, lesdits statuts signés par les signataires du contrat, qui peuvent les rédiger à leur gré. Ces statuts doivent être divisés par paragraphes et numérotés; ils peuvent reproduire tout ou partie des clauses indiquées par la lettre A dans la première annexe. Ils doivent, dans le cas où il s'agit d'une compagnie limitée par garantie ou illimitée, dont le capital est divisé en actions, indiquer le chiffre du capital que la Compagnie se propose de faire enregistrer. Dans le cas où une compagnie limitée par garantie ou illimitée n'a pas son capital divisé en actions, ils doivent indiquer le nombre de membres que la Compagnie se propose de faire enregistrer, afin que l'archiviste puisse établir le droit d'enregistrement. Dans les Compagnies limitées par garantie ou illimitées, dont le capital est divisé en actions, tout actionnaire doit posséder au moins une action entière, et chacun inscrira, en regard de son nom, sur l'acte de Société le nombre d'actions qu'il possède.

Art. 15.

Si la Compagnie est limitée, et si l'acte de Société n'est pas accompagné des statuts, les règles indiquées par le document A ci-annexé auxquelles il ne serait pas spécialement dérogé dans l'espèce seront considérées comme applicables à la Compagnie, comme si elles avaient été insérées dans les statuts et enregistrées avec eux.

Art. 16.

Les statuts seront imprimés et seront revêtus du même timbre que s'ils étaient contenus dans un acte. Ils seront signés par chaque actionnaire en présence et avec l'attestation d'un témoin. Cette attestation vaudra en Écosse aussi bien qu'en Angleterre et en Irlande. Une fois enregistrés, les statuts lieront les Compagnies et leurs membres, comme s'ils étaient signés et scellés par chaque membre et comme s'ils contenaient, de la part de chacun, l'engagement pour ses héritiers, exécuteurs ou représentants, de se conformer aux dispositions de ces statuts, dans les termes de la présente loi. Toute somme qu'un actionnaire payera à la Compagnie, en exécution des règlements de cette Compagnie, sera considérée comme l'acquittement d'une dette envers la Compagnie, et considérée, en Angleterre et en Irlande, comme l'acquittement d'une dette *spéciale*.

DISPOSITIONS GÉNÉRALES.

Art. 17.

L'acte de Société et les statuts, s'il y en a, seront remis à l'archiviste des Compagnies par actions, qui les gardera et les enregistrera. Il sera payé audit archiviste, divers droits énoncés dans un tarif spécial, ou d'autres droits moindres que fixera l'Administration, comme elle le jugera à propos. Le montant en sera versé au Trésor public et mis au compte du Royaume-Uni de la Grande-Bretagne et d'Irlande.

Art. 18.

Lorsque l'acte de Société, accompagné ou non de statuts, aura été enregistré, l'archiviste certifiera par écrit que la Compagnie est incorporée et, dans le cas où il s'agit d'une Compagnie à responsabilité limitée, que la responsabilité de la Compagnie est limitée. Les signataires de l'acte de Société et les autres personnes qui, à une époque ou à une autre, deviendront actionnaires de la Compagnie, formeront dès lors une corporation sous le nom indiqué par l'acte, ils auront le droit d'existence perpétuelle, de sceau commun, de possession de terres, mais les actionnaires seront pécuniairement responsables en cas de liquidation, dans la mesure indiquée ci-après. Le certificat d'incorporation délivré par l'archiviste fera foi de l'accomplissement de toutes les prescriptions du présent acte relatives à l'enregistrement.

Art. 19.

Un exemplaire de l'acte de Société et des statuts, s'il en existe, sera envoyé à chacun des membres qui en fera la demande, moyennant le prix 1 fr. 25 c. ou autre somme moindre que la Compagnie pourra fixer. Toute Compagnie qui négligerait de faire l'envoi prescrit par le présent article, sera, pour chaque cas, passible d'une amende n'excédant pas 25 francs.

Art. 20.

Aucune Compagnie ne sera enregistrée sous la même dénomination qu'une Compagnie déjà existante, ou sous un nom dont la ressemblance pourrait induire en erreur, à moins que cette Compagnie soit en liquidation et donne son consentement. Lorsque, par inadvertance ou autrement, une Compagnie aura été enregistrée sous un nom semblable, sans le consentement ci-dessus indiqué, elle pourra, avec l'assentiment de l'archiviste, changer de nom. Ce changement opéré, le nouveau nom sera inscrit sur le registre, à la place de l'ancien, et on délivrera un nouveau certificat d'incorporation. Il n'en résultera, d'ailleurs, aucune atteinte aux droits et obligations de la Compagnie, aucune cause de nullité pour les poursuites légales intentées ou à intenter par ou contre elle ; les mêmes poursuites pourront être continuées ou commencées contre la Compagnie, tant sous son nouveau nom que sous l'ancien.

Art. 21.

Aucune Compagnie constituée dans le but d'encourager les arts ou les sciences, d'assister la religion, de faire la charité ou autre objet semblable ne comportant pas l'acquisition d'un gain par la Compagnie ou par ses membres, ne pourra posséder, sans le consentement du *Board of Trade*, plus de 80 ares de terre. Le *Board of Trade* pourra lui délivrer une licence signée d'un des secrétaires principaux ou des secrétaires adjoints, pour lui permettre de posséder la quantité qui sera jugée utile, dans les conditions qu'il croira devoir imposer.

DEUXIÈME PARTIE.

RÉPARTITION DU CAPITAL, ET RESPONSABILITÉ DES ACTIONNAIRES.

RÉPARTITION DU CAPITAL.

Art. 22.

Les actions ou autres parts d'intérêts d'un membre de la Compagnie, seront considérées comme des biens personnels qui pourront être tranférés conformément aux règles de la Compagnie et ne seront pas regardées comme des biens réels; chaque action, si le capital de la Compagnie est divisé en actions, sera désignée par un numéro particulier.

Art. 23.

Les signataires de l'acte de Société d'une Compagnie sont censés consentir à devenir membres de la Compagnie dont ils ont signé l'acte. Ils seront, au moment de l'enregistrement, inscrits comme membres, sur le registre des membres ci-après mentionné. Toute autre personne qui a consenti à devenir membre de la Compagnie et dont le nom est inscrit sur le Registre des membres, est considérée comme membre de la Compagnie.

Art. 24.

Tout transfert de l'action ou autre intérêt d'un membre décédé, fait par son représentant personnel, sera, quoique ledit représentant ne soit pas lui-même membre de la Compagnie, aussi valable que si ce représentant avait été lui-même actionnaire au moment où il a signé le transfert.

Art. 25.

Toute Compagnie enregistrée en vertu du présent acte, devra faire inscrire sur un ou plusieurs registres, un tableau des actionnaires, contenant les énonciations ci-après :

1° Les noms, les adresses et, s'il y a lieu, les professions des actionnaires de la Compagnie, et les actions que possède chacun d'eux avec l'indication de leur numéro et du montant des versements effectués ;

2° La date à laquelle le nom d'un actionnaire a été inscrit au registre ;

3° La date à laquelle un actionnaire a cessé d'être le propriétaire d'une action.

Et toute Compagnie qui contreviendra à ces dispositions, encourra une pénalité de 126 francs, pour chacun des jours pendant lesquels se prolongera la contravention. Tout administrateur ou directeur de la Compagnie, qui autorisera ou permettra, en connaissance de cause, et intentionnellement, cette contravention sera passible de la même peine.

Art. 26.

Une fois, au moins, chaque année, il sera dressé une liste de tous ceux qui, le quatorzième jour après l'Assemblée générale ordinaire de la Compagnie, ou, s'il y a plus d'une Assemblée dans l'année, après la première de ces Assemblées générales, posséderont des actions de la Compagnie.

Cette liste indiquera les noms, adresses et professions de toutes les personnes inscrites, le nombre d'actions que possède chacune d'elles, et sera suivie d'une note sommaire contenant les énonciations ci-après :

1° Le montant du capital nominal de la Compagnie et le nombre des actions entre lesquelles ce capital est divisé ;

2° Le nombre des actions prises depuis la fondation de la Compagnie ;

3° Le montant des appels de fonds sur chaque action;

4° Le montant des fonds reçus par suite de ces appels;

5° Le montant des fonds à recevoir;

6° Le montant des actions périmées;

7° Les noms, adresses et professions des personnes qui ont cessé d'être actionnaires depuis la confection de la dernière liste, et le nombre d'actions que possédait chacune de ces personnes.

Lesdites listes et notes seront insérées dans une partie séparée du registre, et seront achevées dans les sept jours après le quatorzième jour dont il a été question ci-dessus, et une copie revêtue du sceau de la Compagnie en sera immédiatement adressée à l'archiviste.

Art. 27.

Toute Compagnie enregistrée en vertu du présent acte, qui négligerait de tenir un registre des actionnaires ou d'envoyer une copie de la liste et de la note précitées à l'archiviste, conformément aux prescriptions ci-dessus, sera passible d'une amende de 126 francs, au maximum, pour chaque jour de retard. Chaque administrateur ou directeur qui permettra ou autorisera directement ce retard sera passible de la même peine.

Art. 28.

Toute Compagnie régie par le présent acte, dont le capital est divisé en actions, qui a consolidé et divisé son capital en actions d'une valeur plus considérable que celle des actions existantes, ou qui a converti une partie de son capital en *consolidés*, devra en donner avis à l'archiviste des Sociétés par actions, en spécifiant les actions ainsi consolidées, divisées ou converties.

Art. 29.

Lorsqu'une Compagnie, régie par le présent acte, dont le capital est divisé en actions, a converti une partie de son capital en consolidés, et donné avis de cette conversion à l'archiviste, toutes les dispositions du présent acte applicables aux actions cessent d'être en vigueur, en ce qui concerne la partie convertie. On inscrira sur le registre des membres tenu par la Compagnie, et sur la liste des membres envoyée à l'archiviste, le montant du capital consolidé possédé par chaque membre en remplacement des actions.

Art. 30.

Aucun avis de constitution de fidéi-commis ne sera reçu par les archivistes pour les Compagnies enregistrées en Angleterre ou en Irlande.

Art. 31.

Un certificat revêtu du sceau de la Compagnie, indiquant que telle personne est propriétaire d'une ou plusieurs valeurs de la Société, formera une preuve *prima facie* du titre de cette personne à la possession desdites valeurs.

Art. 32.

Le registre des actionnaires, commencé au moment de la constitution de la Compagnie, sera tenu au siége officiel enregistré, dont il sera parlé ci-après. Ce registre, excepté lorsqu'il sera clos, comme il sera dit plus bas, devra, durant les heures de bureau et sous les restrictions raisonnables que prescrira la Compagnie en Assemblée générale, sans pourtant qu'on puisse limiter les heures d'inspection à moins de deux par jour, rester ouvert pour les actionnaires, gratuitement, et pour toute autre personne moyennant 1 fr. 25 c. ou telle autre rétribution moindre que la Compagnie fixera. Tout actionnaire ou toute autre personne pourra exiger une copie du registre ou d'une de ses parties en payant 60 centimes pour chaque cent mots copiés. Si cette inspection est refusée, la Compagnie sera passible, pour chaque refus, d'une amende de 50 francs au maximum et, en outre, d'une autre amende n'excédant pas non plus 50 francs pour chaque jour pendant lequel ce refus sera continué. Chaque directeur ou administrateur qui autorisera ce refus, encourra la même pénalité, et tout juge pourra délivrer l'ordre de laisser visiter sur l'heure, les registres refusés.

Art. 33.

La Compagnie pourra, après avoir fait insérer un avis dans un journal répandu dans le district où est situé le siége officiel, clore le registre des actionnaires pendant un intervalle ou des intervalles qui n'excéderont pas, en tout, trente jours dans l'année.

Art. 34.

Lorsqu'une Compagnie a son capital divisé en actions — que ces actions aient été ou non consolidées — avis de toute augmentation du capital au delà de la somme enregistrée — et lorsque le capital n'est pas divisé en actions, avis de toute augmentation du nombre des membres enregistrés — sera donné à l'archiviste, savoir : en cas d'augmentation du capital, dans les quinze jours qui suivront la résolution en vertu de laquelle a eu lieu cette augmentation, et, en cas d'augmentation du nombre des membres, dans les quinze jours de l'addition effective de ces membres ; l'archiviste en tiendra note. Si l'avis n'est pas donné dans le délai voulu, la Compagnie sera passible d'une amende n'excédant pas 126 francs par chaque jour de retard, et tout administrateur ou directeur qui, sciemment et volontairement, autorisera ou souffrira ce retard, sera passible de la même amende.

Art. 35.

Si le nom d'une personne est, sans cause suffisante, inscrit ou omis sur le registre des membres de la Compagnie, tenu en vertu du présent acte, si l'on néglige ou retarde sans nécessité d'indiquer sur ce registre qu'une personne a cessé de faire partie de la Société, la personne ou le membre intéressé, ou tout membre de la Compagnie, ou la Compagnie elle-même, pourra s'adresser à la justice pour faire opérer la rectification. La Cour pourra, suivant les cas, rejeter la demande, avec ou sans dépens, ou ordonner la rectification du registre, en condamnant la Compagnie aux dépens et aux dommages-intérêts envers la partie. La Cour pourra statuer sur le droit qu'a le plaignant d'avoir son nom inscrit ou rayé, que les parties soient ou non membres de la Société; elle pourra décider toute question relative à la rectification du registre, pourvu que le jugement soit susceptible d'appel en ce qui concerne les points de droit soulevés.

Art. 36.

Toutes les fois que la Cour ordonnera la rectification du registre, elle devra ordonner également qu'avis de la rectification soit envoyé à l'archiviste, s'il s'agit d'une Compagnie qui est tenue de faire enregistrer cette liste.

Art. 37.

Le registre des membres formera preuve *prima facie* pour tous les objets que le présent acte ordonne ou permet d'y inscrire.

RESPONSABILITÉ DES MEMBRES.

Art. 38.

En cas de liquidation d'une Compagnie régie par le présent acte, les actionnaires actuels et les anciens actionnaires seront tenus aux charges de la Compagnie, jusqu'à concurrence de la somme nécessaire pour acquitter toutes les dettes ainsi que les frais de liquidation et autres, d'après les règles suivantes :

1° Aucun ancien actionnaire ne sera tenu aux charges de la Compagnie, s'il a cessé d'être actionnaire au moins un an avant le commencement de la liquidation.

2° Aucun ancien actionnaire ne sera responsable des engagements de la Compagnie, contractés postérieurement à l'époque où il a cessé d'être actionnaire.

3° Aucun ancien actionnaire ne sera tenu de contribuer aux charges de la Compagnie que dans le cas où les tribunaux jugeraient que les actionnaires actuels ne peuvent acquitter les sommes qu'ils doivent en vertu de la loi.

4° Si la Compagnie est à responsabilité limitée par actions, on ne pourra réclamer aux actionnaires rien au-delà de la somme non versée sur les actions dont ils sont responsables comme actionnaires actuels ou anciens.

5° Si la Compagnie est à responsabilité limitée par garantie, on ne pourra réclamer aux actionnaires que les sommes dont ils se sont reconnus responsables par l'acte de société.

6° Rien de ce qui est contenu dans le présent acte ne peut invalider une disposition insérée dans une police d'assurance, ou autre contrat limitant la responsabilité individuelle des membres, ou stipulant que les fonds de la Compagnie doivent seuls servir à acquitter la police ou le contrat.

7° Aucune somme due à un membre de la Compagnie, en sa qualité de membre, à titre de dividende, profit, ou autrement, ne sera considérée comme une dette de la Compagnie, payable à ce membre en cas de concours avec un autre créancier qui ne serait pas membre de la Compagnie; mais cette somme peut être portée en compte pour le règlement final des droits respectifs des parties entre elles.

TROISIÈME PARTIE.

ADMINISTRATION DES COMPAGNIES ET SOCIÉTÉS.

DISPOSITIONS RELATIVES A LA PROTECTION DES CRÉANCIERS.

Art. 39.

Toute Compagnie devra avoir un Bureau enregistré, ou siége officiel, auquel seront adressés toutes les communications et tous les avis. Une Compagnie enregistrée en vertu du présent acte, qui fonctionnerait sans avoir ce Bureau, sera passible d'une amende de 126 francs au plus, pour chaque jour où elle aura ainsi fonctionné.

Art. 40.

La situation de ce bureau, et tout changement de situation, devront être notifiés à l'archiviste des Compagnies par actions et seront par lui constatés. Tant que cette notification n'aura pas eu lieu, la Compagnie ne sera pas réputée avoir exécuté les dispositions du présent acte, relatives à l'obligation d'avoir un bureau enregistré.

Art. 41.

Toute Compagnie à responsabilité limitée, enregistrée en vertu du présent acte, fera peindre ou afficher sa dénomination, à l'extérieur de l'office ou bureau où se trouve le siége de ses affaires, dans un endroit apparent et en lettres faciles à lire. Ladite dénomination sera gravée distinctement sur le sceau commun, et écrite en caractères lisibles dans tous les avis, annonces et autres publications officielles, sur tous billets à ordre, obligations, endossements, bons à payer et ordres pour argent ou pour marchandises à signer par elle ou à son profit, ainsi que sur toutes les factures et sur les reçus ou lettres de crédit.

Art. 42.

Toute Compagnie à responsabilité limitée, enregistrée en vertu du présent acte, qui ne ferait pas peindre ou fixer, ou ne maintiendrait pas peinte ou fixée, sa dénomination, comme il est dit ci-dessus, sera passible d'une amende de 126 francs au plus pour cette négligence, et de la même pénalité pour chaque jour de retard.

Tout directeur ou administrateur qui permettra ou autorisera cette omission, sera passible de la même peine.

Tout administrateur, directeur, agent de la Compagnie ou autre personne qui emploiera ou permettra d'employer, comme sceau de la Compagnie, un sceau sur lequel le nom de la Compagnie n'est pas gravé, ou qui aura publié ou laissé publier une note, avis ou autre publication de la Compagnie, ou signé ou laissé signer, au nom de la Compagnie, un billet, chèque, engagement, commande, etc., sans que le nom soit indiqué dans la forme voulue, est passible d'une amende de 1262 francs et sera, en outre, personnellement responsable vis-à-vis des porteurs du chèque, billet, engagement, etc., qui ne serait pas acquitté par la Compagnie.

Art. 43.

Toute Compagnie régie par le présent acte, tiendra un registre de toutes les hypothèques et charges qui peuvent affecter le crédit de la Compagnie, et indiquera sur ce registre la partie de sa propriété hypothéquée, le montant de l'hypothèque et le nom des créanciers. Si cette inscription est omise, tout directeur ou administrateur qui l'aura autorisée ou soufferte sera passible d'une amende de 1262 francs. Le registre contenant ces inscriptions pourra être examiné par tout créancier ou actionnaire, à tout moment raisonnable. L'agent qui refusera de laisser faire cet examen encourra une amende de 126 francs, augmentée de 50 francs pour chaque jour pendant lequel se prolongera ce refus. En outre, tout juge de paix pourra autoriser l'examen immédiat, au besoin par la force.

Art. 44.

Toute Compagnie limitée de banque, toute Compagnie d'assurances, de dépôts, de prévoyance, soumise à la présente loi, devra, avant de commencer ses opérations, et ensuite, le premier lundi de février et le premier lundi d'août de chaque année, préparer un état conforme au modèle ci-annexé, qui sera affiché dans les bureaux et succursales de la Compagnie, sous peine d'une amende de 126 francs par jour de retard; et tout directeur ou administrateur qui autorisera ou souffrira cette infraction, sera passible de la même peine.

Tout actionnaire ou créancier de la Compagnie a droit à une copie de cet état, moyennant le payement de 60 centimes.

Art. 45.

Toute Compagnie soumise au présent acte, et dont le capital n'est pas divisé en actions, devra tenir, au siége social, un registre indiquant les noms, adresses et professions des administrateurs et directeurs. Copie en sera envoyée à l'archiviste des Sociétés par actions, auquel devront être notifiées, de temps en temps, les modifications qu'il y aurait lieu d'apporter à cette liste.

Art. 46.

Toute Compagnie dont le capital n'est pas divisé en actions, qui ne tiendrait pas le registre ci-dessus indiqué ou n'enverrait pas à l'archiviste, la copie prescrite ou ne notifierait pas les changements de noms ou d'adresses, est passible d'une amende de 126 francs par jour, et tout directeur ou administrateur qui permet ou souffre l'omission, sera passible de la même peine.

Art. 47.

Un billet portant engagement sera censé fait, accepté et endossé par la Compagnie, s'il a été fait, accepté ou endossé au nom de la Compagnie par une personne agissant au nom de ladite Compagnie.

Art. 48.

Si une Compagnie soumise au présent acte fonctionne pendant six mois en ayant moins de sept membres, chacun des membres qui en fait partie et qui a connaissance de ce fait, est personnellement responsable du payement total des dettes contractées par la Compagnie pendant cette période, et peut être séparément actionné en justice.

DISPOSITIONS POUR PROTÉGER LES ACTIONNAIRES.

Art. 49.

Il y aura, chaque année, une assemblée générale de toute Compagnie soumise au présent acte.

Art. 50.

Conformément à la présente loi et aux conditions de l'acte de Société, toute Compagnie peut voter, en assemblée générale, une résolution spéciale ayant pour objet de modifier tout ou partie des statuts, ou d'y introduire des additions. Les articles votés en vertu de ces résolutions spéciales seront considérés comme faisant partie des statuts, et auront la même valeur que s'ils avaient été, à l'origine, contenus dans les statuts. Ils pourront être également changés en vertu d'une résolution spéciale.

Art. 51.

Une résolution adoptée par une Compagnie soumise au présent acte sera considérée comme *spéciale*, lorsqu'elle aura été adoptée par une majorité formée des trois quarts au moins des membres ayant le droit de voter, présents ou représentés (dans les cas où la représentation est admise), dans une assemblée générale dûment annoncée, avec indication de son objet, et lorsque cette résolution aura été confirmée par la majorité des membres ayant droit de voter personnellement ou par représentation, dans une assemblée générale qui suivra. Cette deuxième assemblée, annoncée d'avance, sera tenue quatorze jours au moins, et un mois au plus, après la première. Dans toute assemblée mentionnée au présent article, à moins que le scrutin soit réclamé par cinq membres au moins, la déclaration du président que la résolution est adoptée sera suffisante sans qu'il soit nécessaire de compter les voix *pour* ou *contre*. L'avis de l'assemblée sera valablement donné et l'assemblée légalement tenue si les règles de la Compagnie ont été observées sur ce point. Dans le calcul de la majorité, s'il y a scrutin, on aura égard au nombre de voix auxquelles a droit chaque membre, aux termes du règlement de la Compagnie.

Art. 52.

A défaut de règles spéciales, tout actionnaire aura une voix, et, à défaut de dispositions relatives à la convocation des assemblées générales, il sera suffisant de prévenir par écrit chaque actionnaire, sept jours à l'avance. S'il n'existe aucune règle sur ce point, cinq membres auront le droit de convoquer, et, à défaut d'autres dispositions, le président sera désigné par l'assemblée.

Art. 53.

Copie de toute résolution spéciale prise par une Compagnie enregistrée en vertu du présent acte, devra être transmise à l'archiviste des Compagnies par actions, qui en prendra note. Lorsque ladite copie n'aura pas été envoyée dans le délai de quinze jours après le vote, la Compagnie sera passible d'une amende de 50 fr. au plus, par jour de retard après l'expiration dudit délai.

Tout administrateur ou directeur qui aura sciemment souffert ou autorisé ce délai, sera passible de la même peine.

Art. 54.

Lorsque les statuts ont été enregistrés, on annexera à tout exemplaire imprimé à nouveau, les résolutions spéciales adoptées et encore en vigueur. S'il n'y a pas eu de statuts enregistrés, un exemplaire imprimé des résolutions spéciales sera envoyé à tout membre qui en fera la demande, moyennant le payement de 1 fr. 25 c. ou de toute somme inférieure fixée par la Compagnie. Toute contravention rendra la Compagnie, les administrateurs et les directeurs négligents ou coupables, passibles d'une amende de 25 fr.

Art. 55.

Toute Compagnie peut, au moyen d'un pouvoir revêtu de son sceau, conférer à toute personne, les pouvoirs d'*attorney* pour tout acte à faire en dehors du Royaume-Uni, et tout acte fait en vertu de ces pouvoirs, engagera la Compagnie comme s'il était revêtu du sceau social.

Art. 56.

Le *Board of Trade* peut charger un ou plusieurs inspecteurs compétents d'examiner les affaires d'une Compagnie et de lui adresser un rapport à ce sujet, dans les conditions suivantes :

1° S'il s'agit d'une Compagnie de banque dont le capital est divisé en actions, sur la demande de membres possédant au moins le tiers des actions émises;

2° S'il s'agit d'une autre Compagnie, dont le capital est divisé en actions, sur la demande d'actionnaires possédant au moins le cinquième des actions émises;

3° S'il s'agit d'une Compagnie dont le capital n'est pas divisé en actions, sur la demande du cinquième des membres dont le nom figure sur le registre de la Compagnie.

Art. 57.

La demande devra être appuyée des renseignements que le *Board of Trade* exigera pour prouver qu'elle repose sur un motif sérieux et qu'elle n'est pas faite dans une intention mauvaise. Le *Board of Trade* peut aussi exiger, avant de désigner l'inspecteur, que ceux qui font cette demande fournissent une caution pour le payement des frais.

Art. 58.

Tous les employés ou agents de la Compagnie, devront soumettre au contrôle des inspecteurs, tous les livres et documents qu'ils ont entre les mains. L'inspecteur pourra interroger sous serment lesdits employés et agents, sur les affaires de la Compagnie, et pourra déférer le serment à cet égard. Tout employé ou agent qui refusera de produire un livre ou document ou de répondre à une question relative aux affaires de la Compagnie, sera passible d'une amende de 126 fr. au plus, pour chaque contravention.

Art. 59.

Après avoir terminé l'examen, les inspecteurs feront leur rapport au *Board of Trade*. Ce rapport sera écrit ou imprimé suivant que cette administration en décidera. Un exemplaire devra en être adressé par elle au siége officiel de la Compagnie, et un autre sera remis, sur demande, à ceux des actionnaires qui auront provoqué l'instruction. Toutes les dépenses occasionnées par cet examen devront être supportées par les actionnaires à la requête desquels les inspecteurs auront été nommés.

Art. 60.

Toute Compagnie enregistrée en vertu du présent acte peut, en assemblée générale, nommer des inspecteurs pour examiner l'état de ses affaires. Les inspecteurs ainsi désignés auront les mêmes droits et rempliront les mêmes fonctions que ceux nommés par le *Board of Trade*, si ce n'est qu'au lieu d'adresser leur rapport à l'administration, ils le feront aux personnes désignées par l'assemblée générale de la Compagnie et dans la forme déterminée par cette assemblée. Les employés et agents de la Compagnie encourront, s'ils refusent de produire les documents ou de répondre aux questions qui leur seraient faites, les mêmes pénalités que si ces inspecteurs avaient été nommés par le *Board of Trade*.

Art. 61.

Un exemplaire du rapport des inspecteurs nommés en vertu du présent acte, revêtu du sceau de la Compagnie dont ils auront examiné la situation, fera foi en justice.

PROCÉDURE LÉGALE.

Art. 67[1].

Toute Compagnie soumise au présent acte conservera les minutes de toutes les résolutions et procès-verbaux des Assemblées générales, des réunions d'Administrateurs ou Directeurs (s'il y en a) dans des registres à ce

1. Les articles 62 à 66 fixent les règles applicables aux procédures légales devant les cours de justice. Ils ne présentent, au point de vue français, aucun intérêt.

destinés. Toute minute signée par le Président de la réunion dans laquelle ont été prises les résolutions, ou de la réunion qui suivra immédiatement, fera foi en justice. Jusqu'à preuve du contraire, toute Assemblée générale ou réunion de Directeurs ou d'Administrateurs, dont les minutes seront ainsi signées, sera censée valablement tenue et toutes les résolutions adoptées et les mesures prises seront considérées comme valables; toutes les nominations d'administrateurs, liquidateurs, directeurs seront regardées comme bonnes, et tous les actes accomplis par ces directeurs, administrateurs, liquidateurs seront valides, quelque irrégularité que l'on découvre ensuite dans le mode de leur nomination.

ARBITRAGES.

Art. 72 [1].

Toute Compagnie soumise à la présente loi peut, au moyen d'un acte revêtu de son sceau, convenir de remettre à un arbitre, conformément au *Companies arbitration act* de 1859, tout différend, présent ou futur, qui s'élève ou s'élèverait avec une autre Compagnie ou un particulier, et les parties peuvent donner à l'arbitre ou aux arbitres de leur choix, le pouvoir de trancher toutes questions que les Compagnies ou les administrateurs ont le pouvoir légal de décider ou de trancher.

Art. 73.

Toutes les dispositions du *Railway Companies arbitration act* de 1859 seront applicables aux arbitrages entre Compagnies ou entre Compagnies et particuliers. Le mot compagnies s'applique ici aux Compagnies que la présente loi autorise à recourir à l'arbitrage.

1. Même observation que précédemment, pour les articles 68 à 71.

QUATRIÈME PARTIE.

LIQUIDATION DES COMPAGNIES ET SOCIÉTÉS.

LIQUIDATION JUDICIAIRE.

Art. 79 [1].

Une Compagnie peut être liquidée par ordre de justice dans les circonstances ci-après :

1° Lorsque la Compagnie aura voté, en Assemblée générale, une résolution à cet effet;

2° Lorsque la Compagnie n'aura pas commencé ses opérations dans le délai d'un an à partir de sa constitution, ou qu'elle les aura suspendues pendant une année entière;

3° Lorsque le nombre des actionnaires sera réduit à moins de sept;

4° Lorsque la Compagnie sera hors d'état de payer ses dettes;

5° Lorsque les trois quarts du capital auront été perdus ou ne pourront plus être employés.

Art. 80.

Une Compagnie est réputée incapable de payer ses dettes :

1° Lorsqu'un créancier auquel la Compagnie doit une somme exigible, excédant 1262 francs, lui aura adressé, en la laissant à son siége officiel, une demande signée en payement de ladite somme, et que la Compagnie aura négligé de payer la somme dans le délai de 3 semaines à partir de la présentation de la demande, ou de donner des garanties à la satisfaction du créancier;

2° Lorsqu'en Angleterre et en Irlande le jugement, ou

1. Les articles 74 à 78 contiennent des règles de procédures inutiles à reproduire.

décision, rendu par une cour, en faveur d'un créancier, par suite d'une action intentée par ce dernier contre la Compagnie, n'a pu être exécuté en tout ou en partie par le *shériff* du comté dans lequel est situé le siége officiel de la Compagnie;

3° Lorsqu'en Écosse les délais légaux de payement auront expiré sans que le payement ait été effectué;

4° Lorsqu'il est prouvé pour les tribunaux que la Compagnie est hors d'état de payer ses dettes.

Art. 81 à 91.

Ces articles déterminent certaines règles de procédure et indiquent quelles sont les cours compétentes pour statuer sur les diverses questions relatives aux liquidations.

Art. 92 à 97.

La loi permet aux cours de justice de nommer un ou plusieurs liquidateurs officiels, et pose, à ce sujet, certaines règles spéciales.

Art. 98 à 108.

Ces articles déterminent les pouvoirs des diverses cours de justice en cette matière.

Art. 109.

La cour déterminera les droits réciproques des personnes appelées à contribution, et distribuera le surplus, s'il en existe, entre les parties qui peuvent y avoir droit.

Art. 110.

Si l'actif est inférieur au passif, la cour pourra ordonner que les frais seront couverts par les biens de la Compagnie dans l'ordre de priorité qu'elle jugera convenable.

Art. 111.

Lorsque les affaires de la Compagnie auront été complétement liquidées, la Cour rendra un jugement portant que la Compagnie est désormais dissoute, et la Compagnie se trouvera dissoute.

Art. 112.

Ce jugement sera signifié par le liquidateur officiel à l'archiviste, qui le transcrira sur ses registres.

Art. 113.

Si le liquidateur officiel néglige de signifier ce jugement à l'archiviste, il sera passible d'une amende de 126 francs par jour de retard.

Art. 114 à 128.

Ces articles tracent des règles spéciales de procédure qu'il semble inutile de reproduire.

LIQUIDATION VOLONTAIRE.

Art. 129.

Toute Compagnie régie par la présente loi peut être liquidée volontairement :

1° Lorsque la date fixée par les statuts pour la durée de la Société est arrivée, ou lorsqu'il se produit un événement prévu par les statuts comme étant un cas de dissolution et que l'Assemblée générale de la Compagnie adopte une résolution portant que la Compagnie est volontairement dissoute;

2° Lorsque la Compagnie adopte une résolution spéciale ordonnant la dissolution volontaire;

3° Lorsque la Compagnie adopte une résolution *ex-*

traordinaire portant que la Compagnie ne peut, en raison de ses engagements, continuer ses affaires, et qu'il convient de la dissoudre.

Sera considérée comme *extraordinaire* toute résolution qui aurait été considérée comme *spéciale* si elle avait été confirmée par l'Assemblée générale suivante, comme il a été dit ci-dessus.

Art. 130.

La liquidation volontaire sera censée commencer au moment où a été adoptée la résolution qui l'autorise.

Art. 131 à 173.

Ces articles règlent la procédure spéciale de la liquidation. Il semble inutile de les reproduire.

CINQUIÈME PARTIE.

DU BUREAU D'ENREGISTREMENT.

Art. 174.

L'enregistrement des compagnies, en exécution du présent acte, aura lieu ainsi qu'il suit :

1° Le *Board of Trade* nommera et révoquera à volonté les archivistes, archivistes adjoints, commis et employés qu'il jugera nécessaire, pour procéder à l'enregistrement des compagnies.

2° Le *Board of Trade* fera le règlement qu'il jugera utile, relativement à l'exercice des fonctions des agents ci-dessus désignés.

3° Le *Board of Trade* déterminera les endroits auxquels il convient d'établir les bureaux d'enregistrement, de telle sorte qu'il y en ait au moins un dans chacune des trois parties du Royaume Uni. Aucune compagnie ne sera enregistrée que dans la partie du Royaume où son siége est fixé par l'acte de société.

4° Le *Board of Trade* pourra faire préparer un ou plusieurs sceaux destinés à authentiquer les documents relatifs à l'enregistrement des compagnies.

5° Toute personne pourra examiner les documents conservés par l'archiviste, moyennant le droit fixé par le *Board of Trade*, et qui ne pourra excéder 1 fr. 25 c. pour chaque examen. Toute personne pourra réclamer un certificat de l'incorporation d'une compagnie, ou une copie, ou un extrait de tout autre document, certifié par l'archiviste, moyennant le payement du droit fixé par le *Board of Trade*, droit qui ne devra pas excéder 6 fr. 25 c. pour le certificat d'incorporation et 60 c. par feuille de copie ou d'extrait, et en Écosse 60 c. par 200 mots.

6° L'archiviste actuel, les adjoints, commis, etc., continueront à exercer leurs fonctions et à recevoir leurs traitements actuels, mais ils devront se conformer, pour l'exercice de leurs fonctions, aux instructions du *Board of Trade*.

7° Les appointements des archivistes adjoints, commis, etc., seront fixés par le *Board of Trade*, d'accord avec la trésorerie.

8° (*Mesure transitoire*).

SIXIÈME PARTIE.

Application du présent acte aux Compagnies enregistrées, en vertu des joint stock Companies acts, de 1856 et 1857.

Art. 175 à 178.

Ces articles déclarent que la présente loi est applicable aux compagnies enregistrées en vertu des actes de 1856 *et* 1857 *sur les Joint Stock Companies, Joint Stock Banking Companies, etc.*

SEPTIÈME PARTIE.

COMPAGNIES AUTORISÉES A SE FAIRE ENREGISTRER.

Art. 179 à 198.

Cette partie indique quelles sont les compagnies antérieurement existantes qui peuvent, ou non, se faire enregistrer.

HUITIÈME PARTIE.

APPLICATION DE L'ACTE AUX COMPAGNIES NON ENREGISTRÉES.

Art. 199 à 204.

Ces dispositions sont formellement déclarées inapplicables aux compagnies de chemins de fer.

NEUVIÈME PARTIE.

ABROGATION DES ACTES CONTRAIRES.

Art. 205 à 212.

Ces articles abrogent certaines lois antérieures et édictent certaines dispositions purement transitoires.

XLIII

GRANDE-BRETAGNE.

26 ET 27 VICTORIA, CHAP. XXXIII.

29 juin 1863.

ACTE SUR LES DROITS DE REVENU INTÉRIEUR.

L'art. 13 *modifie les formes prescrites par l'acte* 5 *et* 6 *Victoria chap.* LXXIX *pour les comptes qui doivent servir de base à la perception de l'impôt de* 5 *pour cent. Ces comptes devront être désormais envoyés dans les* 20 *jours qui suivent la fin de chaque mois. L'art.* 14 *restreignant le nombre de trains à bon marché auquel s'applique l'exemption des droits, déclare que cette faveur sera désormais exclusivement accordée aux trains circulant chacun des six jours de la semaine, aux trains dits de marché approuvés par le Board of Trade, et à celui des trains du dimanche qui desservira le plus grand nombre de stations, et dont le tarif n'excédera pas* 0,062 *par kilomètre pour la* 3ᵉ *classe.*

XLIV

RAILWAYS CLAUSES ACT. 1863.

ROYAUME-UNI.

26 ET 27 VICTORIA, CHAP. XCII.

21 juillet 1863.

ACTE POUR CONSOLIDER EN UN ACTE CERTAINES CLAUSES FRÉQUEMMENT INSÉRÉES DANS LES ACTES DE CHEMINS DE FER.

Art. 1er.

Cet acte peut être cité sous le titre d'acte de 1863 *sur les clauses relatives aux chemins de fer.*

Art. 2 et 3.

Clauses de forme. (Division de l'acte et interprétation des termes.)

PREMIÈRE PARTIE.

CONSTRUCTION DES CHEMINS DE FER. MODIFICATIONS AUX TRAVAUX D'ART.

Art. 4.

Nonobstant les dispositions des lois antérieures, toute compagnie peut, dans la construction du chemin de fer, modifier l'emplacement ou le niveau de toute arche, tunnel, ou viaduc indiqué sur les plans et sections déposés, en restant dans les limites de déviation indiqués par lesdits plans, et dans celles prescrites par les art. 11, 12 et 15 des actes 8 et 9 Victoria, chap. xx (pour l'Angleterre) et 8 et 9 Victoria, chap. XXXIII (pour l'Écosse) et sans modifier la nature même des travaux. Elle peut également substituer un ouvrage d'art non indiqué sur les plans et sections, à une arche, tunnel ou viaduc indiqué, pourvu que le *Board of Trade* y consente. Le *Board of Trade* peut donner son consentement, s'il estime que la compagnie a agi de bonne foi, que les tiers intéressés y consentent, et que la sécurité du public ne sera pas compromise....

PASSAGES A NIVEAU.

Art. 5.

Lorsque la compagnie a été autorisée à établir un passage à niveau à travers une route publique, elle ne pourra faire garer les trains, ni laisser stationner aucun train, machine, voiture ou wagon à travers ladite route.

Art. 6.

Pour la plus grande commodité et sécurité du public, la compagnie construira et entretiendra d'une façon permanente une guérite près de tout passage à niveau, et elle se conformera, au sujet de la vitesse des trains à ces passages, aux règles que lui imposera le *Board of Trade.*

La compagnie qui négligera de construire, ou d'entretenir cette guérite et d'y maintenir un garde, ou qui n'exécutera pas les prescriptions ci-dessus indiquées, sera, pour chaque contravention, passible d'une amende n'excédant pas 505 fr., augmentée de 252 fr. pour chacun des jours pendant lesquels se prolongera ladite contravention.

Art. 7.

Le *Board of Trade* pourra, à toute époque, s'il le juge nécessaire au point de vue de la sécurité, obliger la compagnie à faire les frais nécessaires pour établir, dans un délai qu'il fixera, un pont ou arche pour faire passer la route sur ou sous le chemin de fer, de façon à supprimer le passage à niveau, ou pour construire tout autre ouvrage qu'il considérera, suivant les cas, comme de nature à faire disparaître ou à diminuer les inconvénients du passage à niveau.

Lorsque la route sera ainsi détournée de façon à passer sur ou sous le chemin de fer, la compagnie ne sera plus tenue de conserver la guérite ni le garde.

Art. 8.

Si le *Board of Trade* atteste qu'il est nécessaire, au point de vue de la sécurité publique, que la compagnie prenne possession de certains terrains pour exécuter les ouvrages ordonnés, la compagnie pourra, en se conformant aux lois sur l'expropriation, pénétrer sur tout ou partie des terrains indiqués par le *Board of Trade*, et en prendre possession. Le *Board of Trade* fera prévenir trois mois à l'avance, toutes les personnes qui peuvent avoir des indemnités à réclamer au sujet de ces terrains.

DES JONCTIONS.

Art. 9.

Lorsque l'acte de concession autorisera une compagnie à établir une jonction entre sa ligne et celle d'une autre compagnie, tous les travaux nécessaires, qui toucheront à la ligne étrangère, seront faits sous la direction et à la satisfaction de l'ingénieur de cette ligne. En cas de dissentiment entre les deux compagnies, la difficulté sera tranchée par un arbitre que nommera le *Board of Trade*, sur la demande de l'une des parties, et les frais resteront à la charge de la compagnie qui établira la jonction.

Art. 10.

En ce qui concerne les terrains ou autres propriétés d'une autre compagnie ou personne propriétaire de la ligne sur laquelle l'acte de concession permet de pénétrer pour établir la jonction, la compagnie ne pourra, à moins d'une disposition spéciale de l'acte de concession, les acheter, mais elle pourra acheter, et l'autre compagnie pourra lui céder, sur ces terrains, un droit d'usage.

Art. 11.

La présente loi n'autorise pas la compagnie à pénétrer sur les terrains d'une autre compagnie ou personne propriétaire de l'autre chemin de fer, ni à en prendre possession, ni à modifier ce chemin de fer, ni à y toucher d'une façon quelconque, plus ou autrement qu'il n'est nécessaire pour établir la jonction et communication entre les chemins de fer, telle qu'elle est indiquée sur les plans et sections annexés à l'acte de concession, sans le consentement écrit de la personne ou compagnie propriétaire de l'autre chemin.

Art. 12.

La compagnie ou personne, sur la ligne de laquelle est faite la jonction, peut placer les signaux et autres objets rendus nécessaires par l'établissement de ladite jonction, sur ses propres terrains ou sur ceux de l'autre compagnie; elle peut également placer des aiguilleurs, gardes, ou autres agents pour prévenir tout danger. Le maniement de ces signaux et appareils seront sous le contrôle et la direction immédiate de la compagnie sur les lignes de laquelle est établie la jonction.

Les dépenses de construction et d'entretien de ces signaux et appareils, et le salaire des aiguilleurs et autres employés seront payés à la fin de chaque semestre par la compagnie qui a établi la jonction, et, sur son refus, recouvrés en justice.

PROTECTION DE LA NAVIGATION.

Art. 13.

La loi oblige les compagnies à placer, le soir, des lumières sur leurs chantiers ou travaux avoisinant la mer.

Art. 14.

Lorsque la loi autorise une compagnie à construire un pont sur une rivière navigable, sans en indiquer l'ouverture, la compagnie le construira suivant l'ouverture, la largeur, la hauteur et les plans arrêtés par le *Board of Trade.*

Art. 15.

Quand la compagnie aura construit un pont avec une arche ouvrante, elle ne pourra arrêter les vaisseaux pendant un temps plus long que celui nécessaire au passage d'un train et à l'ouverture du pont. Elle devra se conformer, à cet égard, aux règlements que lui imposera le *Board of Trade.*

Si la compagnie arrête un bateau plus longtemps qu'il n'est dit, ou manque de se conformer aux règlements ci-dessus, elle sera, pour chaque contravention, passible d'une amende n'excédant pas 505 fr., sans préjudice des dommages-intérêts, s'il y a lieu.

Art. 16.

Quand la compagnie supprimera la communication entre la terre ferme et la mer ou le rivage, elle devra établir pendant les travaux, et ensuite entretenir d'une façon permanente, pour le libre usage du public, les passages de piétons ou de voitures sous le chemin de fer ou à niveau, et les routes, chemins ou sentiers, que le *Board of Trade* ordonnera d'établir.

Toutefois la compagnie ne sera pas tenue d'établir ces communications au profit d'un propriétaire ou locataire qui aurait reçu une indemnité en raison de la privation de son droit d'accès. Elle ne pourra être forcée d'établir un chemin qui gênerait l'exploitation du chemin de fer.

Les frais de la construction et de l'entretien de tout sentier ou chemin dont l'établissement serait réclamé postérieurement à l'achèvement du chemin de fer, seront à la charge des personnes ou corporations dans l'intérêt desquelles serait fait le travail.

Lorsque le chemin traversera à niveau, il devra être établi dans les conditions prescrites par le *Board of Trade.* S'il est établi postérieurement à l'achèvement du chemin, les frais de garde seront à la charge de ceux dans l'intérêt desquels il aura été fait.

Art. 17.

Quand l'acte de concession autorisera la compagnie à établir une ligne le long d'une rivière publique navigable, ou d'un canal, la compagnie ne pourra s'écarter, dans la construction, de la ligne centrale figurée sur les plans déposés par elle au *Board of Trade*, même dans les limites de déviation indiquées par ces plans, sans le consentement et autrement que dans les conditions fixées par le *Board of Trade.*

Le *Board of Trade* pourra faire démolir tout ou partie du travail fait en contravention à cette disposition, et faire rétablir les lieux dans leur état primitif, aux frais de la compagnie....

Art. 18.

Si un ouvrage construit par la compagnie sur les bords de la mer ou d'une rivière est abandonné, ou tombe en ruines, le *Board of Trade* peut le faire détruire entièrement ou en partie, et rétablir les lieux dans leur état primitif aux frais de la compagnie....

Art. 19.

Si, à une époque quelconque, le *Board of Trade* croit utile, pour s'assurer de l'exécution de cette loi, de faire procéder à un examen des travaux faits par la compagnie sur les bords de la mer ou d'un fleuve, ou de l'emplacement sur lequel doivent être faits ces travaux, la compagnie supportera les frais de cette inspection et examen....

DEUXIÈME PARTIE.

PROLONGATION DES DÉLAIS.

Art. 20.

Lorsqu'une loi postérieure étend les délais accordés par l'acte de concession pour l'expropriation des terrains et l'achèvement d'un chemin, en incorporant le présent acte, les juges, arbitres, tiers-arbitres ou jurés, suivant les cas, qui fixent les indemnités dues aux divers intéressés, auront égard, dans la fixation de la somme à payer par la compagnie, au dommage spécial qui a pu être causé par cette extension des délais.

Art. 21.

L'extension des délais n'affectera en rien les marchés passés ou les avis donnés par la compagnie antérieurement à la loi qui autorise l'extension de délai, au sujet de l'achat ou de l'expropriation des terrains nécessaires. Les contrats et avis auront les mêmes effets et les mêmes suites, et les parties auront les mêmes droits que si l'extension de délai n'avait pas été accordée.

TROISIÈME PARTIE.

TRAITÉS D'EXPLOITATION.

Art. 22.

Lorsqu'un acte futur, incorporant la présente loi, autorisera deux ou plusieurs compagnies à s'entendre entre elles pour l'un des objets suivants, savoir :

L'entretien ou l'exploitation de leurs chemins de fer respectifs, ou de l'un seulement, ou de plusieurs de ces chemins, en tout ou en partie, ainsi que des travaux faisant partie desdits chemins de fer;

L'usage et l'exploitation des chemins de fer ou du chemin de fer, en tout ou en partie, et le service du trafic;

La fixation, perception et répartition des tarifs, droits, revenus et recettes perçus, levés, pris ou produits par ce trafic;

Alors, et, dans chacun de ces cas, le pouvoir de traiter ou le traité, s'il a été conclu, ne pourra affecter en aucune façon les tarifs, taxes ou droits que les compagnies contractantes sont autorisées respectivement à demander et à percevoir de toute personne ou de toute autre compagnie, mais les personnes et compagnies auront droit, malgré le traité, à l'usage et aux bénéfices des chemins de fer des diverses compagnies contractantes dans les mêmes termes et conditions et moyennant le payement des mêmes droits, taxes et tarifs qu'ils auraient dû payer, si l'autorisation n'avait pas été donnée ou si le traité n'avait pas été conclu.

Art. 23.

A moins d'être conçu dans les conditions autorisées par les actes de consolidation de 1845 ou par une autre loi en vigueur, en ce qui concerne les compagnies contractantes, le traité n'aura aucun effet avant d'avoir été sanctionné par le nombre de votes des actionnaires et porteurs de titres consolidés ayant le droit de voter aux assemblées générales des compagnies.... prescrit par l'acte de concession, et, si aucun nombre n'est prescrit, par les trois cinquièmes des votes.

Art. 24.

Avant de traiter ensemble, les compagnies devront donner avis de leur intention, suivant la forme approuvée par les commissaires des chemins de fer[1], au moyen d'un avis inséré, une fois au moins pendant trois semaines consécutives, dans un journal publié ou répandu dans le comté indiqué par l'acte spécial.... Cet avis indiquera où et comment toute compagnie ou personne qui aurait à se plaindre, et voudrait s'opposer au traité, peut adresser son opposition aux commissaires des chemins de fer.

Art. 25.

Le traité n'aura aucun effet avant d'avoir été approuvé par les commissaires des chemins de fer, qui ne donneront cette approbation qu'après s'être assurés que les traités ont été votés comme il a été dit par les assemblées d'actionnaires des Compagnies respectives.

Art. 26.

Les Compagnies contractantes peuvent nommer un Comité mixte, composé d'un certain nombre d'administrateurs de chaque Compagnie. Elles peuvent modifier le nombre des membres, les changer, les remplacer, suivant les cas, régler le mode d'action du Comité et lui déléguer les pouvoirs qu'elles jugent nécessaires. Le Comité mixte aura et exercera les pouvoirs qui lui seront ainsi délégués de la même façon que l'auraient fait les Compagnies respectives et leurs administrateurs.

1. Le texte porte ici par le *Board of Trade*; la loi de 1873 a conféré cette attribution aux commissaires des chemins de fer.

Art. 27.

A l'expiration de la première période de dix années ou des autres périodes suivantes de même durée qui suivront le traité, les commissaires des chemins de fer pourront exiger sa révision, s'ils jugent que ces clauses sont préjudiciables aux intérêts du public. Ils pourront exiger que les Compagnies contractantes publient un avis pour annoncer cette révision, et pourront modifier les conditions du traité dans les termes qui leur sembleront nécessaires pour protéger les intérêts du public....

Art. 28.

Lorsqu'un acte de concession incorporant le présent acte autorisera, à l'avenir, une Compagnie à s'entendre avec le propriétaire d'un chemin de fer sur l'un des points indiqués plus haut, les articles 22 à 27 du présent acte seront applicables *mutatis mutandis* à la Compagnie, relativement à l'autorisation donnée et au traité conclu en conséquence.

Art. 29.

Dans l'application de la présente loi, toute modification apportée par les parties à un traité conclu sera considérée comme un traité.

QUATRIÈME PARTIE.

BATEAUX A VAPEUR.

Art. 30.

Lorsqu'une Compagnie de chemins de fer, incorporée antérieurement ou postérieurement à la présente loi par un acte qui incorpore la présente loi, est autorisée à construire, acheter, louer, user, entretenir, exploiter, ou traiter pour l'usage, l'entretien ou l'exploitation de bateaux à vapeur établissant une communication entre des villes ou des ports, et à percevoir de ce chef un tarif, ledit tarif sera appliqué indistinctement à toute personne et d'après les mêmes bases pour toutes les personnes transportées par le même bateau entre les mêmes points et dans les mêmes conditions.

Aucune réduction ou augmentation de prix ne sera faite en faveur ou en défaveur d'une personne transportée sur ces bateaux, en raison de ce qu'elle a voyagé ou va voyager sur tout ou partie des lignes de la Compagnie, ou de ce qu'elle n'a voyagé ou ne va voyager sur aucune des lignes de la Compagnie, non plus qu'en faveur ou en défaveur d'une personne voyageant sur le chemin de fer, en raison de ce qu'elle a employé ou va employer, ou de ce qu'elle n'a pas employé ou ne va pas employer les bateaux à vapeur.

Lorsque la Compagnie demande une somme en bloc pour le transport sur le chemin de fer et sur le bateau, le billet indiquera la somme perçue pour le transport par bateau, séparément de celle afférente au transport sur le chemin de fer.

Art. 31.

Les dispositions de l'acte de 1864, sur le trafic des canaux et des chemins de fer (17 et 18 Victoria, ch. XXXI), seront applicables aux bateaux à vapeur et aux transports effectués par leur moyen.

Art. 32.

La Compagnie peut, de temps à autre, rendre des ordonnances, relativement aux voyageurs, animaux et marchandises, transportés dans ou sur les bateaux à vapeur, et à l'embarquement ou au débarquement, de même que pour les voyageurs, etc., transportés par chemins de fer. Les conditions relatives à l'approbation et à la publication de ces ordonnances seront les mêmes que celles relatives aux ordonnances applicables aux chemins de fer.

Art. 33 et 34.

Clauses de procédure, relatives au recouvrement des sommes dues aux Compagnies.

Art. 35.

A l'expiration de chaque période de 7 ans, à dater du 1er janvier qui suit l'acte de concession, le *Board of Trade*, s'il croit que les intérêts du public sont affectés par l'exercice des pouvoirs de la Compagnie, relativement aux bateaux à vapeur, pourra en donner, par écrit, avis à ladite Compagnie, en indiquant les motifs sur lesquels repose son opinion.

Si avant l'ouverture de la session suivante du Parlement, la Compagnie ne donne pas satisfaction au *Board of Trade*, relativement à la protection des intérêts du public, ou si le *Board of Trade* est d'avis que la Compagnie ne peut remédier aux inconvénients qu'il a signalés, il adressera sur ce point un rapport aux Chambres du Parlement, en indiquant les raisons sur lesquelles repose son opinion. A l'expiration d'un délai de douze mois, après le dépôt de ce rapport, les pouvoirs de la Compagnie relatifs aux bateaux à vapeur prendront fin, à moins que le Parlement n'en décide autrement.

CINQUIÈME PARTIE.

FUSIONS.

Art. 36.

Les articles suivants s'appliqueront aux cas où deux ou plusieurs Compagnies respectivement incorporées antérieurement ou postérieurement à la présente loi, seront fusionnées en vertu d'un acte qui incorporera celui-ci.

Art 37.

Les Compagnies seront considérées comme fusionnées par un acte spécial dans le sens de la présente loi, dans l'un des cas suivants :

1° Lorsque cet acte spécial dissout deux ou plusieurs Compagnies et incorpore leurs membres respectifs en une nouvelle Compagnie;

2° Lorsque cet acte spécial dissout une ou plusieurs Compagnies, et que l'entreprise ou les entreprises de la Compagnie ou des Compagnies dissoutes, est, ou sont transférées à une autre Compagnie existante, avec ou sans changement de nom....

Art. 38.

Dans tout cas de fusion, l'entreprise, les chemins de fer, ports, canaux, bacs, magasins, rivières canalisées, travaux, propriétés personnelles et réelles, autorités, priviléges, exemptions, droits d'action et de suite et tous autres droits et intérêts de la Compagnie dissoute, seront, conformément aux contrats, obligations, dettes et engagements de la même Compagnie, fondus dans la Compagnie fusionnée qui les possédera et exercera de la même façon et dans les mêmes limites que la Compagnie dissoute l'aurait fait, si elle n'avait pas été fusionnée.

Art. 39.

Les actes spéciaux applicables à la Compagnie dissoute, en vigueur au moment du vote de l'acte de fusion, resteront en vigueur, à moins qu'il ne soit autrement ordonné....

Art. 40.

A moins de dispositions contraires contenues dans l'acte de fusion, toutes les dettes et sommes dues à la Compagnie dissoute, ou par elle, ou à quelque personne en son lieu et place, seront payables à la Compagnie fusionnée, ou par elle....

Art. 41 à 55.

Clauses de procédure ou de forme, qui peuvent se résumer en une phrase : La Compagnie fusionnée est, en toute matière de contrats, actions judiciaires et autres, placée exactement au lieu et place des Compagnies qu'elle a absorbées.

XLV

COMPANIES CLAUSES ACT. 1863.

ROYAUME-UNI.

26 ET 27 VICTORIA, CHAP. CXVIII.

28 juillet 1863.

ACTE POUR CONSOLIDER, EN UN ACTE, CERTAINES DISPOSITIONS FRÉQUEMMENT INSÉRÉES DANS LES ACTES RELATIFS A LA CONSTITUTION ET A L'ADMINISTRATION DES COMPAGNIES INCORPORÉES POUR DES ENTREPRISES D'INTÉRÊT PUBLIC.

Art. 1er.

Cet acte peut être cité sous le nom d'*Acte de* 1863 *sur les clauses des Compagnies.*

PREMIÈRE PARTIE.

ANNULATION DES ACTIONS.

Art. 2 à 11.

Clauses de forme et autorisation donnée aux Compagnies d'annuler, dans certains cas, et suivant certaines formes, les actions sur lesquelles les versements appelés n'ont pas été effectués.

DEUXIÈME PARTIE.

CAPITAL ADDITIONNEL.

NOUVELLES ACTIONS ORDINAIRES.

Art. 12.

Lorsqu'une Compagnie, incorporée avant ou après la présente loi, pour se livrer à une entreprise, sera autorisée, par un acte spécial incorporant celui-ci, à réaliser une somme d'argent par émission de nouvelles actions ordinaires, ou de consolidés, ou par l'un de ces modes, au choix de la Compagnie, ladite Compagnie, avec le consentement du nombre voulu d'actionnaires ou de porteurs de consolidés ayant droit de vote, présents ou représentés à une assemblée spéciale, et si aucun nombre n'est fixé, avec le consentement donné par les trois cinquièmes des voix, pourra réaliser cette augmentation de capital, soit en créant ou émettant autant d'actions nouvelles, d'une valeur nominale telle, et devant être libérées dans conditions telles que la Compagnie jugera convenables, soit en créant ou émettant de nouveaux consolidés ordinaires.

ACTIONS PRIVILÉGIÉES.

Art. 13.

Lorsqu'un acte spécial futur, incorporant celui-ci, autorisera une Compagnie à réaliser une somme supplémentaire au moyen de l'émission de nouvelles actions privilégiées, ou de capital consolidé privilégié, ou de l'un de ces modes, au choix de la Compagnie, ladite Compagnie, en vertu de l'autorisation indiquée à l'article précédent, pourra créer et émettre ces nouvelles valeurs ordinaires ou privilégiées, d'un même type, et avec les mêmes priviléges, ou de types divers et avec des priviléges différents, de valeur semblable ou différente, avec des dividendes ou intérêts fixes, variables, contingents, privilégiés, perpétuels, remboursables, différés ou autres, n'excédant pas le taux fixé par l'acte spécial, et, si aucun taux n'est prescrit, ne dépassant pas 5 pour 100 par an, et sujets aux appels de fonds dans les proportions et aux époques que la Compagnie fixera.

Pourvu, toutefois, qu'aucun des priviléges attribués à ces titres n'affecte une garantie, privilége, ou droit de priorité pour le payement des dividendes et intérêts accordés par la Compagnie, et confirmés par un acte antérieur, ou légalisés d'une autre façon.

Art. 14.

Les actions privilégiées ou consolidés privilégiés ainsi émis, auront droit au dividende ou intérêt privilégié qui leur est assigné, sur les profits annuels, avant toutes les actions et consolidés ordinaires. Mais, si, pendant une année finissant au jour prescrit par l'acte spécial (et, si aucune date n'est fixée, au 31 décembre), les profits réalisés ne permettent pas de payer entièrement les dividendes ou intérêts privilégiés pour cette année, aucune partie de ce déficit ne pourra être couverte au moyen des revenus d'une année suivante ou des autres fonds de la Compagnie.

Art. 15.

Les termes et conditions dans lesquels sont émis les titres privilégiés, seront clairement indiqués sur ces titres.

DISPOSITIONS GÉNÉRALES SUR LES NOUVELLES ÉMISSIONS.

Art. 16.

Si, après avoir émis de nouvelles actions ou de nouveaux consolidés, la Compagnie décide qu'elle n'émettra pas la totalité des nouveaux titres, elle pourra annuler les titres non émis.

Art. 17.

Si, à l'époque de l'émission des nouvelles actions ou des nouveaux consolidés, les actions ou consolidés ordinaires de la Compagnie sont au-dessus du pair, alors, à moins que la Compagnie en décide autrement avant l'émission, les nouveaux titres seront d'une valeur qui permette de les diviser facilement entre les porteurs de titres anciens, proportionnellement autant que possible au nombre des titres ordinaires qu'ils possèdent respectivement. Ces titres leur seront offerts au pair dans la proportion ci-dessus indiquée, toutefois la Compagnie ne sera pas tenue de diviser les nouveaux titres de façon à ce qu'ils soient inférieurs au minimum fixé par l'acte, et, si aucune valeur n'est fixée, à 252 francs.

Art. 18.

L'offre de ces nouveaux titres sera faite au moyen d'une lettre signée du secrétaire ou du trésorier de la Compagnie, et remise à chaque actionnaire, ou envoyée à son adresse par la poste....

Art. 19.

Les nouveaux titres, ainsi offerts, appartiendront aux actionnaires qui les accepteront, ou à leurs ayants droit.

Art. 20.

Si un actionnaire ne fait pas connaître son acceptation des titres qui lui sont offerts, dans le délai prescrit, et si aucun délai n'est prescrit, dans le délai d'un mois, il sera censé refuser, et la Compagnie disposera de ces titres dans les conditions suivantes :

Lorsqu'un actionnaire, absent, à l'étranger, ou ayant un autre motif jugé suffisant par les administrateurs, ne fait pas connaître son acceptation dans le délai voulu, les administrateurs, s'ils le jugent bon, peuvent lui permettre d'accepter, bien que le délai soit écoulé.

Art. 21.

Sous le bénéfice des dispositions précédentes, la Compagnie peut disposer des nouvelles actions ou consolidés, aux époques, en faveur des personnes, dans les conditions et de la façon que les administrateurs jugeront avantageuse pour la Compagnie.

Le surplus de l'article a été abrogé par l'acte 30 *et* 31. *Victoria, chapitre* CXXVII.

TROISIÈME PARTIE.

OBLIGATIONS CONSOLIDÉES.

Art. 22.

Lorsqu'une Compagnie, incorporée avant ou après la présente loi, sera autorisée par un acte spécial incorporant la loi actuelle, à créer et à émettre des obligations consolidées, la Compagnie, autorisée par les actionnaires ayant le droit de voter à ce sujet, présents ou représentés dans une assemblée spéciale, réunie dans ce but suivant les formes prescrites par l'acte spécial, et si aucune condition n'est prescrite, avec l'autorisation des trois cinquièmes des votes, pourra réaliser tout ou partie de l'emprunt hypothécaire autorisé, au moyen de la création et de l'émission, dans les formes et conditions qu'elle trouvera convenables, de consolidés qui seront appelés *obligations consolidées*, au lieu et jusqu'à concurrence de la somme que la Compagnie est autorisée à emprunter. Elle peut attacher à ces titres un intérêt fixe perpétuel et privilégié[1] payable par semestre ou autrement, à partir de l'époque que la Compagnie fixera.

Art. 23.

Les obligations consolidées et leurs intérêts auront privilége sur l'entreprise avant toute action ou consolidé de la Compagnie. Elles seront transmissibles et transférables de la même façon et suivant les mêmes règles que les autres titres consolidés de la Compagnie, et seront, sous tous les rapports, considérées comme des biens personnels.

Art. 24.

Les intérêts des obligations consolidées seront payés avant tout dividende, sur les actions ou consolidés ordinaires, privilégiés ou garantis, et viendront immédiatement après les intérêts dus sur les emprunts hypothécaires contractés avant l'émission de ces obligations. Les porteurs d'obligations consolidées n'auront droit entre eux, à aucun privilége ou priorité.

Art. 25.

Si, dans le délai de trente jours après la date du payement, les intérêts des obligations consolidées ne sont pas payés, un ou plusieurs porteurs, possédant individuellement ou collectivement la somme indiquée par l'acte spécial, et si aucune somme n'est fixée, une somme équivalente au dixième du montant total des emprunts hypothécaires autorisés, ou la somme de 252 500 francs, pourront demander la nomination d'un séquestre....

Art. 26.

Toute demande de nomination d'un séquestre, sera

1. Une partie de cet article abrogée par l'acte 32 et 33 Victoria, ch. 48, a été omise ici.

adressée à deux juges de paix.... qui, après avoir entendu les parties, pourront charger, par un ordre écrit, une personne, de recevoir la totalité ou la partie nécessaire des droits ou sommes qui garantissent le payement des intérêts, jusqu'à ce que tous les intérêts arriérés dus sur les obligations privilégiées, ainsi que les frais y compris ceux du séquestre, soient intégralement payés. Cette nomination faite, tous les droits ou sommes seront perçus par le receveur désigné, et tout ce qui sera reçu sera considéré comme reçu pour le compte des personnes intéressées, dans la proportion de leurs droits respectifs de priorité.

Le séquestre distribuera proportionnellement, et sans préférence, à tous les porteurs d'obligations consolidées, auxquels sont dus des intérêts arriérés, l'argent qui leur revient, après en avoir employé une partie suffisante en faveur des créanciers hypothécaires.

Aussitôt que le montant des intérêts et des frais aura été recouvré, les pouvoirs du séquestre cesseront, et il devra rendre compte à la Compagnie de toutes les sommes reçues, en restituant, s'il y a lieu, le reliquat qui se trouve entre ses mains.

Art. 27.

Formes de l'action judiciaire en recouvrement.

Art. 28.

La Compagnie fera inscrire sur un registre tenu à cet effet, les obligations consolidées émises, avec les noms des personnes ou corporations qui en sont propriétaires.... Ce registre pourra être examiné, en tout temps raisonnable, par tout créancier hypothécaire ou autre, et sans payement d'aucun droit.

Art. 29.

La Compagnie délivrera à tout propriétaire d'obligations consolidées, un certificat indiquant le nombre de titres auxquels il a droit, et toutes les règles et dispositions relatives aux titres des actions s'appliqueront *mutatis mutandis*, à ceux des obligations consolidées.

Art. 30.

Aucune des dispositions de la présente loi ni de l'acte qui autorise la création d'obligations consolidées, n'affectera les droits des titres hypothécaires émis antérieurement à la création de ces obligations, ni au pouvoir qu'aurait la Compagnie d'émettre des emprunts hypothécaires....

Art. 31.

Les obligations consolidées ne donneront le droit ni d'assister, ni de voter aux assemblées de la Compagnie, et ne conféreront aucuns droits autres que ceux attribués aux créanciers hypothécaires, avec cette différence qu'elles n'emporteront pas la faculté de réclamer le payement du principal.

Art. 32.

Les sommes réalisées par émission d'obligations consolidées seront exclusivement employées à rembourser les sommes dues par la Compagnie sur hypothèque, ou aux autres objets auxquels s'appliquerait la même somme, si elle était réalisée par emprunt hypothécaire, et non au moyen d'obligations consolidées.

Art. 33.

La Compagnie tiendra un compte spécial et distinct de toutes les sommes reçues pour les obligations consolidées, de celles produites par les emprunts hypothécaires, des sommes dues sur hypothèques remboursées en obligations consolidées, et de celles réalisées en obligations consolidées émises au lieu d'emprunts hypothécaires.

Art. 34.

Le pouvoir qu'a la Compagnie de contracter des emprunts sera annulé jusqu'à concurrence des sommes réalisées par émission d'obligations consolidées.

Art. 35.

Les articles 22 à 34 seront applicables aux consolidés hypothécaires privilégiés, et aux dettes consolidées, suivant les cas, comme si ces titres étaient mentionnés à la place des obligations consolidées.

Art. 36 à 39.

Règles de procédure pour le cas où la Compagnie change ou modifie son nom.

XLVI

IRLANDE.

27 ET 28 VICTORIA, CHAP. LXXI.

25 juillet 1864.

ACTE POUR AMENDER ET ÉTENDRE LES ACTES DE 1851 ET DE 1860 SUR LES CHEMINS DE FER D'IRLANDE.

Loi de procédure exclusivement applicable à l'Irlande et présentant peu d'intérêt.

XLVII

ROYAUME-UNI.

27 ET 28 VICTORIA, CHAP. XCV.

29 juillet 1864.

ACTE POUR AMENDER L'ACTE 9 ET 10 VICTORIA, CH. XCIII, AU SUJET DES INDEMNITÉS AUX FAMILLES DES PERSONNES TUÉES PAR ACCIDENT.

A pour but unique de modifier les règles de procédure légale des actions contre les Compagnies en raison d'accidents ayant entraîné la mort.

XLVIII

COMPANIES POWERS ACT. 1864.

ROYAUME-UNI.

27 ET 28 VICTORIA, CHAP. CXX.

29 juillet 1864.

ACTE POUR FACILITER DANS CERTAINS CAS, L'OBTENTION PAR LES COMPAGNIES DE CHEMINS DE FER, DE POUVOIRS PLUS ÉTENDUS.

Art. 1er.

Cet acte peut être cité sous le titre d'*acte de* 1864 *sur les pouvoirs des Compagnies de chemins de fer.*

Art. 2.

Interprétation des termes.

CAS AUXQUELS L'ACTE EST APPLICABLE.

Art. 3.

Le présent acte sera applicable dans les cas suivants :

1° Lorsqu'une Compagnie de chemins de fer désire recevoir conjointement avec une autre Compagnie l'autorisation de s'entendre sur les points ci-après indiqués, savoir : l'entretien et l'administration des chemins de fer des compagnies respectives, ou de certains chemins, ou d'une partie de l'un de ces chemins ; l'usage, l'exploitation, et le transport des marchandises sur ces chemins ; la fixation, la perception et le partage des tarifs, charges, taxes, droits, et revenus produits par le trafic ; la propriété commune, l'entretien, l'administration ou l'usage d'une station ou autre bâtiment, ou la propriété séparée, l'administration, l'entretien, et l'usage de diverses parties d'une station ou autre bâtiment.

2° Lorsqu'une Compagnie désire obtenir une prolongation du délai qui lui est accordé pour revendre les terrains inutiles.

3° Lorsqu'une Compagnie incorporée désire obtenir l'autorisation de réaliser un capital supplémentaire.

DEMANDE DU CERTIFICAT.

Art. 4.

Dans chacun de ces cas, la Compagnie qui désire obtenir un certificat dans les conditions de la présente loi devra procéder ainsi qu'il suit :

1° Elle demandera au *Board of Trade* un certificat.

2° Elle déposera au *Board of Trade* un projet de certificat conçu dans les termes qu'elle désire.

3° Elle donnera avis de cette demande, conformément aux prescriptions du présent acte.

Art. 5.

Aussitôt que possible après le temps voulu pour la publicité des avis, le *Board of Trade* examinera si la Compagnie a rempli toutes les formalités légales relativement auxdits avis.

Art. 6.

Avant d'arrêter les termes du certificat, le *Board of Trade* aura égard aux objections formulées, ou aux observations qui pourraient lui être présentées contre le projet.

Art. 7 et 8.

Abrogés et remplacés par l'acte 33 *et* 34 *Victoria*, ch. XIX.

PROJET DE CERTIFICAT.

Art. 9.

Le *Board of Trade*, après s'être assuré que la Compagnie a exécuté les prescriptions légales relativement aux avis à donner, peut, s'il le juge convenable, préparer un projet de certificat indiquant, savoir :

Dans le premier cas, que les Compagnies nommées dans le certificat, sont autorisées à s'entendre sur tout ou partie des points indiqués;

Dans le second cas, que le délai de revente des terrains inutiles est prorogé jusqu'à telle date spécifiée;

Dans le troisième cas, que la Compagnie est autorisée à réaliser un capital s'élevant à la somme fixée, au moyen d'une émission de nouvelles actions, de nouveaux consolidés ordinaires ou privilégiés, ou partie ordinaires et partie privilégiés, ou partie de cette façon et partie par emprunt hypothécaire au choix de la Compagnie, ou dans les termes indiqués par le certificat, et avec autorisation d'émettre des obligations consolidées.

Art. 10.

Le *Board of Trade* peut, dans les conditions de la présente loi, et en ayant égard aux termes de l'acte de concession, introduire dans le certificat, les dispositions qui lui semblent nécessaires ou convenables pour atteindre le but poursuivi, et toutes ces dispositions feront partie intégrante du dit certificat.

Art. 11.

Le certificat peut être rédigé conformément à la formule annexée au présent acte, avec les additions nécessaires.

PRÉSENTATION DU PROJET DE CERTIFICAT AU PARLEMENT.

Art. 12.

Le *Board of Trade* déposera, dans les sept jours, le projet de certificat, sur la table des deux Chambres du Parlement. Si le Parlement n'est pas assemblé, le dépôt aura lieu dans les 7 jours qui suivront sa réunion, mais, en aucun cas, il ne pourra être fait plus tard que le 1er juin.

Art. 13.

Le projet de certificat étant arrêté, les promoteurs en donneront avis public conformément à la loi.

Art. 14.

Si, dans le délai de six semaines qui suivra le dépôt sur sa table, l'une ou l'autre Chambre du Parlement décide que le certificat ne doit pas être rendu définitif, il ne sera pas donné suite au projet.

ÉMISSION ET PUBLICATION DU CERTIFICAT.

Art. 15.

Si, dans le délai indiqué à l'article précédent, aucune des Chambres du Parlement n'adopte une résolution contraire au projet, le *Board of Trade* pourra, à l'expiration de ce délai, délivrer un certificat conforme à ce projet.

Art. 16.

Tout certificat sera publié dans la gazette de Londres, d'Édimbourg ou de Dublin, suivant que le siége de la compagnie est en Angleterre, en Écosse ou en Irlande.

Lorsqu'il accorde des pouvoirs à deux ou plusieurs compagnies, la publication aura lieu dans deux de ces gazettes ou dans les trois, si les siéges de ces compagnies sont situés dans diverses parties du Royaume.

EFFETS DU CERTIFICAT.

Art. 17.

A partir de la date indiquée, ou, s'il n'y a pas d'indication, à partir de sa publication, le certificat aura la même force, la même valeur et les mêmes effets à tous égards que si ses dispositions étaient insérées dans un acte même du Parlement....

Art. 18.

Règle de procédure.

Art. 19.

Les termes du certificat auront la même signification que ceux du présent acte.

Art. 20.

Le certificat incorporera, dans le premier cas, la 3e partie du *Railway clauses act* de 1863, et, dans le troisième cas, les *Companies clauses acts.*

Art. 21.

Dans le premier cas, pendant toute la durée du traité pour l'exploitation commune de deux chemins de fer, le calcul des tarifs et droits pour les courtes distances sera calculé comme si les deux chemins n'en faisaient qu'un.

Art. 22.

La compagnie ne pourra émettre, en vertu du certificat, aucune action, et aucune action émise n'appartiendra au souscripteur, avant qu'une somme équivalente au cinquième de la valeur de l'action soit versée.

Art. 23.

Dans le troisième cas ci-dessus mentionné, la compagnie incorporée en vertu d'un acte spécial ou d'un certificat, sera soumise aux dispositions suivantes :

1° Elle ne pourra faire usage du droit d'emprunter, en vertu du certificat, avant que le capital autorisé par ledit certificat soit intégralement souscrit, et que les titres soient libérés de moitié, et avant d'avoir prouvé au magistrat chargé de délivrer le certificat, que toutes les actions sont souscrites, qu'un cinquième de leur valeur a été versé comme à-compte au moment de la souscription, et que toutes sont possédées par des actionnaires de bonne foi, et légalement responsables, ainsi que leurs héritiers, de l'intégralité des sommes non versées.

2° Le montant total des emprunts ne pourra dépasser le tiers du capital supplémentaire autorisé par le certificat.

3° Elle ne pourra payer un dividende aux actionnaires au moyen de l'argent ainsi emprunté, non plus que sur le produit des versements effectués sur les actions (mais cette disposition ne fera pas obstacle à ce qu'elle paye à un actionnaire les intérêts des fonds par lui versés au delà de ceux appelés).

4° Elle ne pourra, au moyen de ces fonds, ni payer, ni déposer une somme quelconque comme cautionnement pour des demandes en concession ou autres, adressées au Parlement ou au *Board of Trade.*

5° Elle devra employer l'intégralité de ces fonds aux seuls objets autorisés par le certificat.

DISPOSITIONS DIVERSES.

Art. 24.

La présente loi n'oblige, en aucun cas, le *Board of Trade* à préparer un projet de certificat, s'il juge pour quelque motif, qu'il n'y a pas lieu d'accueillir la demande.

Art. 25.

Aucune disposition du certificat ne pourra soustraire les compagnies aux lois générales sur les chemins de fer ou sur la comptabilité des compagnies, votées antérieurement ou postérieurement, non plus qu'au droit du Parlement de réviser ou de modifier le maximum des tarifs.

Art. 26.

Un certificat peut être accordé conformément à la présente loi en même temps qu'à l'acte de 1864 dit : *Railway construction facilities*, et dans les formes qui peuvent varier suivant les nécessités de l'espèce.

Art. 27.

Dans tous les cas où les *standing orders* du Parlement exigent l'approbation des actionnaires pour certains bills, les certificats contenant des clauses identiques à celles de ces bills ne peuvent être accordés par le *Board of Trade* que si cette même approbation a été donnée.

Art. 28 à 32.

Clauses de forme ou de procédure.

Art. 33.

Abrogé par l'acte 33 *et* 34 *Victoria, chap.* XIX.

Art. 34 et 35.

Clauses de forme et de procédure.

Art. 36.

Le 1er Juillet au plus tard, le *Board of Trade* présentera aux deux Chambres du Parlement un rapport indiquant les demandes adressées et les dispositions prises durant l'année écoulée, en exécution du présent acte.

XLIX

RAILWAYS CONSTRUCTION FACILITIES ACT.

ROYAUME-UNI.

27 ET 28 VICTORIA, CHAP. CXXI.

29 juillet 1864.

ACTE POUR FACILITER, DANS CERTAINS CAS, L'OBTENTION DE POUVOIRS POUR LA CONSTRUCTION DES CHEMINS DE FER.

Art. 1er.

Cet article peut être cité sous le titre d'*acte de* 1864 *pour faciliter la construction des chemins de fer.*

Art. 2.

Interprétation des termes.

ACHATS DE TERRAINS.

Art. 3.

Lorsque les promoteurs d'un chemin de fer voudront faire usage des dispositions du présent acte pour obtenir l'autorisation de construire ledit chemin, ils auront, eux et tous les propriétaires (ou ayants droit) des terrains nécessaires, tous pouvoirs d'acheter et de vendre lesdits terrains, comme si l'entreprise était autorisée par une loi, conformément aux dispositions des lois sur l'expropriation. Ces pouvoirs seront exercés par les promoteurs et parties, aussi complétement et de la même façon, à tous égards, que si ces promoteurs avaient obtenu un acte spécial incorporant la loi sur l'expropriation, et les autorisant à construire le chemin et à acheter les terrains, sous les restrictions suivantes, savoir :

1° Aucune des dispositions de la présente loi ne conférera aux promoteurs et parties, aucun des pouvoirs ou facultés contenues dans la loi sur l'expropriation, autres que ceux relatifs aux acquisitions à l'amiable, ni aucun des droits de pénétrer sur les terrains, ni de faire fixer le prix des terrains autrement qu'à l'amiable....

2° Toute partie incapable, ou n'ayant pas le pouvoir de vendre des terrains, autrement qu'en vertu de la loi sur l'expropriation, pourra passer un acte provisoire avec les promoteurs, mais n'aura pas capacité légale avant que le certificat, dont il sera ci-après parlé, du *Board of Trade*, soit accordé, pour mettre l'acte à exécution, et livrer les terrains....

3° Avant la délivrance de ce certificat, les promoteurs auront le pouvoir de signer des traités, mais non celui de posséder des terrains autrement que si la présente loi n'existait pas.

Art. 4 et 5.

Clauses spéciales pour les terres domaniales, etc.

DEMANDES DE CERTIFICATS.

Art. 6.

Lorsque les promoteurs auront passé des traités pour tous les terrains nécessaires à l'exécution des chemins de fer, et qu'ils désireront obtenir un certificat dans les conditions de la présente loi, ils procéderont comme suit :

1° Ils demanderont au *Board of Trade* un certificat.

2° Ils déposeront les cartes, plans, sections et livres de référence, avec un devis des dépenses de construction, et un projet du certificat tel qu'ils le demandent, en se conformant aux dispositions de la présente loi.

3° Ils donneront avis au public de la demande qu'ils ont formée.

Art. 7.

Aussitôt que possible après l'expiration du délai voulu pour les dépôts de pièces, et les publications de l'avis, le *Board of Trade* fera une enquête, de la façon et dans les formes qu'il jugera convenables, pour s'assurer que les traités sont passés, et les formalités légales remplies.

Art. 8.

Avant d'arrêter les termes du certificat provisoire, le *Board of Trade* examinera les oppositions qui ont pu lui être signifiées, et fera une enquête sur leur mérite.

Art. 9 et 10.

Abrogés par l'acte 33 *et* 34 *Victoria*, ch. XIX.

PROJET DE CERTIFICAT.

Art. 11.

Lorsque le *Board of Trade* donne suite à la demande, après s'être assuré que les traités relatifs aux terrains ont été faits, et que les promoteurs se sont conformés à toutes les règles relatives aux dépôts et avis, il peut, s'il le juge bon, préparer un projet de certificat, constatant que la Compagnie, ou les personnes désignées, sont autorisées à construire le chemin de fer indiqué.

Art. 12.

Le *Board of Trade* peut insérer dans le projet de certificat, les clauses qu'il juge nécessaires ou utiles, suivant les cas et qui font alors partie du certificat lui-même.

Art. 13.

Le certificat peut être conforme au modèle ci-annexé, avec les additions indiquées.

PRÉSENTATION AU PARLEMENT DU PROJET DE CERTIFICAT.

Art. 14.

Le *Board of Trade* déposera sur la table des deux Chambres du Parlement, le projet de certificat qu'il a arrêté, dans le délai de 7 jours, si le Parlement est assemblé, ou dans les 7 jours qui suivent l'ouverture de la session, mais jamais plus tard que le 1er juin.

Art. 15.

Les promoteurs publieront des avis pour faire connaître la présentation du projet de certificat, conformément à la présente loi.

Art. 16.

Si, dans les six semaines qui suivent sa présentation, l'une des Chambres du Parlement décide qu'il n'y a pas lieu de faire le certificat, il n'est pas donné suite au projet, et, dans ce cas, tous les traités relatifs à l'acquisition des terrains cessent de lier les parties.

ÉMISSION, PUBLICATION, ET EFFETS DU CERTIFICAT.

Art. 17.

Si, dans le délai indiqué à l'article précédent, aucune des Chambres du Parlement ne décide que le certificat ne doit pas être fait, alors, les six semaines étant expirées, le *Board of Trade* peut faire et signer le certificat dans les termes du projet.

Art. 18.

Ce certificat sera publié respectivement dans la Gazette de Londres, d'Édimbourg ou de Dublin, suivant que le chemin doit être entièrement situé, soit en Angleterre, soit en Écosse, soit en Irlande, et à la fois dans les gazettes de Londres et d'Édimbourg, s'il doit être situé partie en Angleterre et partie en Écosse.

Art. 19.

A partir de l'époque indiquée par le certificat, ou, si aucune époque n'y est indiquée, à partir de sa publication, le certificat aura la même valeur et le même effet, et sera aussi valide et efficace à tous égards que si ses dispositions avaient été expressément édictées par le Parlement, et sa validité ne pourra être contestée, sous prétexte d'un vice de forme, devant une Cour de justice.

Art. 20.

Clause de procédure.

Art. 21.

Les termes du certificat auront la même signification que ceux du présent acte.

DURÉE DES POUVOIRS CONFÉRÉS PAR LE CERTIFICAT.

Art. 22.

Si la Compagnie ou les personnes autorisées par le certificat à construire un chemin de fer, ne l'achèvent pas, et ne le livrent pas au trafic dans les cinq ans, à partir du jour où le certificat est en vigueur, ou dans un délai plus court, tous les pouvoirs et autorisations donnés par le certificat cesseront de plein droit, à l'expiration de ce délai, sauf en ce qui concerne la partie du chemin qui serait achevée.

TERRAINS.

Art. 23.

La loi de 1845 sur l'Expropriation sera incorporée avec le certificat, sauf les exceptions indiquées par le certificat, et sauf les clauses suivantes :

1° Celles qui autorisent à acquérir des terrains autrement qu'à l'amiable ;

2° Celles qui autorisent les promoteurs de l'entreprise à pénétrer sur les terrains ;

3° Celles qui sont relatives à la fixation de l'indemnité ou compensation, etc., autrement qu'à l'amiable....

INCORPORATION DE LA COMPAGNIE.

Art. 24.

Lorsque les promoteurs ne sont pas constitués en compagnie incorporée par un acte spécial, ou par un certificat antérieur, et que leur nombre est de sept au moins, le certificat les incorporera en association.

Art. 25.

Lorsque les promoteurs ne sont pas constitués en Compagnie incorporée par un acte spécial ou par un certificat antérieur, et que leur nombre est inférieur à sept, le certificat peut les incorporer, s'ils le désirent.

Art. 26.

Tout certificat qui incorpore une Compagnie, devra contenir les dispositions nécessaires à cet effet, avec les formes nécessaires pour constituer une personne civile, avec nom spécial, succession perpétuelle, sceau commun, pouvoir d'acheter, posséder et disposer de terres et autres propriétés, dans le but et les conditions prévues par le certificat, qui pourra également donner à la Compagnie le droit d'emprunter sur hypothèque et autres pouvoirs.

Art. 27.

Dans le cas ci-dessus prévu, l'acte sur les Compagnies sera incorporé avec le certificat.

Art. 28.

La Compagnie ne pourra émettre, en vertu de l'autorisation donnée par le certificat, aucune action, et nul ne sera légitime propriétaire d'une action émise, avant que le cinquième au moins de sa valeur nominale ait été versé.

Art. 29.

Toute Compagnie incorporée par un acte spécial ou par un certificat, sera soumise aux règles suivantes, en ce qui concerne les emprunts autorisés par un certificat :

1° Elle ne pourra emprunter aucune somme avant que la totalité du capital émis en vertu du certificat soit souscrite, et la moitié versée, et que la Compagnie ait prouvé au juge.... chargé d'attester le fait, qu'un cinquième au moins de chaque action a été versé à titre d'à-compte antérieurement à l'émission, que la souscription a été faite de bonne foi et que les valeurs sont entre les mains de personnes responsables, ainsi que leurs héritiers, du payement intégral des sommes non versées.

2° Elle ne pourra emprunter une somme plus considérable en totalité que le tiers du capital autorisé par le certificat.

3° Elle ne pourra payer, sur les fonds réalisés en vertu du certificat, par appels de fonds ou emprunts, un dividende aux actions créées en vertu du certificat ou autrement (sauf pour les sommes versées au delà des appels, conformément à la loi sur les Compagnies).

4° Elle ne pourra, au moyen de ces fonds, effectuer aucun des payement ou dépôts exigés dans le cas où elle s'adresserait au Parlement ou au *Board of Trade* pour obtenir un bill privé, ou un certificat.

5° Elle devra employer intégralement les fonds réalisés aux objets que le certificat l'autorisera à payer sur ces fonds.

Art. 30.

Les traités relatifs à l'acquisition des terrains nécessaires pour la construction du chemin de fer par les promoteurs de l'entreprise, obligeront la Compagnie une fois constituée, comme s'ils avaient été passés par elle antérieurement à sa constitution.

CONSTRUCTION DU CHEMIN DE FER.

Art. 31.

La loi sur les clauses relatives aux chemins de fer (*Railway clauses act*) sera incorporée avec le certificat, qui sera considéré comme l'acte de concession, sauf les exceptions indiquées par ledit certificat, et les clauses suivantes :

1° Celles sur la construction et les travaux, qui sont relatives à la correction des erreurs ou omissions dans les plans et sections.

2° Celles relatives à l'occupation temporaire des terrains adjacents au chemin de fer pendant la construction,

3° Celles relatives au pouvoir de louer les chemins de fer.

Le certificat impliquera les conditions suivantes :

1° Aucune de ses clauses ne permettra de prendre ou d'employer des terrains pour une déviation ou tout autre objet, autrement qu'à l'amiable.

2° Toute disposition relative à la ligne indiquée par les plans de section approuvés par le Parlement, s'appliquera à la ligne indiquée par la section approuvée par le *Board of Trade.*

Art. 32.

Lorsque les promoteurs désirent faire un changement au plan ou à la section, ils peuvent l'exécuter avec l'autorisation du *Board of Trade*, mais cette administration ne délivrera de certificat à cet effet qu'après s'être assurée que toutes les parties intéressées consentent au changement en ce qui concerne ceux de leurs terrains que le changement doit affecter.

Art. 33.

Abrogé par l'acte 33 *et* 34. *Victoria, chapitre* XIX.

DISPOSITIONS POUR ASSURER L'EXÉCUTION DU CHEMIN DE FER.

Art. 34.

Avant de délivrer le certificat, le *Board of Trade* exigera que les promoteurs, s'ils ne possèdent pas déjà un chemin de fer en exploitation, déposent, dans le délai indiqué, un cautionnement égal à 8 pour 100 au moins du devis des dépenses de construction....

Art. 35 à 39.

Règles de procédure relatives à ces cautionnements (forme du dépôt, etc.).

Art. 40.

La cour qui a reçu le cautionnement en ordonnera le remboursement dans les cas suivants :

1° Si, dans le délai prescrit (et, s'il n'y a pas de délai fixé, dans les cinq ans du dépôt), la Compagnie ou les promoteurs achèvent le chemin de fer et le livrent à la circulation ;

2° Si, dans le même délai, la Compagnie prouve au *Board of Trade* que la moitié du capital autorisé par le certificat est versé, et qu'une somme égale a été dépensée dans l'entreprise;

3° Si, à une époque quelconque, les promoteurs remettent au *solicitor* de la Trésorerie de Sa Majesté, un bon, avec les garanties acceptées par ledit *solicitor*, égal au double de la somme qui aurait dû être déposée, pour assurer le payement à Sa Majesté, à ses héritiers ou successeurs, d'une somme égale au montant du dépôt légal, dans le cas où les promoteurs n'achèvent pas ou ne livrent pas à l'exploitation, dans le délai voulu, le chemin autorisé, ou s'ils ne fournissent pas les justifications exigées quant à leur capital ou à leurs dépenses.

Art. 41.

Si la Compagnie ou les promoteurs n'ont pas fait dans le délai fixé (et, si aucun délai n'est fixé, dans les cinq ans qui suivent l'émission du certificat,) l'une ou l'autre des choses suivantes :

1° Achever le chemin de fer et le livrer à l'exploitation;

2° Donner, si c'est une Compagnie, la preuve dont il a été parlé plus haut, relativement au capital et aux dépenses;

3° Exécuter et donner le bon indiqué ci-dessus.

Alors, et dans chacun de ces cas, à l'expiration du délai fixé, le cautionnement sera confisqué au profit de Sa Majesté, et sera remis ou transféré au compte de l'échiquier de Sa Majesté de la façon indiquée par la Cour qui a reçu le dépôt sur la demande du *solicitor* de la Trésorerie, et les parties dûment averties. Cet argent ainsi transféré sera considéré comme faisant partie du fonds consolidé du Royaume-Uni.

Art. 42.

Lorsqu'il a été remis un bon, comme il a été dit, le

montant en sera versé à l'échiquier de Sa Majesté, et porté au fonds consolidé, dont il fera partie.

Art. 43.

Les déposants auront le droit de recevoir les intérêts et dividendes des fonds de cautionnement qu'ils ont déposés, et la Cour qui a reçu le dépôt pourra rendre les ordonnances qu'elle jugera convenables à cet égard.

Art. 44.

Le certificat du *Board of Trade*, constatant que l'administration a reçu les justifications suffisantes, relativement au capital et aux dépenses d'une Compagnie, et le certificat du *solicitor* de la trésorerie, qu'un bon a été préparé, exécuté et remis à sa satisfaction, formeront une preuve suffisante.

Art. 45 à 47.

Règles de procédure relatives au dépôt des cautionnements.

Art. 48.

Lorsqu'une Compagnie, déjà propriétaire d'un chemin en exploitation, n'achève pas et ne livre pas à l'exploitation un chemin qui lui a été concédé par un certificat, dans le délai prescrit, ou, si aucun délai n'est fixé, dans les cinq ans de la délivrance du certificat, elle sera passible d'une amende de 505 à 1262 francs pour chacun des jours de retard, à moins qu'elle puisse produire un certificat du *Board of Trade* constatant qu'elle n'a pu achever le chemin de fer, ou l'ouvrir, à cause d'un accident imprévu ou de circonstances indépendantes de sa volonté; mais le manque de fonds ne sera jamais un cas d'excuse.

DROITS ET TARIFS.

Art. 49.

Les propriétaires du chemin de fer peuvent demander et prendre les tarifs et droits spécifiés par le tableau annexé au présent acte....

Art. 50.

Néanmoins, le *Board of Trade* peut, dans le certificat qu'il délivre, modifier tout ou partie des tarifs, droits et règlements annexés au présent acte, si cela lui semble nécessaire ou équitable.

APPLICATION DES ACTES GÉNÉRAUX SUR LES CHEMINS DE FER.

Art. 51.

Les dispositions indiquées dans l'annexe du présent acte, et les dispositions qui les amendent, perpétuent ou affectent, et qui sont actuellement en vigueur, s'étendront et seront applicables, suivant les cas, au chemin de fer et à la Compagnie, ou aux personnes autorisées par le certificat à construire ledit chemin de fer, et auront le même effet que si elles étaient expressément répétées et prescrites dans la présente loi[1].

DISPOSITIONS DIVERSES.

Art. 52.

Aucune des dispositions de la présente loi n'impose au *Board of Trade* l'obligation de préparer un projet de certificat, lorsqu'il estime, pour une raison quelconque,

1. Le texte porte ici : *Sauf les modifications suivantes, savoir :* Suivent dix paragraphes d'interprétations de termes, ou autres clauses de forme n'ayant aucune importance.

qu'il n'y a pas lieu de donner suite à la demande. Dans le cas où le *Board of Trade* refuse le certificat, tous les traités pour l'achat ou l'expropriation des terrains nécessaires à l'exécution du travail cesseront d'obliger les parties.

Art. 53.

Aucune clause du certificat ne pourra exempter la Compagnie, le chemin de fer ou les personnes auxquelles il appartient, des dispositions des actes du Parlement relatives aux chemins de fer ou à la comptabilité des Compagnies, votées antérieurement ou postérieurement à l'émission du certificat, ou de toute révision ou modification ordonnées par le Parlement, du maximum des tarifs autorisés par le certificat.

Art. 54.

Toutes les dispositions du présent acte, relatives à la construction d'un chemin de fer, seront étendues et applicables, *mutatis mutandis*, à la construction de tout ouvrage annexe d'un chemin de fer.

Art. 55.

Le *Board of Trade* peut, lorsqu'il est saisi de deux ou plusieurs demandes, délivrer, conformément aux dispositions du présent acte, un certificat donnant pouvoir à deux ou plusieurs Compagnies de faire ou d'exécuter en commun tout ou partie d'un ouvrage, et de s'en servir en commun....

Art. 56.

Lorsque le certificat est obtenu par une Compagnie déjà existante et incorporée par un acte spécial ou par un certificat, la Compagnie peut être autorisée à réaliser, comme capital additionnel, la somme indiquée, au moyen d'émission de nouvelles actions ou consolidés ordinaires ou privilégiés, ou partie ordinaire et partie privilégiés, ou partie au moyen d'emprunts hypothécaires, soit au choix de la Compagnie, soit de la façon prescrite par le certificat, et avec pouvoir d'émettre des obligations consolidées.

En pareil cas, le *Companies clauses act* sera incorporé avec le certificat, et les restrictions imposées par la présente loi à toute compagnie incorporée par certificat, relativement à l'exercice du droit d'emprunter et à l'emploi des fonds réalisés par appel de versements ou par emprunts, s'appliqueront à ladite Compagnie pour le capital additionnel.

Art. 57.

Lorsque le certificat est accordé à une Compagnie existante, incorporée en vertu d'un acte spécial ou d'un certificat, le *Board of Trade* ne pourra arrêter le projet de certificat qu'après s'être assuré du consentement des membres de la Compagnie, donné dans les formes prescrites, en pareil cas, par les *Standing orders* du Parlement.

Art. 58.

Conformément aux restrictions et dispositions de la présente loi, le *Board of Trade* peut, sur la demande de la Compagnie ou des personnes qui ont obtenu le certificat, amender, étendre ou modifier, ou révoquer l'ancien certificat par un certificat nouveau.

Art. 59 à 64.

Dispositions de procédure et clauses de forme.

Art. 65.

Le 1er juillet de chaque année, au plus tard, le *Board of Trade* présentera aux chambres du Parlement un rapport faisant connaître ce qui a été fait, pendant l'année écoulée, en vertu de la présente loi.

L

IRLANDE.

28 VICTORIA, CHAP. XXI.

9 mai 1865.

ACTE POUR AMENDER LA LOI D'IRLANDE SUR LA BANQUEROUTE ET LA DÉCONFITURE.

Cette loi déclare que, à l'avenir, aucune Compagnie de chemin de fer incorporée par un acte du Parlement ne pourra être mise en banqueroute.

LI

GRANDE-BRETAGNE

29 VICTORIA, CHAP. XXVIII.

18 mai 1866.

ACTE POUR PERMETTRE AUX COMMISSAIRES DES PRÊTS POUR TRAVAUX PUBLICS, DE FAIRE DES AVANCES POUR LA CONSTRUCTION DE MAISONS POUR LA CLASSE OUVRIÈRE.

L'article 4 permet auxdits commissaires de consentir des prêts, dans le but indiqué, aux Compagnies de chemins de fer.

Art. 8.

Toute Compagnie de chemin de fer, de docks ou de port, ou autre Compagnie.... employant des personnes de la classe ouvrière, peut et est autorisée par les présentes (nonobstant tout acte du Parlement, charte, décision judiciaire, etc., contraires) à bâtir sur son terrain ou sur un autre terrain (qu'elle est par les présentes autorisée à acquérir et à posséder dans ce but et à payer sur les fonds sociaux) des maisons ouvrières pour le logement de tout ou partie des ouvriers qu'elle emploie, et peut, à cet effet, emprunter et jouir des autres priviléges conférés par la présente loi.

LII

IRLANDE.

29 ET 30 VICTORIA, CHAP. XLIV.

28 juin 1866.

ACTE POUR ENCOURAGER L'ÉTABLISSEMENT DE LOGEMENTS POUR LES CLASSES OUVRIÈRES EN IRLANDE.

Cette loi a le même but que la précédente, et confère aux compagnies irlandaises des priviléges à peu près identiques à ceux des compagnies d'Angleterre et d'Écosse.

LIII

ROYAUME-UNI.

29 ET 30 VICTORIA, CHAP. LXIX.

6 août 1866.

ACTE POUR AMENDER LA LOI RELATIVE AU TRANSPORT ET AU DÉPÔT DES MARCHANDISES DANGEREUSES.

La loi déclare que la nitro-glycérine est considérée comme une marchandise dangereuse, et que la Reine peut, à toute époque, déclarer par un ordre en conseil, que toute autre marchandise est également dangereuse.

Aucun objet compris sous cette désignation ne peut être remis à un voiturier ou placé dansun dépôt, sans porter extérieurement l'indication du contenu, avec les mots : SPÉCIALEMENT DANGEREUX, *très-distincts, et aucun voiturier, ni par conséquent aucun chemin de fer n'est tenu de le transporter.*

LIV

IRLANDE.

29 ET 30 VICTORIA, CHAP. XCV.

10 août 1866.

ACTE POUR PERMETTRE AUX COMMISSAIRES DES PRÊTS POUR TRAVAUX PUBLICS, DE CONSENTIR DES AVANCES TEMPORAIRES AUX COMPAGNIES DE CHEMINS DE FER.

Cette loi met à la disposition des commissaires des prêts pour les travaux publics, une somme ne pouvant excéder 12625000 fr. destinée à faire aux compagnies des chemins de fer d'Irlande des avances remboursables au bout d'une année, avec des intérêts qui ne peuvent descendre au-dessous de 4 pour cent.

Plusieurs lois postérieures ont autorisé à étendre d'une année chaque fois, le délai fixé pour le remboursement de certains prêts.

LV

RAILWAY COMPANIES SECURITIES ACT. 1866.

ROYAUME-UNI.

29 ET 30 VICTORIA, CHAP. CVIII.

10 août 1866.

ACTE POUR AMENDER LA LOI RELATIVE AUX ÉMISSIONS DE TITRES PAR LES COMPAGNIES DE CHEMINS DE FER.

Art. 1er.

Cette loi peut être citée sous le titre d'*acte de* 1866 *sur les compagnies de chemins de fer.*

Art. 2.

Interprétation des termes.

Art. 3.

A partir du 15 janvier 1867 au plus tard, toute compagnie de chemin de fer devra enregistrer et garder enregistrés au bureau de l'archiviste des compagnies par actions, en Angleterre, le nom de son secrétaire, trésorier, comptable, ou caissier en chef actuellement autorisé à signer les documents exigés par la présente loi, ou, si elle le préfère, le nom de deux ou plusieurs agents ainsi autorisés....

Art. 4.

Dans cette loi, les semestres seront censés finir le

30 juin et le 31 décembre.... mais le *Board of Trade* peut fixer d'autres dates, à la demande du secrétaire de la compagnie.

Art. 5.

Dans les 14 jours qui suivront la fin de chaque semestre, toute compagnie de chemin de fer établira un état du montant du capital des emprunts autorisés et réalisés, conformément à la formule annexée au présent acte.

Art. 6.

Le *Board of Trade* peut, de temps à autre, prescrire par un avis inséré dans les gazettes de Londres, d'Édimbourg et de Dublin la forme dans laquelle ces comptes seront établis.

Art. 7.

Le compte semestriel ci-dessus prescrit de chaque compagnie pourra, à tout moment raisonnable, être examiné gratuitement par tout actionnaire, porteur de consolidés, de titres hypothécaires ou d'obligations consolidées ou par toute personne ayant un intérêt dans ces titres.

Art. 8.

Dans les 21 jours qui suivront la fin de chaque semestre, toute compagnie de chemin de fer devra remettre à l'archiviste des compagnies par actions, en Angleterre, un exemplaire certifié véritable, signé et enregistré par l'agent de la compagnie, du compte semestriel du capital des emprunts.

Art. 9.

Toute compagnie peut également, si elle le trouve bon, déposer un exemplaire du même document entre les mains de l'archiviste des compagnies par actions pour l'Écosse et de l'archiviste-adjoint pour l'Irlande.

Art. 10.

Aucune compagnie de chemin de fer ne pourra, à aucune époque, emprunter une somme garantie sur hypothèque, ou émettre une obligation consolidée, en vertu d'un acte de la session actuelle ou voté postérieurement à la clôture des comptes du dernier semestre auquel s'appliquent les derniers comptes semestriels enregistrés, sans avoir préalablement remis à l'archiviste des sociétés par actions, en Angleterre, un état certifié véritable et signé par l'agent enregistré de la compagnie.

Le *Board of Trade* pourra régler les formes de cet état, au moyen d'avis insérés dans les gazettes de Londres, d'Édimbourg et de Dublin....

Art. 11.

Si, à une époque quelconque, la compagnie manque d'enregistrer et de faire enregistrer, comme il a été dit, le nom de son secrétaire, trésorier, comptable, ou caissier en chef, ou de déposer au bureau de l'archiviste des sociétés par actions en Angleterre, aux époques prescrites par la présente loi, l'exemplaire de l'état semestriel du capital des emprunts, ou si elle emprunte une somme quelconque sur hypothèque, ou si elle émet des obligations consolidées, sans avoir préalablement déposé entre les mains de l'archiviste indiqué, l'état exigé par la loi, à l'époque prescrite, alors, et, dans chaque cas, elle sera coupable de contravention au présent acte, et passible, dans chaque cas, d'une amende de 505 fr. qui sera prononcée sommairement, et augmentée de 126 fr. pour chacun des jours pendant lesquels se continuera la contravention après le jugement.

Art. 12.

Toute personne peut examiner les documents remis aux archivistes, en vertu de la présente loi, moyennant le payement d'un droit de 1 fr. 25 c. par compagnie, et demander copie totale ou partielle certifiée exacte par l'archiviste, de ces documents, moyennant la somme de 60 c. par copie, plus 60 c. pour chaque 200 mots ou fraction de 200 mots copiée.

Art. 13.

Toute compagnie de chemin de fer, en faisant enregistrer le nom ou les noms de ses agents ou de son agent, ou en déposant le compte ou l'état prescrit par cette loi, payera le droit indiqué par l'acte de 1862 sur les compagnies.

Art. 14.

Sur chaque titre hypothécaire émis postérieurement au 21 janvier 1867, en représentation des emprunts contractés par la compagnie, et sur tout certificat d'obligation consolidée, sera ajoutée par voie d'endossement ou autrement la déclaration indiquée par l'appendice joint au présent acte ou autre semblable, suivant le cas [1].

Cette déclaration sera signée par deux administrateurs de la compagnie, spécialement autorisés à cet effet, et chargés par le Conseil d'administration de signer ces titres, et par l'agent enregistré.

Art. 15.

Si, à l'expiration du délai fixé par la présente loi, une compagnie de chemin de fer émet un titre hypothécaire ou certificat, sans y ajouter la déclaration placée et si-

1. Voici la formule légale annexée à l'acte :

« Nous soussignés étant deux administrateurs de la compagnie spécialement autorisés et nommés à cet effet, et moi soussigné agent enregistré de la Compagnie, déclare par les présentes (chacun faisant la déclaration en son nom) que le titre ci-contre est émis dans la limite du pouvoir qu'a la Compagnie d'emprunter, enregistré le.... 18.., et n'excède pas la somme restant à emprunter en vertu d'autorisations légales. »

gnée comme il a été dit, elle sera coupable de contravention à cette loi, et passible dans chaque cas d'une amende de 505 fr. au maximum, qui sera recouvrée par voie sommaire. L'administrateur ou agent de la compagnie qui autorisera sciemment ou laissera émettre ce titre non accompagné de la déclaration prescrite sera coupable d'une contravention aux dispositions du présent acte.

Art. 16.

Tout administrateur ou agent enregistré d'une compagnie, qui signera une déclaration, compte ou état exigé par la présente loi, sachant que cette pièce est fausse sous un rapport quelconque, sera coupable de contravention à cette loi.

Art. 17.

Tout administrateur ou agent d'une compagnie, coupable d'une contravention à la présente loi, est passible de l'amende ou de la prison, en jugement criminel, ou d'une amende n'excédant pas 252 fr. en jugement sommaire.

Art. 18.

Aucune des dispositions de la présente loi, et aucune des déclarations ou des comptes exigés par elle, n'affectera, dans une action judiciaire, aucune question relative à un emprunt, engagement, responsabilité, hypothèque, ou obligation consolidée, qui s'élèverait entre la compagnie et un tiers.

Art. 19.

Aucun compte, état ou déclaration exigés par la présente loi, ne sera admissible en justice en faveur d'une Compagnie de chemin de fer comme formant preuve des énonciations qu'il contient.

LVI

IRLANDE.

30 ET 31 VICTORIA, CHAP. CIV.

15 août 1867.

ACTE POUR AMENDER ET ÉTENDRE AUX CHEMINS DE FER D'IRLANDE, LES DISPOSITIONS DE L'ACTE 7 ET 8 VICTORIA, CH. LXXXV.

Le but de cette loi, qui n'a que deux articles, est de permettre aux commissaires de la trésorerie de forcer les compagnies des chemins de fer d'Irlande à leur adresser des comptes détaillés de leurs recettes et dépenses, et de faire inspecter ces comptes, ainsi que les livres et papiers de ces compagnies.

LVII

ÉCOSSE.

30 ET 31 VICTORIA, CHAP. CXXVI.

20 août 1867.

ACTE POUR AMENDER LA LOI SUR LES COMPAGNIES DE CHEMINS DE FER D'ÉCOSSE.

Cet acte traite de diverses questions de procédure légale. Il édicte, pour les chemins écossais, certaines dispositions que d'autres lois ont rendues applicables en Angleterre relativement aux emprunts, et modifie, sur quelques points de détail, l'acte 13 *et* 14 *Victoria, chap.* XXXIII, *sur l'abandon des chemins de fer. La plupart de ses articles ne sont qu'une reproduction plus ou moins textuelle de l'acte ci-après cité* (30 et 31 Victoria, chap. CXXVII).

LVIII

RAILWAY COMPANIES ACT. 1867.

ANGLETERRE ET IRLANDE.

30 ET 31 VICTORIA, CHAP. CXXVII.

20 août 1867.

ACTE POUR AMENDER LA LOI SUR LES COMPAGNIES DE CHEMINS DE FER.

Art. 1er.

Cet acte peut être cité sous le nom d'*acte de* 1867 *sur les Compagnies de chemins de fer*.

Art. 2.

A moins qu'il en soit expressément disposé autrement, le présent acte ne s'appliquera pas à l'Écosse.

Art. 3.

Interprétation des termes.

PROTECTION DU MATÉRIEL ROULANT.

Art. 4.

Les machines, tenders, voitures, etc., etc., constituant le matériel roulant et fixe, employé ou fourni par une Compagnie pour le service de l'exploitation de son chemin de fer, des stations ou ateliers, ne pourront, lorsque le chemin de fer sera livré à l'exploitation publique, être saisis en vertu d'aucune procédure légale, à aucune époque à partir du vote de la présente loi[1] lorsque l'action est intentée à raison d'un fait, action ou traité postérieur à la présente loi, mais la personne qui a obtenu un jugement d'exécution peut obtenir la nomination d'un séquestre, et, s'il est nécessaire, d'un directeur de l'entreprise de la Compagnie, sur demande sommaire adressée à la cour de chancellerie d'Angleterre ou d'Irlande, suivant la situation de la Compagnie.

Toutes les sommes perçues par ledit séquestre ou administrateur, seront, après le prélèvement des frais d'exploitation, et les autres dépenses nécessaires de l'entreprise, employées et distribuées, conformément aux ordres de la Cour, au payement des dettes de la Compagnie ou autrement, suivant les droits respectifs des parties.

Lorsque les sommes dont le recouvrement a été autorisé par jugement sont couvertes, la Cour peut, si elle le juge bon, faire cesser les fonctions de cet administrateur ou séquestre.

Art. 5.

Dans tous les cas où les biens d'une Compagnie sont saisis, s'il s'élève une question sur le point de savoir si lesdits biens sont, ou non, susceptibles de saisie, ladite question sera jugée sur la demande de l'une des parties, par voie sommaire, devant la Cour qui a rendu le jugement d'exécution....

ARRANGEMENTS AVEC LES CRÉANCIERS.

Art. 6.

Lorsqu'une Compagnie ne peut faire face à ses engagements vis à vis de ses créanciers, les administrateurs

1. *Le texte portait : jusqu'au* 1er *septembre* 1868; *cette date a été supprimée, et l'effet de l'acte prorogé par l'acte.* 31 *et* 32 *Victoria, ch.* 79, *puis par l'acte.* 37 *et* 38 *Victoria, ch.* LXXVI.

peuvent préparer un projet d'arrangement entre la Compagnie et ses créanciers, et le déposer à la Cour de chancellerie avec une déclaration écrite revêtue du sceau commun de la Compagnie, indiquant que la Compagnie ne peut tenir ses engagements vis-à-vis de ses créanciers, et une affirmation sous serment de la sincérité de cette déclaration faite par le président du Conseil d'administration, et par les autres administrateurs ou par la majorité d'entre eux, au mieux de leur jugement et opinion.

Art. 7.

Ce dépôt fait, la Cour peut, sur la demande de la Compagnie, en cas d'assignation, suspendre sommairement toute action, dans les conditions qu'elle fixe.

Art. 8.

Un avis officiel du dépôt du bilan sera publié dans la Gazette.

Art. 9.

Après cette publication, aucune saisie ou mesure d'exécution contre les biens de la Compagnie, ne sera valable qu'en vertu d'un ordre de la Cour obtenu, par voie sommaire, sur assignation.

Art. 10.

Le projet d'arrangement sera censé accepté par les porteurs de titres hypothécaires émis en vertu de l'acte de concession, lorsqu'il sera accepté par écrit, par les propriétaires des trois quarts des titres.

Art. 11.

Lorsqu'une rente ou autre payement a été garanti sur les recettes de la Compagnie pour l'achat de l'entreprise d'une autre compagnie, le projet sera censé accepté par les ayants droit, lorsque ceux qui possèdent les trois quarts de la valeur totale auront donné, par écrit, leur consentement.

Art. 12.

Le projet sera considéré comme accepté par les porteurs d'actions privilégiées ou garanties de la Compagnie, lorsqu'il sera accepté par écrit dans lés conditions suivantes : s'il n'y a qu'une classe d'actionnaires privilégiés ou garantis, par les porteurs des trois quarts des titres, et s'il y a plusieurs classes, par les porteurs des trois quarts des titres de chaque classe.

Art. 13.

Le projet sera considéré comme accepté par les actionnaires ordinaires, lorsqu'il sera voté par une assemblée générale extraordinaire convoquée pour l'examiner.

Art. 14.

Lorsque la Compagnie est locataire d'un chemin de fer, le projet sera censé accepté par la Compagnie propriétaire, dans les conditions suivantes : Si les porteurs des trois quarts des titres hypothécaires, bons, ou obligations consolidées de la Compagnie propriétaire donnent par écrit leur consentement,.... etc. (*Les mêmes règles que celles ci-dessus posées pour les porteurs des autres valeurs.*)

Art. 15.

Néanmoins, le consentement d'aucune catégorie de créanciers hypothécaires,.... etc., ne sera nécessaire, si le projet n'affecte, en aucune façon, les droits de cette catégorie.

Art. 16.

Si, dans les trois mois du dépôt, ou dans un délai plus long, si la Cour l'a fixé, les administrateurs regardent le projet comme accepté dans les formes des articles précédents, ils peuvent s'adresser à la Cour, par voie de requête sommaire, pour obtenir la confirmation du projet.

Avis de cette requête sera donné dans la Gazette.

Art. 17.

Les administrateurs, créanciers, actionnaires et autres parties entendues, avec le consentement de la Cour, la Cour, après s'être assurée que le délai de trois mois (ou autre délai plus long, si elle a étendu ce terme) est écoulé, que l'approbation indiquée par la présente loi a été donnée, et qu'aucune objection sérieuse n'a été faite, pourra confirmer le projet.

Art. 18.

Le projet une fois confirmé, sera rendu exécutoire par la Cour, et sera opposable à tous, et à tous égards, et les dispositions pour ou contre la Compagnie et les intéressés consentants, auront le même effet que si le Parlement les avait votées.

Art. 19.

Avis de la confirmation et de la sentence d'exécution sera donné par la Gazette.

Art. 20 à 22.

Clauses de procédure.

CAPITAL DES EMPRUNTS.

Art. 23.

Tous les emprunts contractés ou à contracter par une Compagnie au moyen d'hypothèques, bons ou obligations consolidées, en vertu d'un acte d'autorisation, auront privilége contre la Compagnie et contre ses biens avant tous titres résultant de dettes ou d'engagements qui seront contractés postérieurement à la présente loi.

Ce privilége ne saurait cependant affecter les droits résultant de constitutions de rentes faites en vertu des lois de 1845 et de 1860 sur l'expropriation, ou de rentes ou sommes réservées ou payables à raison d'une location autorisée par une loi, et ayant privilége ou droit *pari passu* avec les intérêts des prêts hypothécaires, bons, ou obligations consolidées.

Aucune des dispositions précédentes n'affectera les droits résultant des expropriations ou occupations de terrains nécessaires pour la construction du chemin de fer, ou pour l'exercice des pouvoirs conférés à la Compagnie.

Art. 24.

Toute Compagnie peut créer et émettre des obligations consolidées, en se conformant aux dispositions de l'acte de 1863 sur les Compagnies.

La suite de l'article abroge une partie dudit acte de 1863 (26 *et* 27 *Victoria*, ch. CXVIII).

Art. 25.

Toutefois, les obligations consolidées, dont la création a été autorisée, mais qui n'ont pas été émises au moment du vote du présent acte, ne pourront être émises dans des conditions autres que celles qui étaient autorisées antérieurement, à moins d'une permission spéciale accordée dans les formes prescrites par l'art. 22 de l'acte de 1863 sur les Compagnies.

Art. 26.

L'argent emprunté par une compagnie pour le remboursement des bons ou emprunts hypothécaires légalement émis et effectivement employé à cet objet, sera considéré comme n'ayant pas été emprunté au delà des pouvoirs légaux de la Compagnie.

CAPITAL-ACTIONS.

Art. 27.

Abrogation partielle de l'art. 21 *de l'acte* 26 *et* 27 *Victoria*, ch. CXVIII.

Art. 28.

Toutes les actions faisant partie du capital original ou additionnel autorisé par un acte spécial antérieur à la présente loi, et non encore émises, pourront être émises conformément aux dispositions de l'acte de 1863 amendé par la présente loi.

Art. 29.

Pourvu toutefois que les actions dont la création a été autorisée, mais non encore émises, ne puissent être émises que dans les conditions auxquelles l'émission était autorisée avant la présente loi, à moins que la Compagnie n'obtienne une permission d'agir autrement, en vertu de l'acte de 1863, sur les Compagnies.

Art. 30.

Une Compagnie ne pourra déclarer aucun dividende, avant que les censeurs aient certifié que les comptes semestriels exposent complétement et sincèrement la situation de la Compagnie, que le dividende proposé est acquis *bona fide*, après payement, sur les recettes, de toutes les dépenses qui leur semblent devoir être imputées sur les revenus.

Dans le cas où les administrateurs et les censeurs ne sont pas du même avis au sujet du payement de ces dépenses, le dissentiment sera, si les administrateurs le désirent, indiqué dans le rapport aux actionnaires, et la question sera tranchée par la Compagnie en assemblée générale, conformément aux dispositions de la législation en vigueur. Cette décision sera définitive et obligatoire.

Si le dissentiment n'est pas indiqué, et tranché, comme il a été dit, la décision des censeurs sera définitive.

Les censeurs peuvent examiner les livres de la Compagnie, à tout moment raisonnable, demander des comptes plus exacts, avec les pièces à l'appui, justifications et renseignements qu'ils jugent utiles ; les administrateurs doivent les leur fournir autant qu'ils le peuvent, et les censeurs peuvent refuser de certifier l'exactitude des comptes, avant de les avoir obtenus.

Les censeurs peuvent ajouter à leur certificat, ou adresser aux actionnaires, aux frais de la Compagnie, un compte rendu de la situation financière présente et des prévisions sur l'avenir de la Compagnie, lorsqu'ils le jugent utile pour éclairer les actionnaires.

Art. 31.

Abrogé en partie par l'acte 32 *et* 33 *Victoria*. ch. CXIV. *Modification à l'art.* 35 *de l'acte* 13 *et* 14 *Victoria*, ch. LXXXIII, *sans aucune importance.*

Art. 32.

Lorsqu'il est prouvé au *Board of Trade*, par une Compagnie ayant obtenu du Parlement la concession d'un chemin de fer, antérieurement à la présente session, qu'aucune partie du capital actions n'a été souscrite, ou que la partie souscrite est inférieure aux trois cinquièmes, cette administration peut, si elle le trouve bon, agir conformément à l'acte 13 et 14 Victoria, ch. LXXXIII, amendé par la présente loi, sur la demande de tout administrateur nommé par l'acte de concession, ou autre intéressé....

Art. 33 à 37.

Dispositions de détail, et modifications légères à certaines lois antérieures.

LIX

COMPANIES ACT. 1867.

ROYAUME-UNI.

30 ET 31 VICTORIA, CHAP. CXXXI.

20 août 1867.

ACTE POUR AMENDER LA LOI DE 1862 SUR LES SOCIÉTÉS.

Art. 1er.

Cet acte peut être cité sous le titre d'acte de 1867 sur les Compagnies.

Art. 2 et 3.

Interprétation de termes et déclaration que la présente loi sera en vigueur le 1er *septembre* 1867.

RESPONSABILITÉ ILLIMITÉE DES ADMINISTRATEURS.

Art. 4.

Lorsqu'à l'avenir une Compagnie est formée sous la forme *limited*, en vertu de l'acte de 1862, la responsabilité des administrateurs ou directeurs de cette Compagnie ou de l'administrateur-directeur peut être illimitée si l'acte de société le décide.

Art. 5.

Les modifications suivantes sont introduites dans l'article 38 de l'acte de 1862, au sujet des contributions à réclamer, en cas de liquidation, de tout administrateur ou directeur dont la responsabilité est illimitée dans les termes de la présente loi :

1° Sous le bénéfice des dispositions ci-après, tout administrateur ou directeur ancien ou présent, outre sa responsabilité (s'il en a une) l'obligeant à contribuer comme tout actionnaire ordinaire, sera encore tenu de contribuer à la liquidation, comme s'il était actionnaire d'une société à responsabilité non limitée;

2° Aucune contribution exigée d'un ancien administrateur ou directeur qui a cessé de remplir ces fonctions plus d'un an avant le commencement de la liquidation, ne pourra excéder la somme à laquelle il est tenu en sa qualité d'actionnaire;

3° Aucune contribution exigée d'un ancien administrateur ou directeur au sujet d'une dette ou engagement de la Compagnie, contractés après qu'il a cessé ses fonctions, ne pourra excéder la somme (s'il y en a une) dont celui-ci est responsable en sa qualité d'actionnaire;

4° Sous le bénéfice des dispositions contenues dans les règlements de la Compagnie, aucune contribution exigée d'un administrateur ou directeur ne pourra excéder la somme (s'il y en a une) à laquelle celui-ci est tenu comme actionnaire ordinaire, à moins que la Compagnie ne juge nécessaire de réclamer cette contribution pour faire face aux dettes et engagements de la Compagnie, ainsi qu'aux frais et dépenses de la liquidation.

Art. 6.

En cas de liquidation d'une Compagnie à responsabilité limitée, la cour peut, si elle le juge convenable, accorder aux administrateurs dont la responsabilité est illimitée, le bénéfice que la loi de 1862 permet d'accorder aux personnes appelées à contribuer, dans les Compagnies à responsabilité non limitée.

Art. 7.

Dans toute société à responsabilité limitée, dont les

administrateurs ou directeurs ont une responsabilité illimitée en vertu de la présente loi, ces administrateurs ou directeurs, aussi bien que l'actionnaire qui propose de nommer quelqu'un à ces fonctions, devront prévenir que la responsabilité est illimitée, et les administrateurs, directeurs, secrétaires, ou l'un d'eux, devront, avant qu'une personne accepte ces fonctions, la prévenir par écrit que sa responsabilité sera illimitée.

Tout administrateur, directeur ou secrétaire, etc., qui néglige de donner cet avis, est passible d'une amende de 2525 francs, en outre des dommages-intérêts qui pourraient être réclamés à raison du tort causé par cet oubli; mais cette négligence n'affectera en rien la responsabilité de celui qui aura été nommé.

Art. 8.

Toute Compagnie à responsabilité limitée formée antérieurement ou postérieurement à la présente loi, peut, par une résolution spéciale, — si ses règles originales ou modifiées le permettent, — modifier l'acte d'association pour y introduire le principe de la responsabilité des administrateurs....

RÉDUCTION DU CAPITAL ET DES ACTIONS.

Art. 9.

Toute société par actions à responsabilité limitée peut modifier, par une résolution spéciale, l'acte de société, — si elle y est autorisée par ses règles originales ou modifiées, — de façon à réduire son capital. Cette résolution ne deviendra définitive qu'après qu'un ordre de la cour aura ordonné son enregistrement sur les registres des Sociétés par actions.

Art. 10.

La Compagnie devra, à dater de l'adoption de cette

résolution, ajouter pendant tout le temps qui sera fixé par la Cour, les mots : *et réduite*, à la fin de son nom....

Art. 11.

La Compagnie qui a adopté cette résolution spéciale pour réduire son capital, peut demander à la Cour de rendre un ordre qui confirme la réduction. La Cour, après s'être assurée que tous les créanciers de la Compagnie ayant le droit de former opposition, ont donné leur consentement ou ont été désintéressés, peut rendre une ordonnance pour confirmer la réduction dans les conditions qu'elle juge convenables.

Art 12.

Les mots : *la Cour*, signifient la Cour qui a juridiction pour ordonner la liquidation de la Compagnie....

Art. 13.

Lorsqu'une Compagnie propose de réduire son capital, tout créancier porteur d'un titre qui serait admissible contre elle dans une liquidation, pourra s'opposer à la réduction proposée, et son nom sera inscrit sur la liste des créanciers ayant ce droit.

La Cour arrêtera la liste de ces créanciers, et s'assurera, autant que possible, sans exiger la présence de chaque créancier, des noms de chacun, de la nature et du montant de la réclamation, et elle pourra faire savoir, par un avis public, l'époque jusqu'à laquelle les créanciers omis pourront réclamer leur inscription, ou cesseront de pouvoir former opposition.

Art. 14.

Lorsqu'un créancier dont le nom est inscrit sur la liste, et dont les créances ne sont pas éteintes, ne consent pas à la réduction proposée, la Cour peut, si elle juge bon, passer outre à l'opposition, à la condition que la Compagnie assure le payement de la créance de la façon qui sera indiquée par la Cour....

Art. 15.

L'archiviste des Sociétés par actions, sur la production d'un ordre de la Cour confirmant la réduction du capital de la Compagnie, et le dépôt de l'ordre et d'une minute approuvée par la Cour, indiquant le montant du capital réduit, le nombre des actions et leur valeur, enregistrera ces documents, et, à partir de ce moment, la réduction sera définitive....

Art. 16 à 20.

Règles de procédure.

SUBDIVISION DES ACTIONS.

Art. 21.

Toute Compagnie par actions, à responsabilité limitée, peut, en vertu d'une résolution spéciale, modifier les conditions de l'acte de Société, si elle y est autorisée par ses règles originales ou modifiées, de façon à subdiviser tout ou partie des actions existantes en actions d'une moindre valeur que celle indiquée par l'acte de Société. Dans cette subdivision, les proportions respectives des sommes versées et non versées, resteront les mêmes que si la subdivision n'avait pas eu lieu.

Art. 22.

La déclaration du nombre et de la valeur des actions contenues dans tout exemplaire de l'acte de Société édité postérieurement à la résolution, sera conforme aux termes de cette résolution. Toute contravention à cette disposition rend la Compagnie passible d'une amende de

25 francs par exemplaire incorrect, et tout administrateur ou directeur qui autorise ou tolère cette négligence, est passible de la même peine.

Art. 23.

Dispositions relatives aux Sociétés artistiques, religieuses, etc., etc.

APPELS SUR LES ACTIONS.

Art. 24.

Aucune disposition légale ne pourra empêcher une Compagnie, — si elle y est autorisée par ses règles originales ou modifiées par une résolution spéciale, — de faire l'une des choses suivantes, savoir :

1° Faire, dans les émissions d'actions, une différence entre les actionnaires, relativement au montant des appels et à l'époque des versements ;

2° Accepter de tout actionnaire, qui désire le verser, tout ou partie des sommes restant dues sur le montant de ses actions;

3° Payer un dividende proportionnel aux versements effectués sur chaque action, dans le cas où toutes les actions ne sont pas libérées dans la même proportion.

Art. 25.

Toute action de toute Compagnie sera censée prise et souscrite avec la condition de payer comptant sa valeur intégrale, à moins d'engagement contraire écrit et déposé entre les mains de l'archiviste des Sociétés par actions, antérieurement ou simultanément à l'émission.

TRANSFERT DES ACTIONS.

Art. 26.

Toute Compagnie devra, sur la demande de celui qui

cède une action ou intérêt, inscrire sur le registre des actionnaires le nom du nouvel actionnaire, de la même façon que si la demande d'inscription était faite par ce dernier.

TITRES D'ACTIONS AU PORTEUR.

Art. 27.

Les Compagnies par actions à responsabilité limitée, — si elles y sont autorisées par leurs règles originales ou modifiées par une résolution spéciale, — peuvent émettre, conformément à ces règles, des titres revêtus du sceau commun, certifiant qu'une action entièrement libérée ou qu'une action consolidée appartient au porteur. Elles peuvent ajouter à ce titre des coupons ou autres pièces pour le payement des dividendes futurs....

Art. 28.

Le titre d'action au porteur donne au porteur le droit aux valeurs qui s'y trouvent indiquées, et le transfert de ces valeurs s'opérera par la seule remise du certificat.

Art. 29.

Le porteur d'un titre d'action au porteur aura le droit, en se conformant aux règlements de la Compagnie, de rendre son titre pour le faire annuler, et de faire inscrire son nom sur le registre des actionnaires. La Compagnie sera responsable de toute perte encourue par suite de sa négligence à faire rendre et détruire tout titre remis par une personne qui a fait insérer son nom sur ledit registre.

Art. 30.

Le porteur d'un titre d'action au porteur peut, si les règlements de la Compagnie le permettent, être considéré comme actionnaire, et jouir de tout ou partie des droits attachés à cette qualité. Il ne pourra cependant être élu administrateur ou directeur, lorsque les règlements de la Compagnie exigent, pour ces fonctions, la possession d'un certain nombre d'actions.

Art. 31 à 36.

Clauses fiscales (droit de timbre, etc.) et pénales (faux, etc.).

DES MARCHÉS.

Art. 37.

Cet article prescrit, pour les traités à passer au nom d'une Compagnie, les formes indiquées par l'article 97 *de l'acte* 8 *et* 9, *Victoria*, ch. XVI.

Art. 38.

Tout prospectus d'une Compagnie, et tout avis portant invitation à souscrire à des actions d'une Compagnie par actions, devra spécifier les dates et les noms des parties à tout traité contracté par la Compagnie, ou les promoteurs, administrateurs, etc., antérieurement à l'émission de ces prospectus ou avis, en indiquant si ce traité doit être soumis à l'approbation des administrateurs ou de la Compagnie.

Tout prospectus ou avis qui ne contiendrait pas cette mention sera considéré comme frauduleux de la part des administrateurs et vis-à-vis des personnes qui auraient souscrit des actions sur la foi de prospectus incomplets.

ASSEMBLÉES GÉNÉRALES.

Art. 39.

Toute Compagnie formée sous l'empire de la loi de 1862 devra tenir une assemblée générale dans les quatre mois qui suivront l'enregistrement de l'acte de société, sous peine d'une amende de 126 fr. par jour de retard après l'expiration des quatre mois. Tout administrateur, directeur ou signataire de l'acte de société qui ordonne ou tolère cette omission sera passible de la même peine.

Art. 40 à 47.

Clauses de procédure pour le cas de liquidation.

LX

ROYAUME-UNI.

31 ET 32 VICTORIA, CHAP. XVIII.

29 mai 1868.

ACTE RELATIF AUX PROROGATIONS DE DÉLAI POUR L'EXÉCUTION DES CHEMINS DE FER.

Cette loi permet, dans certains cas et sous certaines conditions, au BOARD OF TRADE *d'accorder aux compagnies, sans l'intervention du Parlement, un délai plus long que celui fixé par l'acte de concession, pour l'exécution de certaines lignes. La durée de cette prolongation ne peut excéder deux ans.*

LXI

IRLANDE.

31 ET 32 VICTORIA, CHAP. LXX.

31 juillet 1868.

ACTE POUR AMENDER LES LOIS DE 1851 ET DE 1860 SUR LE JUGEMENT DES APPELS.

Cette loi ne contient que deux dispositions peu importantes relativement à des questions de procédure légale.

LXII

TELEGRAPH ACT. 1868.

ROYAUME-UNI.

31 ET 32 VICTORIA, CHAP. CX.

31 juillet 1868.

ACTE POUR PERMETTRE AU DIRECTEUR GÉNÉRAL DES POSTES, D'ACQUÉRIR, ADMINISTRER ET ENTRETENIR LES TÉLÉGRAPHES.

Art. 9.

Considérant.... soit-il ordonné ce qui suit :

1° Le directeur général des postes préviendra trois

mois à l'avance toute compagnie de chemin de fer, avant d'acquérir l'entreprise d'une compagnie de télégraphe avec laquelle elle est liée par un traité. A l'expiration de ce délai, le traité prendra fin.

2° L'acquisition faite, tous les poteaux, fils, instruments et autres appareils appartenant à la compagnie du chemin de fer ou à des compagnies de télégraphes, sur les lignes de fer et les canaux, et nécessaires pour l'exploitation des trains et le trafic sur les chemins de fer et canaux, deviendront la propriété absolue de la compagnie de chemin de fer, et lui seront remis gratuitement par le directeur général des postes, en bon état et de telle sorte que la compagnie puisse s'en servir. Lesdits poteaux, fils, instruments et autres appareils télégraphiques seront ensuite entretenus et exploités par la compagnie du chemin de fer.

3° L'acquisition faite, le directeur général des postes aura le droit de se servir, à partir des stations télégraphiques situées en dehors de la ligne du chemin de fer, de tous les fils des compagnies de télégraphes situés le long de la ligne, et exclusivement employés à la transmission des dépêches pour le service du public, lesdits fils posés sur les poteaux qui devront être remis à la compagnie de chemin de fer en vertu du paragraphe ci-dessus.

Le directeur général pourra, à ses frais, demander à la compagnie du chemin de fer de poser et d'entretenir des fils supplémentaires sur lesdits poteaux, pourvu qu'ils soient assez forts et assez élevés, comme aussi d'élever de nouveaux poteaux aux endroits à fixer d'accord, et de poser des fils le long de toutes les lignes ou canaux, mais de façon à ne gêner en rien l'exploitation desdites lignes ou canaux.

La compagnie du chemin de fer entretiendra tous les poteaux et les fils employés pour le service public, moyennant une somme fixée d'accord ou par arbitre, qui lui sera payée par le directeur général des postes.

4° Le directeur général des postes peut exiger que la

compagnie ajoute des fils sur les poteaux existants (s'ils peuvent les porter) et la compagnie pourra également placer des fils sur les poteaux de l'administration (s'ils sont suffisants) et le prix d'entretien sera partagé entre la compagnie et l'administration, en proportion du nombre de fils appartenant à chacune d'elles.

5° La compagnie du chemin de fer peut déplacer les poteaux, fils et appareils de l'administration, lorsque cela est nécessaire pour l'exécution des travaux ou pour l'exploitation. Le directeur général des postes devra, dans ce cas, rembourser à la compagnie, les frais de ce déplacement. Si les poteaux déplacés servent à la fois à l'administration et à la compagnie, les prix seront supportés proportionnellement au nombre des fils appartenant à chacune.

6° *La loi indique ici la somme à payer aux compagnies pour l'expropriation de leurs lignes. Cette clause n'a plus d'intérêt aujourd'hui. Le paragraphe finit ainsi :*

Le directeur général des postes transmettra gratuitement à leur destination sur le territoire du Royaume-Uni toutes les dépêches de la compagnie relatives au service, en provenance ou en destination de l'étranger.

Le directeur général des postes aura un droit perpétuel sur l'emplacement de ses poteaux et fils, sur tout le réseau de la compagnie; il payera, en échange, une somme fixe annuelle par kilomètre de fil télégraphique. Cette somme sera fixée d'un commun accord ou par arbitres.

7° La compagnie du chemin de fer devra, sur la réquisition du directeur général des postes, aux époques et suivant les règles fixées d'un commun accord, recevoir les dépêches à transmettre par les fils de l'administration ou par ceux de la compagnie (dans ce dernier cas, les dépêches de la compagnie auront la priorité) et les transmettre, aux frais et risques du directeur général des postes, à leur destination, si cette destination est sur la ligne, ou à un bureau de poste.

La compagnie agira alors au nom et comme agent du

directeur général des postes, et aura droit à une rémunération qui sera fixée d'un commun accord ou par arbitre. Le directeur général des postes fournira les appareils nécessaires pour les fils de l'administration, aux stations des chemins de fer, et ces appareils seront entretenus par la Compagnie, aux frais du directeur général.

8° La Compagnie peut, nonobstant toute clause du présent acte, et sans payer d'indemnité au directeur général des postes, faire des arrangements avec les propriétaires de houillères, maîtres de forge, manufacturiers, etc., pour établir et entretenir des télégraphes privés entre le chemin de fer et les usines, etc. Ces lignes ne pourront être employées que pour les affaires privées et gratuitement, sauf l'indemnité annuelle qui serait convenue.

9° Sauf dans les cas prévus par cet article, la Compagnie ne pourra transmettre ou laisser transmettre par ses fils aucune dépêche télégraphique.

10° Toutes les difficultés entre le directeur général des postes et les Compagnies, relativement à la présente loi, seront tranchées par des arbitres....

LXIII

REGULATION OF RAILWAYS ACT. 1868.

31 ET 32 VICTORIA, CHAP. CXIX.

31 juillet 1868.

ACTE POUR AMENDER LA LOI RELATIVE AUX CHEMINS DE FER.

Qu'il soit décrété par Sa Majesté la Reine, avec le concours, l'avis et le consentement des Lords spirituels et temporels, et des Communes assemblés dans le présent Parlement, et par leur autorité, ce qui suit :

PRÉLIMINAIRES.

Art. 1er.

Cet acte peut être cité sous le titre d'*acte de* 1868 *sur le règlement des chemins de fer.*

Art. 2.

Dans cet acte, le terme *chemin de fer* veut dire tout ou partie d'un chemin de fer ou d'un chemin à rails, que la traction s'y exerce au moyen de chevaux ou autrement.

Le terme *Compagnie* veut dire une Compagnie incorporée avant ou après l'adoption de cet acte, à l'effet de construire, d'entretenir, ou d'exploiter un chemin de fer dans le Royaume-Uni (que l'entreprise ait un ou plusieurs buts) et comprend, à moins de stipulation contraire, toute personne ou toutes personnes, non incorporées, qui sont propriétaires ou locataires d'un chemin de fer dans le Royaume-Uni, ou qui sont intéressées dans l'exploitation d'un chemin de fer dans le Royaume-Uni.

Le terme *personne* comprend un corps constitué.

I. Comptes, vérifications, etc.

Art. 3.

Toute Compagnie incorporée, devra, sept jours au moins avant chaque assemblée semestrielle ordinaire tenue après le 31 décembre 1868, rédiger, préparer, et faire imprimer, suivant le modèle annexé au présent acte, les comptes et la balance des recettes et dépenses du semestre précédent, ainsi que les autres états et certificats exigés en vertu de cette annexe, avec l'estimation de la partie du capital à dépenser dans le cours du semestre suivant. Ces documents seront ceux qui devront être soumis aux censeurs de la Compagnie. Toute Compagnie qui ne se conformera pas à cet article, sera passible d'une amende ne dépassant pas 126 francs pour chaque jour de retard dans l'accomplissement de cette formalité. Le *Board of Trade* peut, avec le consentement d'une Compagnie, modifier ces formalités, relativement à ladite Compagnie, afin de les adapter aux circonstances, ou de mieux atteindre le but du présent article.

Art. 4.

Les états de comptes, les feuilles de balance et l'estimation des dépenses, rédigés conformément à cet acte, seront signés par le président ou le vice-président du conseil d'administration, et par le caissier ou autre employé chargé des comptes de la Compagnie, et conservés au bureau principal de la Compagnie. Un exemplaire imprimé en sera adressé au *Board of Trade*, et, à toute époque postérieure à la date à laquelle il doit être imprimé, il sera communiqué, lorsque la demande en sera faite, à toute personne possédant une action privilégiée ou ordinaire, ou ayant une hypothèque ou une obligation consolidée de la Compagnie. Chacun de ces porteurs pourra toujours, à tout moment raisonnable, prendre connaissance, sans frais, du document original que possède la Compagnie. Toute Compagnie qui contreviendra aux dispositions de cet article sera passible, pour chaque omission, d'une amende n'excédant pas 1262 francs.

Art. 5.

Si un état, une feuille de balance, une estimation ou un rapport exigés par cet acte, sont faux à certains égards, à la connaissance de la personne qui les signe, celle-ci sera passible d'amende ou d'emprisonnement, ou pourra être condamnée sommairement à payer 1262 francs au plus.

Art. 6.

Le *Board of Trade* peut nommer un ou plusieurs inspecteurs compétents pour examiner les affaires d'une Compagnie constituée, et l'état de l'entreprise ou tout ce qui en fait partie, et pour faire des rapports, sur une demande adressée dans les conditions suivantes :

1° Demande faite conformément à une décision prise par un conseil d'administration ;

2° Demande faite par les propriétaires d'au moins deux cinquièmes du total des actions ordinaires ou consolidées alors émises ;

3° Demande des propriétaires d'au moins une moitié du total des hypothèques, des obligations et des obligations consolidées (s'il en existe), émises par la Compagnie ;

4° Demande des propriétaires des deux cinquièmes au moins du total des actions garanties ou privilégiées, ou des valeurs émises par la Compagnie, pourvu que le capital privilégié émis s'élève au moins au tiers de la totalité du capital actions de la Compagnie.

Art. 7.

La demande sera faite par écrit, signée par ses auteurs et appuyée des preuves que le *Board of Trade* réclamera pour s'assurer que les demandeurs sont fondés à exiger l'examen. Le *Board of Trade* peut aussi, avant de nommer des inspecteurs, exiger que les demandeurs déposent une certaine somme pour couvrir les frais de l'enquête.

Art. 8.

Les administrateurs, employés et agents de la Compagnie, seront tenus de soumettre à l'examen des inspecteurs, tous livres et documents de la Compagnie commis à leurs soins ou garde, et de donner aux inspecteurs toute facilité raisonnable pour l'appréciation des propriétés et de l'entreprise de la Compagnie. Tout inspecteur peut interroger les employés et agents de la Compagnie en leur déférant le serment. Toute personne qui, ayant prêté serment, fait sciemment une déposition fausse, commet un parjure.

Si un administrateur, un employé, ou un agent refuse de produire un livre ou un document, contrairement à cet acte, ou refuse toute facilité pour l'examen prescrit, ou si un employé refuse de répondre à des questions relatives aux affaires de la Compagnie, il sera passible d'une amende de 126 francs pour chacun des jours pendant lesquels il persistera dans ce refus.

Art. 9.

Lorsque l'examen sera terminé, l'inspecteur devra faire un rapport au *Board of Trade* et à la Compagnie, en émettant son opinion.

La Compagnie fera imprimer le rapport et en transmettra un exemplaire au *Board of Trade* et à toute personne qui, possédant des actions ordinaires ou privilégiées, en fera la demande.

Toutes les dépenses inhérentes à cet examen seront, ainsi qu'il a été dit, payées par les personnes qui ont provoqué la nomination d'inspecteurs, à moins que le *Board of Trade* n'en mette tout ou partie à la charge de la Compagnie, conformément à l'autorisation qui lui est donnée par les présentes.

Art. 10.

Toute Compagnie peut, en vertu d'une décision prise en assemblée extraordinaire, confier à des inspecteurs l'examen des affaires de la Compagnie et de l'état de l'entreprise. Les inspecteurs ainsi nommés doivent avoir les mêmes pouvoirs et les mêmes obligations à remplir que ceux nommés par le *Board of Trade*. Ils doivent faire des rapports dans la forme déterminée et les adresser aux personnes désignées par la Compagnie en assemblée générale. Les administrateurs, employés et agents des Compagnies, qui refuseraient de présenter tout livre ou tout document exigés par ces inspecteurs en vertu de cet acte, de donner toute facilité pour l'examen, ou de répondre à toute question ainsi que l'exige le présent acte, seront passibles des mêmes peines que si ces inspecteurs avaient été nommés par le *Board of Trade*.

Art. 11.

Toutes les fois que, postérieurement au présent acte, l'article 102 des *Companies clauses consolidation acts* de 1845 est incorporé dans un certificat ou dans un acte spécial relatif à une Compagnie de chemin de fer, cet article sera interprété comme s'il ne contenait pas les mots suivants : *Quand aucune qualification ne sera prescrite par l'acte spécial, tout censeur devra posséder au moins une action de l'entreprise.* Est abrogée la partie de tout certificat ou acte spécial relative à une Compagnie de chemin de fer, actuellement en vigueur, qui comprend cette portion dudit article....

Art. 12.

En ce qui concerne les censeurs des Compagnies, on se conformera aux dispositions suivantes :

1° Le *Board of Trade* pourra, sur la demande du conseil d'administration ou de l'assemblée générale des actionnaires, nommer un censeur en dehors de ceux de la Compagnie, sans être tenu de le choisir parmi les actionnaires.

2° La Compagnie payera au censeur institué par le *Board of Trade* une indemnité raisonnable qui sera déterminée par le *Board of Trade*.

3° Ledit censeur aura les mêmes devoirs et les mêmes droits que les censeurs de la Compagnie à laquelle, d'ailleurs, il adressera ses rapports.

4° Lorsque le nombre des censeurs s'élèvera, par le fait de cette nomination ou autrement, à trois ou davantage, la Compagnie pourra fixer son dividende sur l'avis conforme de la majorité desdits censeurs ; le certificat de ces derniers étant donné dans la forme établie par la section 30 du *Railway Companies act.* de 1867.

5° Lorsqu'il y aura une divergence d'opinions entre les censeurs, celui d'entre eux qui se trouvera en désaccord avec les autres, présentera aux actionnaires, aux frais de la Compagnie, un exposé des raisons pour lesquelles il est en désaccord avec ses collègues et un aperçu de la situation financière, ainsi que de l'avenir de la Compagnie, comme il le jugera à propos pour l'information des actionnaires.

Art. 13.

Toute Compagnie ayant, dans l'exercice précédent, payé un dividende de 3 pour 100 au moins pour l'année, sur ses actions ordinaires, pourra, sur le vote conforme d'une assemblée générale extraordinaire, partager ses actions libérées en deux classes : l'une sera dite, *actions ordinaires privilégiées ;* l'autre, *actions ordinaires différées*, conformément aux dispositions ci-après, et avec les effets suivants, savoir :

1° Les actions privilégiées et différées ne seront émises qu'en remplacement d'une valeur égale d'actions libérées, et par voie de partage de certains groupes d'actions ordinaires en deux classes égales.

2° Ledit partage pourra avoir lieu à toute époque, sur la demande écrite du porteur des actions libérées, mais non autrement. Cette demande pourra s'appliquer soit à la totalité, soit à une partie seulement (mais susceptible d'être divisée en vingtièmes) des actions que possède le demandeur.

3° Les actions, soit privilégiées, soit différées, ne seront émises que par sommes de 252 francs ou de multiples de 252 francs.

4° Les titres des actions divisées en privilégiées et différées, seront, avant la division, remis à la Compagnie, qui les annulera; les titres des actions privilégiées seront délivrés en échange et sans frais.

5° Dans le cas où une partie des actions comprises dans un titre ne devrait pas être transformée, suivant le désir du propriétaire, ou ne se prêterait pas à la transformation d'après les stipulations du présent acte, la Compagnie devra fournir, sans frais, un titre spécial pour lesdites actions.

6° En ce qui concerne les actions ordinaires privilégiées et différées respectivement, il est établi que les premières recevront un dividende fixe maximum de 6 pour 100 par an.

7° Relativement audit dividende, dans les limites susmentionnées, les actions privilégiées auront, dès leur création, et à tout jamais, la priorité sur les actions différées créées ou à créer, et prendront rang, *pari passu*, avec le capital et les actions ordinaires non divisés de la Compagnie; et, sous le rapport du dividende, les actions privilégiées ordinaires passeront toujours et à jamais après les obligations et actions spécialement privilégiées ou garanties par la Compagnie, créées ou à créer.

8° Chaque année, lorsque tous les porteurs d'actions privilégiées ordinaires auront reçu le total du dividende maximum précité, tous les détenteurs d'actions différées seront traités sur le pied d'égalité avec les porteurs d'actions et de fonds ordinaires non divisés, pour tout excès de dividende dépassant le maximum payé par la Compagnie.

9° Néanmoins, dans le cas où, pour un exercice se

terminant au 31 décembre, il n'y aurait pas de bénéfices à répartir suffisants pour le payement intégral dudit maximum à tous les porteurs privilégiés, aucune partie du déficit ne pourra être prélevée, ni sur les bénéfices des exercices suivants, ni sur d'autres ressources de la Compagnie.

10° Les actions privilégiées ordinaires et les actions différées conféreront, à l'occasion, tous les droits de vote aux assemblées et tous autres droits, charges et qualifications qui seraient attribués aux actions ordinaires non divisées de la Compagnie;

11° Les conditions attachées aux actions privilégiées ou différées seront inscrites sur les titres desdites actions.

12° Les actions privilégiées ordinaires et les actions différées seront émises sous les mêmes réserves de tutelle, et sous les mêmes clauses que celles établies pour les actions primitives qu'elles remplacent, et dont celles-ci se trouvent grevées au moment de l'échange; de façon à maintenir l'effet des dispositions testamentaires ou autres qui affecteraient les actions anciennes.

II. Obligations et responsabilité des Compagnies comme entrepreneurs de transports.

Art. 14.

Lorsqu'une Compagnie entreprend, par réception en transit, de transporter des animaux, des bagages ou des marchandises d'un point à un autre, partie par chemin de fer et partie par mer, ou partie par canal et partie par mer, la condition qui exempte ladite Compagnie des risques de perte ou dommage qui pourraient atteindre les objets transportés dans le trajet maritime, du fait soit d'un événement providentiel, soit des ennemis de la Couronne, du feu, des accidents de machine, de chaudière et de vapeur, et tous autres risques de transport par mer, par rivière, ou par voie navigable, de quelque nature qu'ils puissent être, sera une condition valable, si elle est affichée en évidence dans le bureau où se fait la livraison,et si elle est imprimée en caractères lisibles sur le reçu ou la lettre d'expédition que la Compagnie délivre pour les objets; et elle formera partie intégrante du contrat existant entre l'expéditeur et la Compagnie, aussi bien que si la Compagnie avait souscrit et remis à l'expéditeur une lettre de chargement exprimant la susdite condition.

Pour l'application du présent article, le mot *Compagnie* comprendra les propriétaires, locataires et exploitants de tout canal ou de toute autre voie de navigation intérieure.

Art. 15.

A partir du 1er janvier 1869 inclusivement, toute Compagnie devra faire établir dans un endroit apparent du bureau de distribution de billets de chaque station de la ligne, une liste ou plusieurs listes peintes, imprimées ou écrites portant en caractères lisibles les tarifs des voyageurs pour les trains signalés dans les tableaux de service de la Compagnie, et pour toutes les destinations pour lesquelles on délivre des billets à ladite station.

Art. 16.

Dans le cas où une Compagnie est autorisée à construire, ou à acheter, ou à louer et à employer, entretenir et diriger des navires à vapeur, ou bien à traiter pour l'emploi, l'entretien et la direction de ceux-ci, dans le but de faire communiquer entre eux certains ports ou localités, et à prélever des péages pour le trajet effectué sur lesdits navires, il est stipulé que les susdits péages seront toujours établis pour toutes personnes sur le pied d'égalité et au même taux, à l'égard du transport des voyageurs s'effectuant dans un même navire, dans des conditions pareilles, entre les mêmes points; et aucun rabais ni augmentation de prix ne seront faits sur lesdits navires, pour ou contre aucun voyageur, à raison de ce qu'il aurait parcouru ou devrait parcourir le railway de la Compagnie, en tout ou en partie, ou de ce qu'il n'aurait pas ou ne devrait pas emprunter ledit railway. Aucun rabais ni augmentation ne pourront être faits en faveur ou au détriment d'un voyageur sur le *railway*, parce qu'il aurait ou n'aurait pas employé, ou de ce qu'il serait sur le point d'employer ou de ne pas employer lesdits navires.

Et lorsque la Compagnie perçoit un prix total pour le transport d'un voyageur sur le chemin de fer et sur un navire, le billet délivré devra porter la mention du prix du trajet par navire, distincte de celle du prix du trajet par voie ferrée.

Les clauses de l'acte du *Railway and canal trafic act* de 1854 seront étendues aux susdits navires à vapeur et au trafic auquel ils donnent lieu, en tant qu'elles leur seront applicables.

Art. 17.

Lorsqu'une perception aura été faite par une Compagnie pour le transport de certaines marchandises sur le chemin de fer, si, dans la semaine qui suit le payement, l'expéditeur en fait par écrit la demande au secrétaire de la Compagnie, la Compagnie sera tenue de fournir, dans la quinzaine, un compte détaillé distinguant, d'une part, la perception afférente au transport sur le railway, comprenant le péage pour l'usage du chemin de fer, le prix de location des wagons et le prix de traction, et d'autre part, le montant perçu pour frais de chargement, de déchargement, de réception et de livraison, et pour autres dépenses, sans qu'il soit nécessaire de détailler les divers frais mentionnés dans cette seconde partie.

Art. 18.

Lorsque deux chemins de fer sont exploités par une même Compagnie, dans le calcul des tarifs et perceptions à établir pour toutes les distances et pour toutes les branches du trafic (voyageurs, bestiaux, marchandises, voitures ou véhicules) empruntant les deux chemins de fer, les distances parcourues seront évaluées comme pour une ligne continue, et comme s'il n'existait qu'un seul railway.

Art. 19.

Lorsque des poursuites seront intentées contre une Compagnie faisant usage de locomotives, parce qu'une machine ne consumerait pas sa fumée, si les juges estiment que ladite machine est construite d'après le principe de la suppression de la fumée, et que le défaut de suppression (dans la limite du possible), contre lequel on réclame, est attribuable à la négligence de la Compagnie ou d'un de ses agents, la Compagnie sera considérée comme coupable d'un délit, aux termes de l'article 114 du *Railway clauses consolidation act* de 1845.

Art. 20.

Toutes les Compagnies de chemins de fer, sauf celle du *Metropolitan railway*, seront tenues, à dater du 1er octobre prochain, de réserver dans tous les trains comprenant plus d'une voiture de chaque classe, des compartiments de fumeurs pour toutes les classes, à moins d'une exemption accordée par le *Board of Trade.*

Art. 21.

Toute Compagnie qui, en connaissance de cause, donnera en location, ou fournira autrement un train spécial destiné à transporter des particuliers à un combat de boxeurs, ou qui fera arrêter un train ordinaire pour la commodité des personnes qui se rendent à un lieu de combat hors des stations habituelles de la ligne, encourra une amende qui sera appliquée, par voie sommaire, par deux juges de paix du comté dans lequel le combat aura lieu ou aura été tenté. Ladite pénalité n'excédera pas la somme de 12 125 francs, et ne sera pas moindre de 5050 francs, le montant en sera fixé par les juges de paix. La moitié du produit sera accordée à la personne sur l'instance de laquelle ont lieu les poursuites, et l'autre moitié sera payée au trésorier du comté, pour venir en déduction des taxes de comté.

Une citation à dix jours de date, remise au secrétaire de la Compagnie, en son bureau, sera suffisante pour donner aux juges de paix saisis, la faculté de prononcer sur la cause.

III. Dispositions relatives a la sécurité des voyageurs.

Art. 22.

A partir du 1er avril 1869, toute Compagnie devra établir et maintenir en bon état, dans tous les trains de voyageurs parcourant plus de 32 kilomètres sans arrêt, un appareil de communication efficace entre les voyageurs et les employés de la Compagnie, approuvé par le *Board of Trade.*

Toute Compagnie qui négligera de se conformer au présent article, encourra une pénalité qui ne dépassera pas 252 francs pour chaque délit. Tout voyageur qui emploiera ledit appareil de communication sans motif raisonnable et suffisant, sera passible, pour ce fait, d'une amende qui ne sera pas supérieure à 126 francs.

Art. 23.

Toute personne se trouvant sur un chemin de fer ou le traversant, à moins que ce ne soit à un passage à niveau régulièrement ouvert, et qui n'obtempère pas à l'injonction donnée par la Compagnie, ou par un de ses agents ou employés, d'avoir à se retirer, est passible d'une amende de 50 francs au maximum pour chaque contravention.

Art. 24.

Lorsqu'un arbre voisin d'une ligne ferrée pourrait, en tombant, interrompre la circulation sur le chemin de fer, deux juges pourront, à la demande de la Compagnie, ordonner la suppression dudit arbre, ou telle autre opération qu'ils jugeraient à propos; et, en rendant cette sentence, ils pourront déterminer le montant de l'indemnité à payer par la Compagnie requérante au propriétaire de l'arbre; le payement de cette indemnité sera poursuivi conformément au *Railway clauses consolidation act* de 1845.

IV. Dommages-intérêts en cas d'accidents.

Art. 25.

Lorsqu'un particulier aura été victime d'un accident de chemin de fer suivi de blessures ou de mort, le *Board of Trade*, sur la demande écrite, faite en commun par la Compagnie intéressée et par la personne blessée, ou par les ayants droit de la victime, si elle est décédée, pourra, s'il le juge convenable, désigner un arbitre, lequel fixera les dommages-intérêts à payer, s'il y a lieu, par la compagnie.

Art. 26.

Lorsqu'une personne blessée par un accident de chemin de fer réclame des dommages-intérêts, tout juge du tribunal saisi de l'affaire, ou toute personne qui, du consentement des parties ou autrement, se trouve chargée de fixer le chiffre de l'indemnité, pourra ordonner que le blessé soit examiné par un homme de l'art, dûment qualifié, désigné par son nom dans l'ordonnance, et ne se présentant comme témoin pour aucune des parties; l'ordonnance pourra fixer les honoraires à payer pour cet examen.

V. Chemins de fer de construction légère.

Art. 27.

Le *Board of Trade* peut, par un arrêté, autoriser une Compagnie, sur sa demande, à établir et exploiter comme *chemin leger*, tout ou partie d'une ligne que cette Compagnie serait autorisée à construire ou à exploiter.

Avant d'accorder son autorisation, le *Board of Trade* fera publier la demande; il tiendra compte de toutes les objections ou observations présentées contre le projet, et fera les enquêtes nécessaires à cet effet.

Art. 28.

Un chemin de fer léger devra être construit et exploité, conformément aux conditions et aux règlements établis, à l'occasion, par le *Board of Trade* et sous les réserves suivantes :

1° Les règlements relatifs au poids des machines locomotives, des voitures et véhicules à employer sur la ligne, ne pourront admettre un poids excédant une pression sur les rails de 8 tonnes par paire de roues.

2° Les règlements relatifs à la vitesse des trains n'admettront pas une vitesse de plus de 45 kilomètres à l'heure. Si la Compagnie ou toute autre personne, négligeait de se conformer à ces conditions et règlements, ou y contrevenait, ou donnait l'ordre de commettre une contravention, cette Compagnie ou cette personne encourrait, pour chaque délit, une amende de 505 francs au maximum, et une amende égale, pour chaque jour, si le délit continuait. Si la poursuite avait lieu pour un fait relatif au poids sus mentionné ou à la vitesse, la peine comporterait, en outre, deux ans de prison, au maximum, avec ou sans travail forcé.

Art. 29.

Les conditions et règlements du *Board of Trade*, relatifs aux chemins de fer légers, seront rendus publics et maintenus à l'état de publicité par les soins de la Compagnie, de la manière prescrite pour les règlements privés, par l'article 110 du *Railway clauses consolidation act* de 1845; et la Compagnie sera passible d'une amende de 126 francs au plus, pour chaque jour écoulé sans que la dite publicité ait été donnée.

VI. Arbitrages du Board of Trade.

Art. 30.

Toutes les fois que le *Board of Trade* est investi de la mission de faire un arbitrage, ou de décider une contestation entre des parties, dont l'une est une Compagnie, il peut désigner un arbitre pour agir en son nom, et la sentence de cet arbitre sera réputée émaner du *Board of Trade*.

Si l'arbitre nommé vient à décéder, ou devient incapable ou insuffisant, le *Board of Trade* peut instituer un autre arbitre.

Art. 31.

Le *Board of Trade* peut fixer les honoraires de tout arbitre désigné en vertu du présent acte, pour une affaire dans laquelle une Compagnie est partie, et peut, s'il le juge à propos, établir un tarif d'honoraires, pour les arbitres qu'il nomme. Aucun arbitre ainsi nommé ne pourra recevoir des honoraires plus élevés que ceux fixés par le *Board of Trade*.

Art. 32.

Les dispositions des articles 18 à 29 inclusivement, de l'acte de 1859 sur les arbitrages des Compagnies de chemins de fer, devront s'appliquer, autant que possible, à tout arbitre nommé par le *Board of Trade* et à son arbitrage ou sentence, quand même une des parties comparantes ne serait pas une Compagnie.

Art. 33.

Abrogé par l'acte 32 *et* 33 *Victoria, ch.* XVIII.

VII. Dispositions diverses.

Art. 34.

Toute Compagnie incorporée devra imprimer une liste exacte des adresses de ses actionnaires, à la date du premier jour de décembre de chaque année; un astérisque désignera les noms des administrateurs. Quinze jours après la date susmentionnée, la Compagnie sera tenue de fournir à tout porteur d'actions ordinaires ou privilégiées, ou d'obligations, ou de titres hypothécaires, qui en ferait la demande, cette même liste imprimée, au prix de 6 fr. 25 cent. au plus, par exemplaire.

Toute contravention au présent article entraînera, pour la Compagnie, une amende de 505 fr. au maximum, par contravention.

Art. 35.

Abrogé par l'acte 32 *et* 33 *Victoria, ch.* VI.

Art. 36.

Toutes les fois que, par suite d'une réquisition faite en vertu de l'acte relatif au service des postes sur les chemins de fer (1 *et* 2 *Victoria, ch.* XCVIII) ou autrement, les malles ou sacs de dépêches postales, sont transportés par une Compagnie de chemin de fer, au moyen d'un train spécial, le Directeur général des postes, pourra exiger, par la même réquisition ou par une autre notification, que la totalité dudit train spécial soit affectée au service de la Poste, à l'exclusion de tout autre transport, excepté celui qu'il jugerait à propos d'autoriser; et la rémunération pour ledit train sera déterminée conformément à l'article 6 de l'acte précité.

Art. 37.

Toutes réquisitions, notifications et pièces relatives à

une Compagnie, paraissant signées par le Directeur général des postes ou par un secrétaire adjoint de l'Administration des postes, seront, jusqu'à preuve contraire, réputées ainsi signées, et considérées comme émanées du Directeur général. Les clauses de l'acte 1 et 2 Victoria, ch. XCVIII, sur le service des postes sur les chemins de fer, déjà mentionné, exigeant la signature propre du Directeur général au bas des réquisitions, notifications et autres pièces, sont rapportées.

Art. 38.

Le *Railway Companies powers act* de 1864 aura effet et s'appliquera dans les cas suivants, aussi bien que s'ils étaient spécifiés à l'article 3 du dit acte :

Lorsqu'une Compagnie désire obtenir de nouvelles stipulations ou modifier les stipulations existantes, soit de son acte spécial, soit du *Companies clauses consolidation act* de 1845 en tant qu'il est incorporé avec l'acte spécial, sur l'un des points suivants :

(*a*) Les assemblées générales de la Compagnie, et le droit de vote des actionnaires.

(*b*) La nomination, le nombre, et le mode de sortie des administrateurs.

(*c*) Les attributions de ces derniers.

(*d*) L'exercice de leurs fonctions, et leur responsabilité.

(*e*) La nomination et les attributions des censeurs.

Art. 39.

Toutes réquisitions, tous ordres, règlements, nominations, certificats, licences, notifications et pièces relatives à une Compagnie, présentées comme signées par un secrétaire ou un secrétaire adjoint du *Board of Trade* ou par un fonctionnaire chargé de les remplacer, seront réputés jusqu'à preuve du contraire, signés par ce fonctionnaire, et seront considérés comme émanant du

Board of Trade. Ils pourront être transmis par le *Board of Trade* à la Compagnie intéressée, de la manière indiquée par le *Companies clauses consolidation act* de 1845. Toutes les pièces, relevés et autres documents réclamés à une Compagnie par le *Board of Trade*, seront remis au siége de l'Administration, ou seront adressés au *Board of Trade* par la poste.

Art. 40.

Toute amende édictée par le présent acte, sera recouvrée et appliquée de la façon prescrite par les *Railway clauses consolidation acts* de 1845, pour l'Angleterre, l'Irlande ou l'Écosse, selon les cas.

Art. 41.

Toutes les fois qu'au sujet des terrains acquis autrement qu'à l'amiable, pour un chemin de fer, il s'élèvera une contestation relative à l'indemnité due, ou en cas de contestation au sujet d'une indemnité réclamée pour dommages causés à une propriété, par l'exécution d'un chemin de fer, contestations à décider suivant le *Land clauses act* de 1845, par un jury réuni suivant les dispositions dudit acte, la Compagnie ou la partie adverse pourront, avant la requête que la Compagnie doit adresser au shérif, s'adresser au juge de l'une des cours supérieures de loi commune, siégeant à Westminster; le dit juge, s'il le trouve bon, évoquera l'affaire devant une des cours supérieures, dans les conditions qu'il déterminera.

L'affaire sera présentée dans un exposé, lequel, en cas de désaccord entre les parties, sera établi, soit par le juge lui-même, soit d'après ses vues; ledit exposé sera mis au rôle et passera en délibération, suivant la même marche que tout autre exposé dans un procès ordinaire. La procédure relative audit exposé sera identique à celles suivies pour les affaires habituellement soumises à la Cour, qui conservera à cet égard sa juridiction ordinaire. Néanmoins, s'il s'agit de terrains expropriés, et en même temps d'indemnité pour dommages causés ou à causer à la propriété, le jury devra rendre des verdicts séparés, conformément à l'article 49 de l'acte du *Land clauses act* de 1845.

Art. 42.

Toutes les fois qu'une Compagnie, appelée ou autorisée en vertu du *Land clauses act* de 1845, à présenter un warrant au shérif dans les contestations relatives aux indemnités, se pourvoit pour obtenir une ordonnance judiciaire, comme il est dit dans la section précédente, l'obtention de ladite ordonnance, et sa notification à la partie adverse, suffiront pour décharger la Compagnie de son obligation relative au warrant.

Art. 43.

Le verdict du jury, et le jugement de la Cour sur les exposés autorisés par le présent acte, auront, en ce qui concerne les dépens et tous les autres points y relatifs, les mêmes effets que s'ils avaient été prononcés par un jury, et par un shérif, saisis de l'affaire par voie d'enquête, ouverte sur requête de la Compagnie au dit shérif, d'après les clauses du *Land clauses act* de 1845.

Art. 44.

En tant que l'une des expressions employée dans les trois sections précédentes, aurait été légalement définie par le *Land clauses act* de 1845, ladite expression, dans le présent acte, sera réputée avoir conservé le même sens.

Art. 45.

Lorsque les frais d'instance en matière d'indemnité, seront, conformément au *Land clauses act* de 1845 ou de tout acte visant ou modifiant celui-ci, réglés par l'un des

Maîtres de la Cour du banc de la Reine, pour l'Angleterre ou l'Irlande, lesdits maîtres seront autorisés à prélever et à percevoir, pour chaque rôle du bill de règlement, un honoraire de 1 fr. 25 c. au plus. Ledit honoraire sera perçu en argent et non en timbres, et sera attribué aux susdits maîtres.

Art. 46.

Lorsque la notification écrite d'une demande projetée en vertu du *Railway extension of time act* de 1868, pour obtenir la prolongation de certains délais prévus par ledit acte, est remise au *Board of Trade* avant l'expiration des délais, ou même si les délais expirent pendant la présente session parlementaire avant le 1er septembre 1868, et que la demande se trouve faite dans la limite prescrite, l'arrêté du *Board of Trade* qui prononce l'extension des délais, sera valable, quand même il serait pris après leur expiration, et aura son effet à dater du jour de ladite expiration, comme s'il l'avait précédée.

Art. 47.

Les actes mentionnés dans la seconde annexe du présent acte[1], sont rapportés par les présentes.

Néanmoins cette annulation n'affecte pas :

1° La validité ou la non-validité des mesure régulièrement prises en vertu des dits actes,

2° Les droits acquis, ou accrus, ou la responsabilité assumée, ou la décharge obtenue en vertu des mêmes actes.

1. Savoir : acte 3 et 4 Victoria, ch. XCVII, art. 20.
5 et 6 Victoria, ch. LV, art. 19.
7 et 8 Victoria, ch. LXXXV, art. 23.

MODÈLES DES ÉTATS A FOURNIR.

Chemin de fer *Semestre finissant* 18

N° 1. ***État du capital autorisé et émis par la Compagnie.***

Actes du Parlement ou Certificats du Board of Trade.	Capital autorisé.			Capital émis ou sanctionné.			Balance.		
	Consolidés et actions.	Emprunts.	Total.	Consolidés et actions.	Emprunts.	Total.	Consolidés et actions.	Emprunts.	Total.
1 2 3 4 5 etc. — Excepté lorsque les autorisations relatives au capital seront comprises dans un acte de consolidation, chaque acte ou certificat devra être inscrit séparément et par ordre de date.									
Total.									

N° 2. *État des consolidés et actions du capital émis, indiquant la proportion versée.*

	Montant émis.	Montant versé.	Appels en retard.	Montant non appelé.	Montant non émis.
Établir chaque classe de capitaux ou actions par ordre de date de création, en indiquant la prime ou le rabais, s'il y en a, auquel l'émission a été faite; les dividendes privilégiés ou fixes, s'il y en a, et les autres conditions.					
Total.					

N° 3. *Capital réalisé en obligations consolidées et en emprunts.*

	Réalisé en emprunts.				Réalisé par émission d'obligations consolidées.			Total réalisé par obligations et par emprunts.
	à pour 100.	à pour 100.	à pour 100.	à pour 100.	à pour 100.	à pour 100.	Total des Bons.	
Existant à . . . . — à								
Augmentation. . . . . Diminution.								
Montant total autorisé par emprunts et par obligations consolidées, relativement au capital créé comme il est établi au n° 1.								
Montant total réalisé par obligations et par Bons comme ci-dessus.								
Restant à réaliser au 18								

Recettes et Dépenses sur le compte du capital.

N° 4. Débit. Crédit.

	Montant dépensé au	Montant dépensé pendant le semestre.	Total.		Montant reçu au	Montant reçu pendant le semestre.	Total.
Pour Dépenses				*Pour Recettes*			
Sur les lignes ouvertes au trafic (n° 2).				En actions et consolidés au compte n° 2.			
Sur les lignes en construction (n° 5). .				Emprunts au compte n° 3.			
Matériel d'exploitation (n° 5). . . .				Obligations consolidées, au compte n° 3			
Souscriptions à d'autre railways (n° 5).				Recettes diverses non spécifiées.			
Docks, bateaux à vapeur et autres entreprises spéciales (n° 5). . .							
Balance . .							

Détails des Dépenses sur le capital pour le semestre

N° 5. *finissant le* 18

Pour les lignes ouvertes au trafic spécialement	En indiquant sous des entêtes séparés, les sommes payées pour terrains (acquisitions et compensations), pour la construction de la voie et des stations, comprenant les rails, coussinets, traverses, etc.; frais d'ingénieurs et de géomètres, charges légales, dépenses parlementaires, intérêts, commissions, etc.	
Pour les lignes en construction spécialement		
Pour le matériel d'exploitation spécialement (indiquant la nature de chaque partie)		
Pour souscriptions à d'autres railways spécialement (en indiquant les lignes).		
Pour docks, bateaux à vapeur et autres entreprises particulières		
Total de la dépense du semestre, comme au tableau n° 4.		

N° 6. *État du matériel d'exploitation.*

	Locomotives.		Voitures à voyageurs.					Voitures à marchandises et minéraux.						
	Machines.	Tenders.	1re classe.	2e classe.	3e classe.			Wagons à marchandises.	Wagons couverts.	Trucks à coke.	Trucks à bestiaux.	Trucks à charpente.		
Quantité au 18 — au 18														
Augmentation pendant le semestre. . . . . . . Diminution pendant le semestre.														

N° 7. *Estimation des dépenses ultérieures sur le capital.*

	Pendant le semestre finissant au	Pendant les semestres suivants.	Total.
Lignes ouvertes à l'exploitation. . . . . . (Détails indiquant les principaux articles).			
Lignes en cours de construction. . . . . (Détail de chaque ligne).			
Matériel d'exploitation. . . . . (Détails).			
Souscription à d'autres chemins de fer. . (Spécifier les lignes).			
Docks, bateaux à vapeur et autres articles. . . . . (Détails).			
Ouvrages non encore commencés et interrompus (en détail).			
Autres articles (en détail).			
Total de ces dépenses.			

N° 8. *Émissions autorisées et autres ressources applicables aux dépenses ultérieures telles qu'elles sont indiquées au n° 7.*

Actions et Emprunts autorisés ou émis, mais non encore réalisés.			
Autres moyens. (Détail).			
Total			

N° 9. COMPTE DU REVENU.

Dépenses.

DOIT
Semestre terminé le

Entretien de la voie, des ouvrages et des stations . . . . Voir formule A.		
Traction. . . . . id. B.		
Réparation des voitures et wagons. . id. C.		
Dépenses du trafic. . . . . id. D.		
Frais généraux. . . . . id. E.		
Frais légaux		
Dépenses parlementaires		
Indemnités (accidents et pertes)		
Impôts et taxes		
Impôt prélevé par le Trésor.		
Dépenses spéciales et diverses, s'il y a lieu . .		
Différence à reporter au compte du produit net.		

Recettes.

AVOIR
Semestre terminé le

Voyageurs		
Messagerie, chevaux, voitures, etc.		
Service des Postes.		
Marchandises		
Bestiaux		
Produits minéraux.		
Recettes spéciales et diverses, telles que canaux, paquebots, rentes, droits de transfert, etc		
Détails		

N° 10. COMPTE DU PRODUIT NET.

DOIT

Semestre terminé le

Intérêts des emprunts hypothécaires et des obligations . . . .

Intérêts des obligations consolidées. . . . . . .

— des versements anticipés. . . . .

— des emprunts temporaires . . . .

— des *Lloyd's Bonds*. . . . .

— du compte de banque . . . .

Compte d'intérêts généraux (s'il est débiteur) .

Annuités pour location de lignes, garanties, etc.

Payements spéciaux et divers (s'il y a lieu). . .

Différence

à répartir comme dividende. . . . .

(Voir n° 13.)

AVOIR

Semestre terminé le

Report du semestre précédent. . . . .

Report du compte du revenu n° 9. . . . .

Dividendes des actions d'autres Compagnies. .

Compte des banquiers et d'intérêt général (s'il est créditeur). . . . .

Recettes spéciales et diverses (s'il y a lieu) . .

(Détails à donner) . . . .

N° 11.

Semestre terminé le

Différence disponible pour dividende, d'après le compte n° 10. . . . .

Actions privilégiées (à énumérer dans leur ordre de création avec le taux du dividende). . . .

Actions ordinaires (Dividende au taux de pour cent) . . . .

A reporter au semestre suivant. . . . . . .

FORMULES.

N° 12.

Semestre terminé le

A. *Entretien de la voie et des ouvrages d'art, etc.*

Traitements, frais de bureau et administration générale . . . .

Entretien et renouvellement de la voie fixe. . .

Personnel . . . .

Matériel . . . .

Réparations de chemins, ponts, signaux et travaux . . . .

Dépenses spéciales (s'il y a lieu) . . . .

Nombre de milles à l'état d'entretien. . . . . .

A double voie . . . .

A simple voie . . . .

Total. . . . .

B. *Traction.*

Traitements, frais de bureau et administration générale . . . .

Frais de traction. . . . .

Gages du personnel de la traction. . . . .

Houille et coke . . . .

Eau. . . . .

Huile, graisse et autres. . . . .

Réparations et renouvellements. . . . .

Personnel. . . . .

Matériel . . . .

Dépenses spéciales . . . .

C. *Réparations et renouvellement des voitures et wagons.*

VOITURES :

Traitements, frais de bureau et administration générale . . . .

Personnel. . . . .

Matériel . . . .

WAGONS :

Traitements, frais de bureau et administration générale . . . .

Personnel . . . .

Matériel. . . . .

Total. . . . .

D. *Dépenses du trafic.*

Traitements et gages, etc. . . . .

Combustible, éclairage, eau et magasins généraux . . . .

Vêtements . . . .

Impressions, fournitures de bureau et billets. .

Chevaux, harnais, fourgons, etc. . . . .

Couvertures de wagons, cordes, etc. . . . .

Dépenses des gares communes . . . .

Dépenses diverses . . . .

Dépenses spéciales (s'il y a lieu) . . . .

Total. . . . .

E. *Frais généraux.*

Administrateurs . . . .

Censeurs et comptables (s'il y a lieu). . . . . .

Traitements des secrétaires, directeurs, comptables et commis . . . .

Frais de bureau des susdits. . . . .

Frais d'annonces. . . . .

Assurances contre l'incendie. . . . .

Dépenses telégraphiques . . . .

Dépenses de participation au *Clearing house*. .

Dépenses spéciales (s'il y a lieu) . . . .

Total. . . . .

N° 13. BALANCE GÉNÉRALE.

DOIT

Compte du capital, solde créditeur du compte n° 4

Compte du revenu, solde créditeur du compte n° 10 . . . .

Intérêts et dividendes non payés. . . . .

Dividendes et intérêts garantis exigibles. . . .

Emprunts temporaires. . . . .

Lloyd's Bonds et autres obligations non comprises dans l'état des emprunts n° 3. . . . . .

Solde dû aux banquiers . . . .

Dettes envers d'autres Compagnies. . . . . . .

Somme due au *Clearing house*. . . . .

Dettes diverses. . . . .

Fonds d'assurance (incendie) pour stations, ouvrages et constructions. . . . .

Fonds d'assurance pour paquebots. . . . . . .

Divers . . . .

Total. . . . .

AVOIR

Espèces chez les banquiers. Compte courant. .	
Dépôts à intérêt.	
Placements en rentes et fonds publics.	
Placements en actions de Compagnies de chemins de fer, non compris dans le compte d'établissement	
Marchandises générales.	
Comptes de trafic dus à la Compagnie	
Sommes dues par d'autres Compagnies.	
— — par le *Clearing house*	
— — par l'administration des Postes . .	
Comptes divers en souffrance à énumérer (s'il y a lieu).	
Divers.	
Total.	

N° 14. ÉTAT DES LONGUEURS.

Semestre terminé le

	Milles autorisés.	Milles construits.	Milles en construction ou à construire.	Milles exploités par locomotives.
Lignes dont la Compagnie est propriétaire				
Lignes dont la Compagnie est co-propriétaire				
Lignes prises à bail ou en location par la Compagnie.				
Total.				
Lignes exploitées				
Lignes étrangères exploitées.				
Total.				

N° 15. ÉTAT DES DISTANCES PARCOURUES PAR LES TRAINS.

Semestre terminé le

Trains de voyageurs.	
Trains de marchandises et produits minéraux .	
Total.	

Signé : *N*, président ou vice-président de la Cie.

N, secrétaire ou comptable de la Cie.

Certificat relatif à la voie.

Je certifie que la totalité de la voie ferrée, des stations, constructions, canaux et autres ouvrages possédés par la Compagnie, ont été, durant le semestre écoulé, maintenus en bon état d'entretien et de réparation.

Signé : *N*, ingénieur.

Date

Certificat relatif au matériel roulant.

Je certifie que la totalité du matériel de la Compagnie, (locomotives, tenders, voitures, wagons, machines et outils), ainsi que les machines de ses steamers, ont été, durant le semestre écoulé, maintenus en bon état d'entretien et de réparation.

Signé : *N*, ingénieur en chef
ou surintendant des locomotives.

Certificat des Censeurs.

(Suivant les prescriptions de l'acte 30 et 31 Victoria, ch. XXXVII.)

LXIV

RAILWAY COMPANIES MEETINGS ACT. 1869

ROYAUME-UNI.

32 ET 33 VICTORIA, CHAP. VI.

19 avril 1869.

ACTE POUR ABROGER LA PARTIE DE L'ACTE DE 1868 SUR LES CHEMINS DE FER, RELATIVE A L'APPROBATION PAR LES ASSEMBLÉES DES COMPAGNIES DE CHEMINS DE FER INCORPORÉES, DES BILLS ET CERTIFICATS CONFÉRANT DE NOUVEAUX POUVOIRS A CES COMPAGNIES.

Art. 1er.

L'article 35 de l'acte de 1868 portant règlement sur les chemins de fer (relatif aux assemblées de Compagnies de chemins de fer incorporées et à l'approbation, par ces assemblées, des bills et certificats ayant pour objet de confier de nouveaux pouvoirs à ces Compagnies), est abrogé en ce qui regarde tout bill présenté à l'une ou l'autre Chambre du Parlement, ou toute demande de certificat, postérieurs au 1er février 1869.

Art. 2.

La présente loi sera dite : acte de 1869 sur les assemblées des Compagnies de chemins de fer.

LXV

LANDS CLAUSES CONSOLIDATION ACT. 1869

ROYAUME-UNI

32 ET 33 VICTORIA, CHAP. XVIII.

24 juin 1869.

ACTE POUR AMENDER LA LOI SUR L'EXPROPRIATION.

La seule modification apportée à la loi de 1845 (*Land clauses consolidation*) *consiste en ce que chacune des parties peut demander, dans le cas où l'indemnité a été fixée par des arbitres, que les frais de l'arbitrage soient taxés par les maîtres de la Cour de chancellerie.*

L'article 2 *abroge l'article* 33. *de l'acte de* 1868 *sur le règlement des chemins de fer* (31 *et* 32 *Victoria, chap.* CXIX).

LXVI

COMPANIES CLAUSES ACT. 1869

ROYAUME-UNI.

32 ET 33 VICTORIA, CHAP. XLVIII.

2 août 1869.

ACTE POUR AMENDER LE COMPANIES CLAUSES ACT DE 1863.

Art. 1er.

Abrogation d'une phrase de l'article 22 de l'acte 26 et 27 Victoria, chap. CXVIII.

Art. 2.

Aucune obligation consolidée dont l'émission a été autorisée, mais n'a pas eu lieu au moment du vote de la présente loi, ne pourra être émise dans des conditions autres que celles dans lesquelles elle aurait pu l'être si la présente loi n'avait pas été votée, à moins d'une autorisation contraire obtenue conformément à l'article 22 du *Companies clauses act* de 1863.

Art. 3.

Toute Compagnie autorisée à réaliser des fonds au moyen d'hypothèques ou de bons, en vertu d'un acte du Parlement, mais non à émettre des obligations consolidées, pourra désormais en émettre, en se conformant aux dispositions de l'acte 26 et 27 Victoria, chap. CXVIII, qui sera, ainsi que le présent, incorporé dans l'acte spécial de chaque Compagnie.

Art. 4.

Les sommes empruntées par une Compagnie pour rembourser des emprunts hypothécaires légalement émis, et employées à cet usage, seront considérées comme émises légalement et dans la limite des pouvoirs statutaires.

Art. 5.

Abrogation d'une phrase de l'art. 21 *du Companies clauses act de* 1863.

Art. 6.

Toutes les actions formant une partie du capital originel ou additionnel autorisé par un acte du Parlement antérieur à la présente session, et non émises, pourront être émises dans les conditions indiquées par le *Companies clauses act* de 1863, amendé par les présentes, qui sera, en conséquence censé incorporé avec l'acte de concession.

Art. 7.

Les actions dont l'émission a été autorisée, mais n'a pas eu lieu antérieurement au vote de la présente loi, ne pourront être émises que dans les conditions où elles auraient dû l'être si la présente loi n'avait pas été votée, à moins d'une autorisation spéciale donnée conformément aux dispositions du *Companies clauses act* de 1863.

Art. 8.

La présente loi n'aura pas pour effet de modifier ou d'étendre les dispositions d'aucun acte relatif au capital actions, limitant à un taux fixe les profits à partager pour le capital versé.

Art. 9.

Cet acte peut être cité sous le titre d'acte de 1869 sur les clauses des compagnies (*Companies clauses act* 1869).

LXVII

CONTAGIOUS DISEASES ACT. 1869

GRANDE-BRETAGNE.

32 ET 33 VICTORIA, CHAP. LXX.

9 août 1869.

ACTE SUR LES MALADIES CONTAGIEUSES DES BESTIAUX.

Les articles 30, 57, 62, 64 *et* 107 *de cette loi intéressent les chemins de fer. Ils indiquent les précautions à prendre contre la contagion (Désinfection des wagons, etc.).*

LXVIII

ABANDONMENT OF RAILWAYS ACT. 1869

ROYAUME-UNI.

32 ET 33 VICTORIA, CHAP. CXIV.

11 août 1869.

ACTE POUR AMENDER LA LOI SUR L'ABANDON DES CONCESSIONS DE CHEMINS DE FER ET LA DISSOLUTION DES COMPAGNIES.

Cet acte très-court ne contient aucune disposition importante. Il est surtout relatif à la procédure légale. Il abroge certains articles de l'acte de 1850 (13 *et* 14 *Victoria, chap.* LXXXIII).

LXIX

RAILWAYS POWERS AND CONSTRUCTION ACT. 1870

ROYAUME-UNI.

33 ET 34 VICTORIA, CHAP. XIX.

20 juin 1870.

ACTE POUR AMENDER LES RAILWAY COMPANIES POWERS ACT DE 1864 ET LE RAILWAY CONSTRUCTION FACILITIES ACT DE 1864.

Art. 1er.

Cet acte peut être cité sous le nom d'acte d'amendement des actes de 1864 sur les pouvoirs et la construction des chemins de fer (*Railways powers and construction acts* 1864, *amendment act* 1870).

Art. 2.

A dater de ce jour, sont abrogés les articles 7 et 8 du *Railway companies powers act* de 1864 et la première partie de l'annexe dudit acte, et les articles 9 et 10 du *Railway construction facilities act* de 1864.

Art. 3.

Toute compagnie de chemin de fer ou de canal (on comprend sous ce nom les propriétaires ou locataires) si elle désire faire entendre des avocats, agents ou témoins contre une demande de certificat adressée au *Board of Trade*, en vertu du *Railway companies powers act de* 1864, ou du *Railway construction facilities act de* 1864, devra remettre, dans le délai prescrit, au *Board of Trade*, un avis écrit conforme au modèle ci-annexé, avec les modifications nécessaires suivant les cas.

Lorsqu'un avis d'opposition a été déposé, le *Board of Trade* peut, s'il le juge bon, donner suite à la demande de certificat, mais, dans ce cas, il doit préparer un certificat provisoire dans les conditions suivantes :

Tout certificat provisoire préparé dans ces conditions, sera rédigé de telle façon, aura le même effet, et contiendra, sur tous les points, les mêmes clauses que si aucune opposition n'avait été formée.

Lorsqu'un certificat préparé dans ces conditions sera confirmé, il aura toute la force et les effets d'un certificat dûment fait et délivré par le *Board of Trade*, mais il n'aura aucune valeur quelconque avant d'avoir été ainsi confirmé.

Lorsqu'un certificat provisoire est préparé dans ces conditions, les promoteurs devront lui donner la publicité prescrite par l'acte de 1864.

Les frais relatifs à la préparation et à l'émission du certificat provisoire seront acquittés par les promoteurs, et le *Board of Trade* peut leur demander caution pour le payement de ces frais, avant d'examiner la demande de certificat, dont il est saisi.

Art. 4.

Le *Board of Trade*, après s'être assuré que la publicité voulue a été donnée au certificat, présentera aussitôt que possible, après un délai de sept jours, à l'une des Chambres du Parlement, un bill ayant pour objet de confirmer le certificat provisoire, qui sera reproduit *in extenso*.

Si, lorsque que ce bill est pendant, il est formé devant le Parlement une opposition contre le certificat provisoire, le bill pourra être renvoyé à une Commission, et le pétitionnaire sera entendu en son opposition, comme s'il s'agissait d'un bill privé.

Les dispositions de l'acte de la présente session intitulé : *Acte pour permettre aux Comités ayant pour mission d'examiner les bills qui confirment les ordonnances provisoires, de répartir les frais et d'examiner des témoins sous la foi du serment,* seront étendues et s'appliqueront à toute Commission chargée d'examiner un bill de confirmation d'un certificat provisoire....

L'acte du Parlement qui confirme un certificat provisoire sera considéré comme un acte public d'intérêt général.

Art. 5.

A dater de ce jour, l'article 33 du *Railway construction facilities act,* relatif à la largeur des voies, est abrogé, et tout chemin de fer autorisé par un certificat sera construit avec la largeur prescrite.

. . . .

Art. 6.

Aux termes de cet article, les actes affectant ceux indiqués dans l'annexe de la loi de 1864 *sont déclarés applicables aux chemins construits en vertu de la dite loi.*

LXX

IRLANDE.

33 ET 34 VICTORIA, CHAP. XXXVI.

1er août 1870.

ACTE POUR AMENDER LA LOI IRLANDAISE SUR LES MALADIES DES BESTIAUX.

C'est l'application à l'Irlande de la loi anglaise (32 *et* 33, *ch* LXX).

LXXI

REGULATION OF RAILWAYS ACT. 1871

ROYAUME-UNI.

34 ET 35 VICTORIA, CHAP. LXXXVIII.

14 août 1871.

ACTE POUR AMENDER LA LOI RELATIVE A L'INSPECTION ET AUX RÈGLEMENTS DES CHEMINS DE FER.

PRÉLIMINAIRES.

Art. 1er.

Cet acte, en tant que cela s'accorde avec sa teneur, sera considéré comme ne faisant qu'un avec ceux indiqués dans l'Annexe 2e[1] et avec l'acte de 1868[2]. Ces actes et le présent peuvent être cités ensemble, sous le titre d'actes de 1841 à 1871 portant règlement des chemins de fer....

Art. 2.

Interprétation des termes.

INSPECTION DES CHEMINS DE FER.

Art. 3.

Le *Board of Trade* peut, de temps en temps, nom-

1. 3 et 4 Victoria, ch. XCVII, 5 et 6 Victoria, ch. LV, 7 et 8 Victoria, LXXXV.
2. 31 et 32 Victoria, ch. CXIX.

mer une personne en qualité d'inspecteur, avec mission d'inspecter tout chemin de fer, de faire les enquêtes relatives à tout chemin de fer, ou sur la cause de tout accident de chemin de fer, que le *Board of Trade* est autorisé à faire ou à ordonner; de permettre au *Board of Trade* d'exécuter les dispositions des actes généraux relatifs aux chemins de fer, ou de remplir toute autre mission; pourvu toutefois que les fonctionnaires ainsi nommés, ne puissent s'immiscer en rien dans les affaires d'aucune Compagnie.

Art. 4.

Tout inspecteur aura, en vertu de la présente loi, pour les inspections ou enquêtes que le *Board of Trade* lui ordonne de faire ou de conduire, les pouvoirs suivants :

1° Il pourra pénétrer sur tout chemin de fer, et l'inspecter, ainsi que les stations, travaux, édifices, bureaux, dépôts, matériel et machines en dépendant.

2° Il pourra, par une assignation signée de lui, requérir la comparution de toute personne employée dans l'administration, ou le service d'une Compagnie, qu'il juge utile d'appeler et d'entendre, et réclamer les réponses ou renseignements nécessaires à ses enquêtes, de cette personne ou de la Compagnie.

3° Il pourra réclamer et forcer la production de tous les livres, papiers et documents d'une Compagnie, qu'il juge importants.

Art. 5.

Les dispositions de l'acte de 1842 (5 et 6 Victoria, ch. LV) et des lois qui l'ont amendé, relativement à l'ouverture de tout chemin de fer, s'appliqueront à l'ouverture de toute ligne supplémentaire, ligne de déviation, station, embranchement, passage à niveau, faisant partie d'une ligne de voyageurs ou communiquant directement avec cette ligne, et construit postérieurement à l'inspection faite au nom du *Board of Trade* avant l'outure du chemin principal.

Néanmoins, en ce qui concerne ces ouvrages, le *Board of Trade* pourra, sur la demande d'une Compagnie, ne pas exiger l'envoi des avis préliminaires exigés par la loi.

ACCIDENTS.

Art. 6.

Lorsque, dans l'exploitation des chemins de fer, il se produit, sur le chemin de fer, ou à proximité, ou sur l'un des travaux ou bâtiments, chantiers, lieux clos ou fermés occupés par la Compagnie, un des accidents suivants, savoir :

1° Un accident ayant causé la mort ou des blessures à une personne, quelle qu'elle soit.

2° Une collision entre deux trains, dont l'un transportait des voyageurs.

3° Un déraillement de tout ou partie d'un train de voyageurs.

4° Tout autre accident non compris dans les catégories précédentes, mais ayant causé ou pu causer la mort ou des blessures, et qui peut être indiqué par un règlement du *Board of Trade.*

Dans ces cas, la Compagnie qui exploite la ligne, et si le train appartient à une autre Compagnie, cette dernière Compagnie, doit prévenir le *Board of Trade* de l'accident, et des morts et blessures qu'il a occasionnées (s'il en a occasionné).

Cet avis sera donné dans la forme, et contiendra les renseignements que le *Board of Trade* indiquera, et sera envoyé par le premier courrier qui suivra l'accident.

Le *Board of Trade* peut ordonner que l'avis de certains accidents particuliers lui soit transmis par le télégraphe ; il peut également révoquer cet ordre.

Avis de cet ordre, lorsqu'il sera rendu, sera envoyé à toute Compagnie de chemin de fer, et, tant qu'il n'y aura pas eu de révocation notifiée, tout accident compris dans les classes indiquées devra être immédiatement signalé au *Board of Trade* par le télégraphe.

Toute contravention à ces dispositions rend la Compagnie passible d'une amende n'excédant pas 505 francs.

Art. 7.

Le *Board of Trade* peut faire faire, par un inspecteur, une enquête sur la cause de tout accident, dont l'avis doit lui être donné en vertu du présent acte, et s'il lui paraît, soit avant, soit après le commencement de cette enquête, qu'il y a lieu d'ordonner une enquête plus sérieuse sur l'accident, ses causes et les circonstances qui l'ont accompagné, il peut ordonner cette enquête, et, dans ce cas, les règles suivantes seront applicables :

1° Le *Board of Trade* peut, par la même ordonnance, ou par une ordonnance subséquente, charger une ou plusieurs personnes ayant des connaissances techniques, d'assister l'inspecteur, ou inviter un juge.... ou autre personne à faire l'enquête avec l'assistance de l'inspecteur et d'un ou plusieurs autres assesseurs indiqués par l'ordonnance.

2° Les personnes chargées de faire l'enquête (et qui seront désignées sous le nom de la *Cour*) la feront publiquement, de la manière et dans les conditions qui leur sembleront les plus propres à révéler les causes et les circonstances de l'accident, et à leur permettre de rédiger le rapport mentionné ci-après.

3° La Cour aura, pour cette enquête, tous les pouvoirs d'une cour de juridiction sommaire agissant dans les limites de sa juridiction ordinaire, tous ceux des inspecteurs, et, en outre, tous ceux qui vont être énumérés, savoir :

A. Elle pourra pénétrer dans tout lieu ou bâtiment, et inspecter tous ceux dont l'inspection lui semble nécessaire.

B. Elle pourra assigner toutes les personnes qu'elle juge utile d'entendre ou d'appeler, et exiger qu'on réponde ou qu'on lui envoie les documents qu'elle considère comme nécessaires.

C. Elle pourra exiger et forcer la production de tous livres, papiers et documents qu'elle considère comme importants.

D. Elle pourra déférer le serment, et exiger que toute personne interrogée fasse et signe une déclaration attestant la vérité des faits énoncés dans sa déposition.

E. Toute personne ainsi assignée, et qui n'est employée, ni dans l'administration, ni dans le service de la Compagnie, recevra, pour sa comparution, l'indemnité qui serait allouée à un témoin appelé devant une cour de justice....

4° L'inspecteur ou la Cour chargés d'une enquête sur un accident, adresseront au *Board of Trade* un rapport indiquant les causes et les circonstances de l'accident, avec leurs observations sur les faits, les témoignages recueillis et les points qu'ils croiront devoir indiquer. Le *Board of Trade* publiera ces rapports de la façon qu'il jugera convenable.

Art. 8.

Lorsqu'un *coroner* fait, ou va faire une enquête sur la mort d'une personne, survenue par suite d'un des accidents dont la loi oblige à prévenir le *Board of Trade*, et adresse au *Board of Trade* une demande écrite, cette administration peut charger un inspecteur ou une autre personne ayant des connaissances légales ou spéciales, d'assister le *coroner* dans cette enquête. La personne ainsi désignée assistera le *coroner*, et adressera au *Board of Trade* un rapport qui sera publié, comme il est dit à l'article précédent.

STATISTIQUES DES CHEMINS DE FER.

Art. 9.

Toute Compagnie préparera, chaque année, des états indiquant son capital, son trafic, ses frais d'exploitation, pour le dernier exercice financier, conformément aux formules annexées à la présente loi.

Un exemplaire de chaque état, signé par le président ou le vice-président du Conseil d'administration de la Compagnie et par l'agent responsable de l'exactitude de tout ou partie de chaque tableau, sera adressé par la Compagnie au *Board of Trade* aux époques ci-après :

Si la Compagnie est incorporée, dans les quatorze jours qui suivront la première assemblée ordinaire semestrielle de chaque année.

Si la Compagnie n'est pas incorporée, ou ne tient pas d'assemblée semestrielle, le 31 mars au plus tard.

Toute Compagnie qui néglige d'envoyer cet état, conformément aux présentes dispositions, est passible d'une amende n'excédant pas 126 francs par jour de retard.

Le *Board of Trade* peut, du consentement d'une Compagnie, modifier les formes de ces états pour les mieux adapter à la situation particulière de cette Compagnie, ou pour mieux remplir l'objet de la loi.

Art. 10.

Si l'un des états exigés par la présente loi est faux sur quelques points, à la connaissance de l'un de ceux qui le signent, ledit signataire sera passible d'amende et d'emprisonnement, ou, en vertu d'un jugement sommaire, d'une amende n'excédant pas 1262 francs.

DISPOSITIONS DIVERSES.

Art. 11.

Toute personne qui, sans un motif valable (dont la preuve lui incombe), fait une des choses suivantes, savoir:

1° Ayant été assignée et ayant reçu l'offre de remboursement de ses dépenses, manque de comparaître comme témoin devant la cour d'enquête ou refuse à un inspecteur ou à la cour de répondre à une question posée, de fournir un état, de produire un document ou de faire ou signer une déclaration;

2° Entrave ou gêne l'inspecteur ou la Cour dans l'exercice de leurs fonctions;

Sera, dans chaque cas, passible d'une amende n'excédant pas 252 francs et, s'il s'agit du refus de préparer un état ou de produire un document, n'excédant pas 252 francs pour chaque jour de retard.

Si le délit consiste à entraver ou à gêner l'inspecteur ou un membre de la Cour, ou une personne dont le concours a été réclamé, le délinquant peut être arrêté et emprisonné jusqu'à ce qu'on puisse facilement le conduire devant une cour de juridiction sommaire, qui le jugera suivant la loi.

Art. 12.

Lorsqu'une Compagnie de chemin de fer, en vertu d'un contrat pour le transport par terre et par mer des personnes, animaux ou marchandises, fait effectuer le transport par un vaisseau qui ne lui appartient pas, elle demeurera responsable des dommages-intérêts pour toute perte ou accident survenus aux animaux ou aux marchandises, comme si le vaisseau lui appartenait, si toutefois cette perte ou cet accident ont eu lieu pendant le transport, la preuve du contraire incombant à la Compagnie.

Art. 13 à 18.

Clauses de procédure et détails sans intérêt.

Modèle 1.

ÉTAT dressé en exécution de. . . . , par la Compagnie du chemin de fer. . . . . de son capital actions et obligations autorisé, et des sommes versées sur son capital ordinaire et privilégié, obligations consolidées, ou dette fondue, au 31 décembre 18.., indiquant le taux pour 100 des dividendes de l'année 18.. pour chacun de ces capitaux, montrant aussi les dettes existantes au 31 décembre 18.., classées suivant les divers taux d'intérêt, et le capital souscrit à d'autres entreprises louées ou exploitées par la Compagnie, ou indépendantes.

Nom de la Compagnie.	Capital autorisé jusqu'au 31 décembre 18 , y compris le chiffre autorisé pour souscriptions à d'autres entreprises louées ou exploitées par la Compagnie ou indépendantes[1].			Capital actions et consolidé versé, au 31 décembre 18 , y compris les souscriptions à d'autres entreprises.									Capital réalisé au moyen d'emprunts et d'obligations consolidées au 31 décembre 18 .[3]					Total du capital-actions et obligations, réalisé au 31 décembre 18 .	Souscriptions à d'autres entreprises.
	Par actions[2].	Par emprunts.	Total.	Ordinaire.	Taux du dividende.	Garanti.	Taux du dividende garanti.	Taux du dividende payé.	Privilégié.	Taux du dividende privilégié.	Taux du dividende payé.	Total du capital actions et consolidé au 31 décembre 18 .	Emprunts.	Taux d'intérêt.	Obligations consolidées.	Taux d'intérêt.	Total réalisé par emprunts et obligations consolidées au 31 décembre 18 .		
	fr.	fr.	fr.	fr.	%	fr.	%	%	fr.	%	%	fr.	fr.	%	fr.	%	fr.	fr.	fr.

Nota. Cet état doit être daté et signé par l'agent ou les agents de la Compagnie, qui répondent de son exactitude.

1. On indiquera tout le capital autorisé par le Parlement ou par le *Board of Trade*, en vertu de la loi de 1864, mais non celui autorisé pour des entreprises qui ont été abandonnées. — 2. Lorsqu'une souscription est autorisée sur les fonds du capital existant, il n'en sera pas tenu compte ici, mais cette somme sera indiquée dans la dernière colonne. — 3. Avoir soin de ne pas confondre les obligations consolidées avec les emprunts, et de ne pas faire figurer la même somme, sous ces deux titres.

Modèle 2

ÉTAT dressé en exécution de. . . . , du trafic en voyageurs et en marchandises, pour l'année finissant le 31 décembre 18..[1] sur le chemin de fer. . . . et sur les lignes. . . . . . .[2] appartenant à. . : . , exploitées ou louées par la compagnie d. . . . .

Nom de la Compagnie.	Longueur des lignes exploitées au 31 décembre 18 [3].			Voyageurs. Nombre de voyageurs, non compris les porteurs de billets d'abonnement [4].				Porteurs de billets d'abonnement [5].	Marchandises.		Nombre de kilomètres parcourus			Recettes des Voyageurs.					Excédants de bagages, messagerie, voitures, etc., dans les trains de voyageurs.	Poste.	Total des recettes des trains de voyageurs.	Marchandises.	Animaux.	Minéraux.	Total des recettes des trains de marchandises.	Recettes diverses, péages, redevances, canaux, steamers, etc.	Total général des recettes de toute provenance.
	à deux voies.	à une voie.	Total.	1re classe.	2e classe.	3e classe.	Total.		classe minéral. Tonnes.	classe générale. Tonnes.	par les trains de voyageurs.	par les trains de marchandises.	Total.	1re classe.	2e classe.	3e classe.	Billets d'abonnement.	Total.									
														fr.	fr.	fr.	fr.	fr.	fr.	fr.	fr.	fr.	fr.	fr.	fr.	fr.	fr.

Nota. Cet état sera daté et signé par l'agent ou les agents de la Compagnie, qui répondent de son exactitude.

1. Si les comptes de la Compagnie sont arrêtés à une époque différente de celle-ci, on indiquera quelle est la période comprise dans l'état. — 2. Indiquer ici toutes les lignes dont le trafic est compris dans cet état. — 3. Ce chiffre ne doit pas comprendre les lignes des autres Compagnies sur lesquelles la Compagnie a simplement le droit de faire circuler des trains. Il comprendra la moitié des lignes exploitées en commun. — 4. Les billets d'aller et retour compteront pour deux voyageurs, chaque enfant comme un voyageur. — 5. Indiquer le nombre des porteurs de billets de saison, et non le nombre présumé de leurs voyages.

Modèle 3.

ÉTAT dressé en exécution de. . . . , par la Compagnie du chemin de fer. . . . , des dépenses de l'exploitation et du matériel roulant de la Compagnie. . . . . et des chemins de fer[1]. . . . , exploités ou loués par la Compagnie. . . . .

Nom de la Compagnie.	Longueur des lignes exploitées au 31 décembre 18 [3].	Dépenses de l'Exploitation pour l'année finissant le 31 décembre 18 [2].													Matériel roulant au 31 décembre 18 .					
		Entretien et renouvellement de la voie et des travaux.	Traction, y compris les machines fixes.	Réparation et renouvellement des voitures et wagons.	Dépenses de l'exploitation.	Frais généraux.	Impôts et taxes locales.	Droit de 5 p. 100 au profit du Trésor.	Indemnités pour accidents aux voyageurs [4].	Indemnités pour pertes et avaries de marchandises.	Dépenses légales et parlementaires.	Bateaux, canaux et ports.	Dépenses diverses.	Total des dépenses de l'exploitation.	Locomotives.	Wagons de voyageurs.	Autres voitures attachées aux trains de voyageurs.	Wagons de marchandises et bestiaux.	Autres véhicules.	Total des 5 colonnes précédentes.

Nota. Cet état sera daté et signé par l'agent ou les agents de la Compagnie, qui répondent de son exactitude.

1. Indiquer ici les noms des chemins compris dans l'état ci-dessus. — 2. Si les comptes de la Compagnie sont arrêtés à une époque différente de celle-ci, on indiquera quelle est la période comprise dans l'état. — 3. Ce chiffre ne doit pas comprendre les lignes des autres Compagnies, sur lesquelles la Compagnie a simplement le droit de faire circuler des trains. Il comprendra la moitié des lignes exploitées en commun. — 4. Les dépenses légales relatives aux cas d'indemnités ne seront pas portées ici, mais dans la colonne des dépenses légales et parlementaires.

Cet état devra comprendre les sommes payées sur les fonds d'entretien et de réserve de toute espèce, réparties dans les diverses colonnes auxquelles elles se rapportent. Il ne comprendra pas les intérêts des emprunts.

LXXII

ROYAUME-UNI.

34 ET 35 VICTORIA, CHAP. LXXXVI.

17 août 1871.

ACTE POUR RÉGLEMENTER LES FORCES RÉGULIÈRES ET AUXILIAIRES DE LA COURONNE, ET POUR D'AUTRES OBJETS.

Art. 16.

Lorsque Sa Majesté déclarera, par un ordre rendu en Conseil, qu'il se présente une circonstance dans laquelle il est utile au service public que le gouvernement de Sa Majesté ait directement l'administration de tout ou partie des chemins de fer du Royaume-Uni, le Secrétaire d'État peut, au moyen d'un ordre signé de sa main, donner pouvoir à toute personne ou personnes, de prendre possession de ces chemins de fer et de tout ou partie de leur matériel, avec ou sans le chemin de fer lui-même, et de s'en servir pour le service de Sa Majesté au moment et de la façon indiquée par le Secrétaire d'État.

Les administrateurs, employés et agents de ce chemin de fer obéiront aux ordres du Secrétaire d'État comme délégué de Sa Majesté, pour la direction du chemin de fer.

Tout ordre rendu par ledit Secrétaire d'État, en vertu de cette disposition, restera en vigueur pendant une semaine seulement, mais pourra être renouvelé de semaine en semaine aussi longtemps que les circonstances l'exigeront dans l'opinion du Secrétaire d'État.

Sur les fonds votés par le Parlement, il sera payé à la personne ou corporation dont le chemin de fer est ainsi séquestré, une pleine indemnité à raison de toute perte ou dommage qui lui aurait été causé par l'exercice des pouvoirs du Secrétaire d'État. La somme à payer sera fixée d'accord entre le Secrétaire d'État et la personne ou Compagnie, et, en cas de dissentiment, par des arbitres conformément à la loi de 1845, sur l'expropriation.

Lorsque le Secrétaire d'État prend ainsi possession d'un chemin de fer et de ses dépendances, au nom de Sa Majesté, tous traités et contrats entre les propriétaires de ce chemin ou leurs agents.... et toute personne, relativement à l'exploitation ou à l'entretien, aux fournitures de matériel,... seront censés faits avec Sa Majesté.

Sous le nom de chemin de fer est compris tout tramway à traction de chevaux ou à vapeur, ou partie l'un et partie l'autre, et toute station, bâtiment ou annexe appartenant au chemin de fer ou tramway.

Sous le nom de matériel sont comprises les machines, le matériel roulant, les chevaux ou autre force motrice et tout ce qui est nécessaire à l'exploitation d'un chemin de fer ou d'un tramway.

LXXIII

RAILWAY ROLLING STOCK PROTECTION ACT. 1872.

ROYAUME-UNI.

35 ET 36 VICTORIA, CHAP. L.

6 août 1872.

ACTE POUR PROTÉGER CONTRE LES SAISIES LE MATÉRIEL ROULANT DES CHEMINS DE FER, LORSQU'IL EST LOUÉ.

Art. 1er.

Cet acte peut être cité sous le titre d'acte de 1872 pour protéger le matériel des chemins de fer.

Art. 2.

Dans cette loi, les mots: matériel roulant comprennent les wagons, voitures de toute espèce, et machines locomotives employés sur les chemins de fer....

Art. 3.

Le matériel roulant en service ne pourra être saisi pour le payement d'une rente due par le locataire d'une usine, mine, manufacture, etc., si ce matériel n'appartient pas à cette usine, etc., et porte une plaque de métal ou autre signe visible indiquant suffisamment quel en est le propriétaire.

Art. 4.

Lorsque le matériel roulant est saisi, toute Cour de

juridiction sommaire peut émettre un ordre pour le faire restituer ou pour faire rembourser sa valeur avec les frais....

Art. 5.

Cet acte n'aura pas pour effet de protéger contre les saisies les intérêts que peut avoir un locataire dans le matériel roulant....

Art. 6 et 7.

Réglementation du droit d'appel.

LXXIV

REGULATION OF RAILWAYS ACT. 1873.

ROYAUME-UNI.

36 ET 37 VICTORIA, CHAP. XLVIII.

21 juillet 1873.

ACTE POUR MIEUX ASSURER L'EXÉCUTION DU RAILWAY AND CANAL TRAFFIC ACT DE 1854.

Soit-il ordonné par Sa Majesté la Reine, par et avec l'avis et le consentement des Lords spirituels et temporels et des communes réunis dans ce présent Parlement et par leur autorité, savoir :

PRÉLIMINAIRES.

Art. 1er.

Cet acte peut être cité sous le nom d'acte de 1873 sur le règlement des chemins de fer.

Art. 2.

Cet acte sera, sauf les dérogations indiquées ci-après, en vigueur à partir du 1er septembre 1873.

Art. 3.

Dans cette loi, l'expression *Compagnie de chemin de fer* comprend toute personne qui possède comme propriétaire ou locataire, ou qui exploite dans le Royaume-Uni un chemin de fer construit ou exploité en vertu d'un acte du Parlement.

L'expression *Compagnie de canal*, comprend toute personne qui possède, comme propriétaire ou locataire, qui exploite, ou qui a le droit de percevoir des péages sur un canal du Royaume-Uni, construit ou exploité en vertu d'un acte du Parlement.

L'expression *personne* comprend un groupe de personnes constituées en société incorporée ou non incorporée.

L'expression *chemin de fer* comprend les stations, voies de garage, magasins ou docks qui appartiennent au chemin de fer et sont affectés à un service public de transport.

L'expression *canal* comprend toute voie navigable qui a été créée ou sur laquelle des droits peuvent être perçus en vertu d'une autorisation du Parlement. Elle comprend aussi les magasins et débarcadères qui font partie intégrante du canal ou de la rivière et servent à un service public.

L'expression *trafic* comprend non-seulement les voyageurs et leurs bagages, les marchandises, les animaux et les autres objets que transporte une Compagnie de chemin de fer ou de canal, mais encore les voitures, wagons, trucks, bateaux et véhicules de toute espèce, disposés pour circuler sur les chemins de fer ou sur le canal d'une Compagnie.

L'expression *poste* comprend les sacs à lettres et autres, dont le transport est confié à la poste.

L'expression *acte spécial* signifie un acte local, ou local et personnel, ou un acte d'une nature locale et personnelle; elle comprend les ordonnances provisoires du *Board of Trade* confirmées par un acte du Parlement, et les certificats accordés par le *Board of Trade* en vertu du *Railway construction facilities act* de 1866.

L'expression *la Trésorerie* signifie les commissaires de la Trésorerie de Sa Majesté qui sont en exercice.

L'expression *Cour supérieure* signifie, pour l'Angleterre, l'une des Cours supérieures de Sa Majesté à Westminster; pour l'Irlande, l'une des Cours supérieures de Sa Majesté à Dublin, et pour l'Écosse la Cour de session.

NOMINATION ET FONCTIONS DES COMMISSAIRES DES CHEMINS DE FER.

Art. 4.

Pour assurer l'exécution du *Railway and canal traffic act* de 1854 et de la présente loi, Sa Majesté pourra légalement à toute époque, à partir de la présente loi, nommer, par un ordre signé de sa main, trois commissaires au plus, dont l'un sera un homme versé dans la connaissance des lois et un autre, un homme ayant l'expérience des affaires de chemins de fer.

Il pourra y avoir un ou deux commissaires adjoints, et s'il se produit quelque vacance, il y sera pourvu par Sa Majesté.

Le Lord Chancelier aura le droit de révoquer, pour cause d'incapacité ou de mauvaise conduite, tout commissaire nommé en exécution de la présente loi.

Les trois commissaires nommés en vertu de la présente loi (et qui y sont désignés sous le titre de commissaires), seront appelés les *commissaires des chemins de fer*. Ils auront un sceau officiel qui sera reconnu juridiquement. Ils pourront fonctionner sans être au complet. Les membres adjoints seront révocables à la volonté de Sa Majesté.

Art. 5.

Toute personne nommée commissaire en vertu de la présente loi devra, dans un délai de trois mois à dater de sa nomination, se défaire entièrement de toutes valeurs, actions, obligations, ou autres titres des Compagnies de chemins de fer ou de canaux du Royaume-Uni, qu'il pourrait posséder.

Il ne sera permis à aucune personne nommée commissaire en vertu de la présente loi, aussi longtemps qu'elle conservera ces fonctions, d'acheter l'une de ces valeurs, ou d'y avoir profit ou intérêt. Si quelque propriété de cette nature lui advient par testament ou succession, elle devra s'en défaire absolument dans un délai de trois mois.

Il sera interdit aux commissaires d'exercer la juridiction qui leur est conférée par la présente loi dans des affaires où l'objet en litige les concernerait directement ou indirectement.

Les commissaires consacreront tout leur temps à remplir les fonctions que leur confère la présente loi, et n'accepteront aucune fonction ou emploi susceptible de les en distraire.

Art. 6.

Toute personne qui aurait à se plaindre d'un fait ou d'une omission constituant une violation de l'article 2 du *Railway and canal act* de 1854, ou de l'article 16 du *Regulation of Railways act* de 1868 ou de la présente loi ou de toute disposition législative amendant ou appliquant ces différents actes, peut s'adresser aux commissaires. Toute autre personne déléguée par le *Board of Trade* et munie d'un certificat par lequel cette administration constate une contravention de ce genre, peut également saisir les commissaires. Et pour permettre à ceux-ci d'instruire et de juger l'affaire qui fait l'objet de la plainte, ils pourront exercer toute la juridiction conférée par l'article 3 du *Railway and canal act* de 1854 aux différentes Cours et aux juges chargés de statuer sur les plaintes prévues par l'acte de 1854. Les commissaires pourront prendre des décisions du même genre que ces Cours et ces juges. Lesdites Cours et lesdits juges, à moins qu'il ne s'agisse de faire exécuter des décisions des commissaires, cesseront d'exercer la juridiction qui leur avait été conférée par l'article précité.

Art. 7.

Quand les commissaires seront saisis d'une plainte dénoncant une infraction commise par une Compagnie de chemin de fer ou de canal, relativement à une des dispositions légales qui rentrent dans leur juridiction, ils pourront, s'ils le jugent convenable, avant d'ordonner ou de permettre aucune procédure officielle, communiquer la plainte à la Compagnie incriminée pour que celle-ci puisse présenter les observations qu'elle jugerait convenables.

Art. 8.

Quand un différend entre des Compagnies de chemins de fer, ou entre des Compagnies de canaux, ou entre une Compagnie de chemin de fer et une Compagnie de canal, doit ou peut, en vertu d'un acte général ou spécial antérieur ou postérieur à la présente loi, être soumis à un arbitrage, ce différend, si l'une des parties le demande et si les commissaires y consentent, sera déféré aux commissaires et non à des arbitres. Toutefois, ce pouvoir de déférer le litige aux commissaires ne s'appliquera pas aux affaires pour lesquelles un arbitre aurait été désigné dans quelque loi générale ou spéciale par son nom ou par le titre de ses fonctions, ou pour lesquelles un arbitre permanent ayant été nommé en vertu d'un acte général ou spécial, les commissaires penseraient que le différend peut lui être plus convenablement soumis.

Art. 9.

Tout différend dans lequel l'une des parties est une Compagnie de chemin de fer ou de canal peut, sur la demande des parties en cause et avec l'assentiment des commissaires, être soumis à la décision de ces derniers.

Art. 10.

Les pouvoirs et les fonctions ci-après indiqués seront transférés du *Board of Trade* aux commissaires, savoir :

I. Les pouvoirs attribués au *Board of Trade* par la 3e partie du *Railway clauses act* de 1863 ou toute loi spéciale, relativement à l'approbation de traités d'exploitation conclus entre des Compagnies de chemins de fer.

II. Les pouvoirs et fonctions attribués au *Board of Trade* par l'article 35 du *Railway clauses act* de 1863, relativement à l'exercice des pouvoirs que les Compagnies de chemins de fer possèdent relativement aux bateaux à vapeur.

Les dispositions des lois précitées qui confèrent ces pouvoirs et imposent ces obligations ou y renvoient, seront, en tant que cela pourra s'accorder avec la présente loi, interprétées comme si les commissaires y étaient nommés au lieu du *Board of Trade*.

INTERPRÉTATION ET AMENDEMENT DE LA LÉGISLATION.

Art. 11.

Attendu que l'article 2 du *Railway and Canal Traffic act* de 1854 décide que les Compagnies de chemins de fer, les Compagnies de canaux et les Compagnies qui possèdent à la fois des voies de fer et des voies navigables, doivent accorder, dans la mesure de leurs moyens respectifs, toutes les facilités raisonnables pour la réception, l'expédition et la délivrance du trafic sur les différents chemins de fer ou canaux qui leur appartiennent ou qu'elles exploitent, ainsi que pour le retour des voitures, trucks, bateaux et autres véhicules, et qu'elles ne doivent accorder ni préférence, ni avantages indus ou déraisonnables pour ou contre un individu, ou une Compagnie, ou une espèce particulière de trafic, sous aucun rapport, ni assujettir une personne, une Compagnie, ou une classe particulière de trafic à des conditions désavantageuses et dommageables, d'une façon indue et déraisonnable, sous aucun rapport, et que toute Compagnie de chemins de fer ou de canaux faisant partie d'une ligne continue de voies ferrées ou de voies navigables, ayant des têtes de ligne ou des quais voisins les uns des autres, doit donner toutes les facilités raisonnables pour la réception et la réexpédition sur ses lignes des marchandises arrivant par les lignes de l'autre Compagnie, sans retards déraisonnables, et sans préférence ou avantage, dommage ou désavantage, comme il a été dit, de telle sorte que le public désireux d'employer les voies de fer ou d'eau qui se succèdent comme une ligne continue, n'éprouve aucune difficulté, mais trouve, en tout temps, toutes les facilités raisonnables, pour l'usage des voies de fer ou d'eau de ces diverses Compagnies. Et attendu qu'il convient d'interpréter et d'amender ces dispositions, soit-il ordonné que :

Sous le bénéfice des clauses suivantes, les facilités qui doivent être accordées par les Compagnies, comprendront la réception, expédition et remise due et raisonnable par toute Compagnie de chemin de fer, Compagnie de canal, et Compagnie de chemins de fer et de canal, à la requête de toute autre Compagnie, du trafic au delà de son réseau, à des prix, droits, et tarifs totaux (indiqués dans le présent acte sous le nom de *tarifs totaux*).

Pourvu toutefois que :

I. La Compagnie demandant que les marchandises soient expédiées fera connaître par écrit à chacune des Compagnies participant au transport, le tarif total qu'elle propose, en spécifiant la somme, sa répartition entre les Compagnies, avec l'itinéraire qu'elle propose d'adopter.

II. Chacune des Compagnies qui doivent participer au transport fera savoir par écrit, dans le délai fixé, à partir de la réception de la demande, à la Compagnie expéditrice, si elle accepte le tarif et l'itinéraire. Si elle repousse l'un ou l'autre elle en fera connaître les motifs.

III. Si, à l'expiration du délai prescrit, aucune objection n'a été faite, les prix proposés seront considérés comme admis.

IV. Si des objections relatives aux prix ou à l'itinéraire ont été faites dans le délai voulu, la question sera soumise aux commissaires, qui la trancheront.

V. Si des objections sont faites relativement au prix ou à la route à suivre, les commissaires examineront si le tarif proposé constitue une juste et raisonnable facilité au point de vue de l'intérêt public, et si, eu égard aux circonstances, la route proposée est une route raisonnable, et ils approuveront ou rejetteront le tarif, en conséquence.

VI. Si l'objection ne porte que sur la répartition du prix, ce prix deviendra légalement applicable à l'expiration du délai prescrit; mais la décision des commissaires, quant à la répartition, aura un effet rétroactif. Dans tout autre cas, la perception du tarif sera suspendue jusqu'à la décision des commissaires.

VII. Dans la répartition du prix total, les commissaires prendront en considération toutes les circonstances de l'affaire, y compris les dépenses spéciales qui grèvent la construction, l'entretien ou l'exploitation de tout ou partie des lignes qu'il s'agit de parcourir, et les tarifs spéciaux qu'une Compagnie a pu être autorisée à percevoir en raison de ces dépenses exceptionnelles.

VIII. Les commissaires ne pourront, en aucun cas, obliger une Compagnie à accepter un tarif kilométrique inférieur à celui qu'elle appliquerait alors légalement à des marchandises de même genre traversant son réseau par une autre ligne, mais avec les mêmes points d'entrée et de sortie.

IX. Le délai légal dont il est fait mention dans cet acte

sera de dix jours, ou de toute période plus longue, que les commissaires pourront fixer, de temps à autre, par un ordre général.

Quand une Compagnie de chemin de fer ou de canal emploie, entretient ou exploite seule, ou en participation, un service de bateaux à vapeur reliant des villes ou des ports, les dispositions du présent article sont applicables à ces bateaux et au trafic qu'ils desservent.

Art. 12.

Sous les réserves des dispositions du précédent article, les commissaires auront pleins pouvoirs pour décider qu'un tarif est juste et raisonnable, bien que les prix attribués à l'une des Compagnies qui participent au transport, soient moindres que ceux du tarif maximum que cette Compagnie a le droit de percevoir, et pour répartir en conséquence le prix total du transport.

Art. 13.

Les plaintes contre les contraventions à l'article 2 du *Railway and canal traffic act* de 1854 amendé par la présente loi, peuvent être adressées aux commissaires par toute administration publique, municipale ou autre, par un Comité local ou un Comité de port, sans que les plaignants aient à prouver qu'ils sont lésés par le fait de la contravention. Cependant, aucune plainte ne sera prise en considération par les commissaires, en vertu de la présente loi, si elle n'est accompagnée d'un certificat du *Board of Trade* constatant que, dans son opinion, l'affaire qui a donné lieu à la plainte est de nature à être déférée aux commissaires.

Art. 14.

Toute Compagnie de chemin de fer ou de canal aura, à chacune de ses stations et magasins un ou plusieurs registres indiquant les différents tarifs en vigueur pour le transport des marchandises (non compris les voyageurs et leurs bagages) de cette station ou de ce magasin jusqu'à tout endroit pour lequel se font des enregistrements, y compris les prix qui peuvent être perçus en vertu de traités spéciaux, et avec l'indication de la distance à partir de la station ou du magasin jusqu'aux autres stations, magasins, voies de garage, et autres endroits auxquels le tarif est applicable.

Tous ces registres seront ouverts à toute heure raisonnable, à l'examen gratuit de toute personne.

Les commissaires pourront, de temps à autre, à la demande de toute personne intéressée, ordonner, pour une espèce particulière de transports, à la Compagnie de chemin de fer ou de canal, d'indiquer séparément, dans le registre des tarifs, quelles portions du prix total s'appliquent au chemin de fer et au canal, y compris le péage, l'usage des wagons ou des bateaux, les frais de traction par locomotive, et les autres frais, dont la nature devra être spécifiée.

Toute Compagnie qui ne se conformera pas aux prescriptions de cet article sera passible, pour chaque contravention et pour chaque jour pendant lequel se continuera cette contravention, d'une amende qui n'excédera pas 126 francs et qui sera recouvrée comme celles prévues par le *Railway clauses consolidation act* de 1845 et le *Railway clauses consolidation act* (Écosse) de 1845, selon les circonstances.

Art. 15.

Les commissaires pourront examiner et trancher toute question ou difficulté à laquelle peuvent donner lieu les frais accessoires, quand ces frais n'auront pas été fixés par un acte du Parlement, et décider quelle est la somme raisonnablement due à une Compagnie pour chargement, déchargement, couverture, camionnage au départ ou à l'arrivée, et autres services analogues. Toute décision prise par les commissaires, en vertu du présent article, aura force légale devant toutes les Cours, et dans toutes les procédures légales.

Art. 16.

Aucune Compagnie de chemin de fer ou de canal, à moins d'y être expressément autorisée par une loi antérieure à la présente, ne pourra, sans approbation dûment notifiée des commissaires, conclure d'arrangement tendant à conférer à une Compagnie de chemin de fer, ou à des personnes qui l'administrent ou font partie de son administration, un droit de contrôle ou d'immixtion dans les transports, les prix ou les péages d'une portion quelconque du canal. Tout arrangement de ce genre, conclu sans la sanction requise, postérieurement à la présente loi, sera nul et sans effet.

Les commissaires refuseront de sanctionner tout arrangement qui serait, dans leur opinion, préjudiciable aux intérêts du public.

Un mois, au moins, avant l'approbation de l'arrangement, des exemplaires du projet d'arrangement, certifiés par le secrétaire de la Compagnie de chemin de fer ou d'une des Compagnies contractantes, seront déposés pour être examinés par le public, au bureau des commissaires et du greffier de paix du comté, district, ou division d'Angleterre ou d'Irlande, dans lequel est situé le bureau principal d'une des Compagnies de canal parties au traité, ainsi qu'au bureau du principal greffier du shérif de chaque comté en Écosse. Un avis de l'arrangement projeté, donnant les noms des personnes entre lesquelles ou pour le compte desquelles cet arrangement doit intervenir, avec tous les détails supplémentaires que les commissaires pourront demander, sera publié dans les Gazettes de Londres, d'Édimbourg ou de Dublin, selon que le siége principal d'une des Compagnies de canal qui sollicitent l'arrangement est situé en Angleterre, en Écosse ou en Irlande. Cet avis sera envoyé au secrétaire ou au fonctionnaire principal de toute Compagnie dont les canaux communiquent avec celui de la Compagnie contractante. L'avis sera publié, en outre, de toute autre manière que les commissaires prescriront, dans le but d'informer toutes les personnes qui peuvent être intéressées dans l'affaire.

Art. 17.

Toute Compagnie de chemin de fer possédant ou administrant un canal ou une partie d'un canal, devra le maintenir, en tout temps, en bon état de dragage et d'exploitation avec ses réservoirs, ses ouvrages d'art et toutes ses dépendances. L'alimentation du canal sera assurée de telle sorte qu'on y puisse naviguer en tout temps sans obstacle, sans interruption et sans retard.

TRANSPORT DES DÉPÊCHES.

Art. 18.

Toute Compagnie de chemin de fer transportera, par tous ses trains, les dépêches qui lui seront présentées, que les malles soient, ou non, sous la garde d'un agent délégué par le Directeur général des Postes, et cela sans que le Directeur général des Postes soit tenu de remettre à la Compagnie un avis écrit.

Toute Compagnie de chemin de fer donnera toutes les facilités raisonnables pour la réception et la remise des dépêches aux différentes stations, sans exiger qu'elles soient enregistrées, et sans causer aucun autre délai.

Quand les dépêches seront sous la garde d'un agent désigné par le directeur général des postes, la Compagnie du chemin de fer permettra que cet agent reçoive et livre les dépêches lui-même ou par ses auxiliaires à toutes les stations, tout en lui prêtant l'assistance qu'il pourra demander.

Art. 19.

Toute Compagnie de chemin de fer aura droit à une rémunération convenable pour les services qu'elle rendra conformément à la présente loi, pour le transport des dépêches. Le prix sera payé par le directeur général des Postes.

Tout différend entre le directeur général des Postes et une Compagnie de chemin de fer, relativement au chiffre de la rémunération ou à toute autre question soulevée par la présente loi, sera résolu par arbitrage de la manière prévue par l'acte 1 et 2 Victoria, chap. XCVIII, ou si la Compagnie du chemin de fer le préfère, par les commissaires des chemins de fer.

Art. 20.

Lorsqu'une Compagnie de chemin de fer emploie, entretient, ou exploite elle-même ou en participation, des bateaux à vapeur pour relier des villes ou des ports, toutes les clauses de la présente loi relatives au transport des dépêches sur chemin de fer s'étendront aux bateaux à vapeur, en tant qu'elles peuvent s'y appliquer.

RÈGLEMENTS RELATIFS AUX COMMISSAIRES.

Art. 21.

Les commissaires adjoints seront placés sous les ordres des commissaires et feront des enquêtes, des rapports et tout autre travail qui pourra leur être demandé. Ils pourront, ensemble ou séparément, procéder à des arbitrages sur l'invitation de la commission et avec le consentement des parties. Dans ces enquêtes, rapports et arbitrages, ils pourront exercer tous les droits conférés par la présente loi aux commissaires, et notamment pénétrer partout, inspecter, assigner et interroger les témoins, requérir la production des documents et déférer le serment.

Art. 22.

Chacun des commissaires recevra un traitement annuel n'excédant pas 75 750 fr., et chaque commissaire adjoint recevra un traitement n'excédant pas 37875 fr., dont le chiffre sera fixé par la Trésorerie.

Ces traitements, avec les frais des commissaires et le salaire des employés, seront payés sur des fonds votés par le Parlement.

Art. 23.

Les commissaires pourront, de temps à autre, dans l'exercice des pouvoirs qui leur sont conférés par la présente loi, et avec le consentement de la Trésorerie, réclamer le concours d'un ou plusieurs assesseurs qui devront être versés dans l'art de l'ingénieur ou posséder d'autres connaissances techniques. Il sera payé à ces assesseurs tels honoraires que pourra indiquer la Trésorerie sur la proposition des commissaires.

Art. 24.

Les commissaires pourront nommer des employés et des commis, en leur allouant des appointements dont ils fixeront le taux, de concert avec la Trésorerie.

Art. 25.

Pour atteindre le but de la présente loi, et sous la réserve de ce qui précède, les commissaires auront pleins pouvoirs de statuer sur toutes les questions de droit ou de fait, et en outre, les pouvoirs indiqués ci-après, savoir :

I. Ils pourront, par eux-mêmes ou par toute autre personne qu'ils délégueront, procéder à une enquête, entrer, s'ils le jugent nécessaire, et faire une inspection dans tout endroit ou tout bâtiment dont une compagnie de chemin de fer ou de canal est propriétaire, ou dont elle dispose.

II. Ils pourront requérir la présence de toute personne qu'ils jugeront opportun de faire appeler et d'examiner, et exiger qu'on réponde à toutes leurs questions ou qu'on leur adresse des rapports sur tous les points qu'ils indiqueront.

III. Ils pourront exiger la production de tous livres, papiers et documents ayant trait aux affaires qui leur sont soumises.

IV. Ils pourront déférer le serment.

V. Ils pourront, quand ils siégeront en audience publique, punir les offenses contre leur autorité, comme s'ils constituaient une Cour de *record.*

Toute personne assignée comme témoin par les commissaires recevra la même indemnité qu'un témoin cité devant une Cour de *record*, et, en cas de contestation sur la somme à allouer, il en sera référé à un *maître* d'une des Cours supérieures, qui, à la demande des commissaires, déterminera et arrêtera le montant des frais.

Art. 26.

Toute décision prise ou tout ordre donné par les commissaires, en exécution de la présente loi, peut être assimilé à une règle ou à un ordre émané d'une Cour supérieure, et sera exécuté de la manière indiquée par l'article 3 du *Railway and canal traffic act* de 1854 quant aux assignations ou ordres qui y sont mentionnés, ou de la même manière que les décisions des Cours supérieures.

Pour l'exécution de cet article, des règles générales et des ordres peuvent être formulés par une des Cours supérieures de la même façon que pour toute autre affaire du ressort de ladite Cour.

Les commissaires pourront revoir et annuler ou modifier toute décision prise ou tout ordre émané antérieurement, soit de la Commission, soit de l'un d'eux.

Dans toute instruction à laquelle il sera procédé en vertu des articles 6, 11, 12 et 13 de la présente loi, les commissaires devront demander, par un rapport écrit, l'opinion d'une Cour supérieure sur toute question qui leur paraîtra être une question de droit. Ils auront la faculté d'en agir de même, s'ils le jugent convenable, dans les autres litiges prévus par la présente loi, si l'une des parties en cause le demande en déposant une somme fixée par la loi.

La Cour à laquelle l'affaire sera soumise, examinera et tranchera la question ou les questions de droit soulevées, et changera, confirmera ou amendera en conséquence, la décision qui lui avait été déférée, ou bien renverra l'affaire aux commissaires avec son avis. Elle pourra prendre toute autre décision, et répartir les frais comme elle le jugera convenable. Toutes ses décisions seront définitives pour les parties en cause, pourvu que les commissaires n'encourent aucune dépense en raison de cet appel.

L'exécution d'une décision prise ou d'un ordre donné par les commissaires, ne sera pas suspendue pendant cet appel, à moins que les commissaires n'en ordonnent autrement.

Sauf dans le cas qui vient d'être spécifié, les décisions et ordres des commissaires seront sans appel.

Art. 27.

Les commissaires fixeront les lieux et heures de leurs séances, et les règles de leurs travaux, comme ils le jugeront convenable pour la prompte exécution des affaires. Ils pourront, en se conformant aux prescriptions de la présente loi, siéger ensemble ou séparément, à huis clos, ou en audience publique, mais toute plainte qui leur est adressée devra être, si l'une des parties le demande, entendue et jugée en audience publique.

Art. 28.

Les commissaires répartiront discrétionnairement les frais principaux et accessoires de toute affaire portée devant eux.

Art. 29.

A toute époque à dater de la présente loi, les commissaires pourront faire les règlements nécessaires pour fixer la procédure des affaires portées devant eux, y compris les cas d'appel et la forme des appels, ainsi que pour régler, ordonner ou prescrire tout ce que le présent acte leur permet de régler, ordonner ou prescrire par une ordonnance générale, et pour permettre à la Commission de déléguer, dans des cas spéciaux, sa juridiction à un ou deux commissaires. Cependant toute personne qui se plaindrait d'une décision ainsi rendue, pourra exiger que l'affaire soit entendue de nouveau par tous les commissaires assemblés.

La Commission pourra, d'ailleurs, faire, rapporter ou modifier des règlements qui lui permettront d'assurer l'exécution de la présente loi.

Tout ordre général et toute modification à un ordre général rendu en vertu de cet acte devra être soumis à l'approbation du lord chancelier, et ne deviendra exécutoire qu'après avoir reçu cette approbation.

Tout règlement fait en vertu de la présente loi sera immédiatement soumis aux deux Chambres du Parlement, si elles sont réunies, ou, dans le cas contraire, 7 jours au plus après leur première réunion. Si l'une des deux Chambres, par une décision prise dans un délai de deux mois après qu'un règlement lui aura été soumis, décide que tout ou partie de ce règlement ne doit pas rester en vigueur, ledit règlement sera annulé à partir de ce jour, mais les commissaires pourront lui en substituer un autre, et rien de ce qui aura été fait antérieurement à la décision de la Chambre ne sera infirmé. Sous cette réserve, tout règlement fait en exécution de la présente loi sera considéré comme valide et légal, et aura son effet comme s'il était compris dans la présente loi.

Art. 30.

Tout document paraissant signé par un ou plusieurs

des commissaires sera reçu en justice sans légalisation des signatures, et, jusqu'à preuve contraire, sera considéré comme émanant bien et dûment des commissaires.

Art. 31.

Une fois par an, les commissaires adresseront à Sa Majesté un rapport sur leurs travaux accomplis en vertu de la présente loi.

Ce rapport sera soumis aux deux Chambres dans un délai de 14 jours après qu'il aura été fait, si le Parlement est réuni, et, dans le cas contraire, 14 jours au plus après la première réunion des Chambres.

DISPOSITIONS DIVERSES.

Art. 32.

A toute époque après la promulgation de la présente loi, les commissaires pourront, de concert avec la Trésorerie, fixer, par un règlement, le tarif des droits afférents aux procédures des affaires de leur juridiction; et à toute époque ils pourront, dans la même forme, augmenter ou diminuer ces droits, les abolir en tout ou en partie, ou en établir de nouveaux.

Art. 33.

Le *Public offices fees act*, de 1866 sera applicable à tous les droits ci-dessus mentionnés.

Ces droits ou autres frais analogues, quand ils seront payés autrement qu'au moyen de timbres, seront versés à l'Échiquier de Sa Majesté, de la manière qu'indiquera la Trésorerie, et portés au fonds consolidé.

Art. 34.

Les frais et dépens principaux ou accessoires qu'entraînent les litiges portés devant les Commissaires seront, si la partie intéressée le demande, taxés de la même manière et par les mêmes personnes que si l'affaire avait été portée devant une Cour supérieure.

Art. 35.

Toute notification ordonnée ou autorisée par la présente loi, peut être imprimée, écrite à la main, ou en partie imprimée et en partie manuscrite. Elle peut être envoyée par la poste, et dans ce cas elle sera censée avoir été reçue au moment où la lettre qui la contenait aurait dû être remise dans les conditions ordinaires du service de la poste.

Pour prouver l'envoi, il suffira de prouver que la lettre contenant le certificat de notification a été affranchie, que l'adresse a été bien mise et que la lettre a été déposée à un bureau de poste.

Art 36.

Dans l'application de la présente loi à l'Écosse :

I. L'expression : comparaître *subpœnæ* devant une Cour de *record*, signifiera comparaître par assignation devant la Cour de *justiciary*.

II. Le *remembrancer* de la Reine et du lord trésorier remplira les fonctions de *maître* d'une des Cours supérieures.

DISPOSITIONS TEMPORAIRES.

Art. 37.

La présente loi sera en vigueur pendant les cinq années qui suivront sa promulgation, et ensuite jusqu'à la fin de la session du Parlement qui suivra immédiatement cette période; mais l'expiration de ce délai n'affectera en rien la validité des actes antérieurement accomplis.

LXXV

RAILWAY REGULATION ACT. 1873

ROYAUME-UNI.

36 ET 37 VICTORIA, CHAP. LXXVI.

5 août 1873.

ACTE POUR ÉDICTER DE NOUVELLES DISPOSITIONS RÉGLEMENTAIRES SUR LES CHEMINS DE FER.

Art. 1er.

....Le présent acte sera dit : acte de 1873 sur le règlement des chemins de fer (*Railway Regulation act*, 1873).

Il sera considéré comme ne faisant qu'un avec les actes 3 et 4 *Victoria*, ch. XCVII, et 5 et 6 *Victoria*, ch. LV, et ces trois actes pourront être cités sous le titre d'actes de 1840, 1842 et 1873 sur les règlements des chemins de fer.

Art. 2 et 3.

Interprétation des termes.

Art. 4.

Toute Compagnie de chemin de fer devra, chaque année, avant le 15 février, adresser au *Board of Trade* un état exact et complet contenant les renseignements indiqués, dans la forme spécifiée par les deux annexes du présent acte, dont les notes seront considérées comme faisant partie de l'acte lui-même, comme si elles étaient contenues dans le corps même du texte.

Toute Compagnie qui négligera d'adresser les renseignements exigés par la loi, sera passible d'une amende de 126 francs pour chaque jour de retard. Cette amende sera recouvrée par voie sommaire, sur la plainte d'un fonctionnaire du *Board of Trade.*

Le *Board of Trade* pourra, en toute occasion, dispenser une Compagnie d'adresser tout ou partie des renseignements qu'il jugerait impossibles à donner.

Art. 5.

Tout *coroner* d'Angleterre ou d'Irlande, et tout procureur fisçal d'Écosse devra, dans les sept jours qui suivront chaque enquête faite sur le corps d'une personne tuée ou morte des blessures reçues dans un accident de chemin de fer, adresser à l'un des principaux secrétaires d'État de Sa Majesté, dans la forme prescrite par l'Administration, avis du décès et de sa cause.

Art. 6.

Modification de l'article 6 *de l'acte de* 1842 (Railway regulation act) *pour permettre à l'Administration d'ajourner l'ouverture d'une nouvelle ligne pendant un mois, sans qu'il soit nécessaire de faire faire une nouvelle inspection, jusqu'à ce que la Compagnie ait exécuté les travaux demandés par l'inspecteur.*

Première annexe.

Nom du Chemin de fer.	Nombre de cas dans lesquels une ligne de voyageurs est en communication ou traversée à niveau par				Nombre de cas dans lesquels les conditions habituellement exigées par les inspecteurs du *Board of Trade* ont ou n'ont pas été remplies à l'égard des points suivants :					
	une autre ligne de voyageurs.	une ligne de marchandises.	une voie d'évitement.	une route.	Concentration des signaux et des leviers des aiguilles.		*Interlocking* des signaux et services d'aiguilles.		Addition d'aiguilles de sûreté pour les voies de marchandises et d'évitement.	
					Remplies.	Non remplies.	Remplies.	Non remplies.	Remplies.	Non remplies.
	a	*b*	*c*	*d*	*e*	*f*	*g*	*h*	*k*	*l*
Ligne principale. — Embranchement.										

Notes. a et *b*. Un embranchement à une ou deux voies, un passage à niveau sur voie unique ou double, seront considérés comme une unité. Pour les chemins à voie unique, toute jonction avec une portion de ligne double sera indiquée.

c. Tout cas particulier d'une aiguille joignant une ligne de voyageurs à une station ou autre part, et non indiqué dans les deux colonnes précédentes, et chaque communication entre cette aiguille et la ligne de voyageurs sera indiquée.

d. Toute route traversée, non comprise dans la colonne précédente, sera considérée comme unité, bien que traversant deux voies.

e et *f*. Ces chiffres indiqueront la proportion des communications ou passages énumérés dans les quatre premières colonnes, les leviers pour manœuvrer les signaux ou aiguilles en communication, concentrées ou non concentrées.

g et *h*. Ces chiffres indiqueront la proportion des jonctions ou passages énumérés dans les quatre premières colonnes, les leviers pour manœuvrer les signaux et aiguilles qui ont ou n'ont pas été *interlocked*.

k et *l* Tous les cas dans lesquels il a ou n'a pas été placé des aiguilles de sûreté aux lignes de marchandises ou aux voies de garage des marchandises, communiquant avec des lignes de voyageurs, et énumérés aux colonnes *a* et *b*, seront indiqués ici.

Deuxième annexe.

Nom de la Compagnie.	Longueur totale des lignes ouvertes au service des voyageurs appartenant à la Compagnie ou exploitées par elle.		Parties des lignes de la Compagnie, ou des autres lignes exploitées par elle. (Lorsque la ligne n'est pas continue, indiquer séparément, à la suite, sous le titre applicable, chaque ligne principale, ou partie de ligne principale, ou embranchement ainsi exploité.)												Longueur des parties des chemins de fer de la Compagnie ou exploités par elle, servant uniquement aux marchandises.	Observations.
			Exploitées avec le Télégraphe.					Exploitées par le télégraphe électrique mais par un système autre que ceux précédemment indiqués.			Lignes à voie unique (non comprises dans les colonnes précédentes), exploitées : 1° suivant le système consistant à n'avoir qu'une machine ou deux machines attelées ensemble, circulant à la fois sur tout ou partie de la ligne ; 2° suivant le *Train porter System* ; 3° suivant le *Train Staff System*.					
	Ayant deux ou plusieurs voies.	A voie unique.	*Block System* absolu.	Longueur de ligne à deux voies.	Longueur de ligne à voie unique ayant le *Block System* absolu et le *Train Staff System*.	*Block System* facultatif.	Longueur de ligne à deux voies.		Longueur de ligne à deux voies.	Longueur des lignes à voie unique exploitées par le télégraphe, outre le *Train Staff System*.		Système n° 1.	Système n° 2.	Système n° 3.		
	kilom.	kilom.	de à	kilom.	kilom.	de à	kilom.	de à	kilom.	kilom.	de à	kilom.	kilom.	kilom.		

LXXVI

BOARD OF TRADE ARBITRATIONS ACT. 1874.

ROYAUME-UNI.

37 ET 38 VICTORIA, CHAP. XL.

30 juillet 1874.

ACTE QUI MODIFIE LES POUVOIRS DU BOARD OF TRADE, EN CE QUI CONCERNE LES ENQUÊTES, ARBITRAGES, NOMINATIONS ET AUTRES SUJETS RÉGLÉS PAR DES ACTES DE CONCESSION, ET POUR AMENDER LE REGULATION OF RAILWAYS ACT DE 1873, EN CE QUI CONCERNE LE RENVOI DES DIFFÉRENDS AUX COMMISSAIRES DES CHEMINS DE FER AU LIEU DU RENVOI AUX ARBITRES.

Art. 1er.

Cet acte peut être cité sous le titre d'acte de 1874 sur les arbitrages du *Board of Trade*, etc. (*Board of Trade arbitrations act*, 1874.)

PREMIÈRE PARTIE.

ENQUÊTES DU BOARD OF TRADE.

Art. 2.

Toutes les fois qu'en vertu d'une loi antéric:re ou postérieure à la présente, le *Board of Trade* aoit ou peut sanctionner, approuver, confirmer ou faire une nomination, affaire ou chose, ou rendre un ordre, ou faire toute autre chose ou acte en vertu d'une loi spéciale, il lui sera loisible de faire l'enquête qu'il jugera nécessaire pour remplir les fonctions ou exercer les pouvoirs qui lui ont été conférés.

Lorsqu'en vertu de la disposition ci-dessus, ou de celles de toute loi passée ou future, le *Board of Trade* fera une enquête ordonnée ou autorisée, il pourra confier cette enquête à toute personne ou personnes autorisées par un ordre qu'il rendra à cet effet, et l'enquête faite par cette personne sera considérée comme bien et légalement faite.

Art. 3.

Lorsque, en vertu d'un acte spécial passé ou futur, on s'adressera au *Board of Trade* pour lui demander de nommer un arbitre, expert, ingénieur ou autre personne, ou de faire une enquête, ou de sanctionner, approuver, confirmer ou régler une nomination, sujet ou chose, ou de rendre un ordre, ou de faire un acte ou chose, en vertu de cet acte spécial, toutes les dépenses faites à ce sujet par l'Administration seront, jusqu'à concurrence de la somme que le *Board of Trade* déclarera due, remboursées par les parties qui ont fait la demande. Elles seront (sous le bénéfice des dispositions de l'acte spécial) supportées par celle des parties que le *Board of Trade* désignera, ou payées, si le *Board of Trade* en décide ainsi, comme les frais d'arbitrage ou de consultation.

Le *Board of Trade* peut, s'il le trouve bon, à toute époque, après avoir été saisi d'une demande, exiger que les demandeurs payent, à l'avance, comme garantie du remboursement de ces dépenses, telle somme qu'il fixera, ou qu'ils fournissent une caution suffisante. A défaut de payement ou de caution, il peut refuser de donner suite à la demande.

Toutes les dépenses taxées par le *Board of Trade* en vertu du présent acte, peuvent être recouvrées devant tout tribunal compétent, et, si la somme est due au *Board of Trade*, elles peuvent être recouvrées comme les sommes dues à la Couronne. L'ordonnance du *Board of Trade* fera foi du montant de ces dépenses.

Art. 4.

Interprétation des termes.

Art. 5.

L'acte 35 et 36 *Victoria*, ch. XVIII, relatif aux enquêtes du *Board of Trade*, est abrogé....

DEUXIÈME PARTIE.

RENVOI DEVANT LES COMMISSAIRES DES CHEMINS DE FER.

Art. 6.

Lorsqu'aux termes d'un acte passé ou futur un différend, dans lequel une Compagnie de chemin de fer ou de canal se trouvera partie, devra être tranché par des arbitres, ou par le *Board of Trade*, ou par des personnes désignées par le *Board of Trade*, cette administration pourra, en vertu d'une ordonnance signée par le président ou le secrétaire, soumettre l'affaire à la décision des commissaires des chemins de fer, et les nommer arbitres ou tiers arbitres, suivant les cas.

Les commissaires auront alors les mêmes pouvoirs que ceux qui leur sont attribués par l'acte de 1873, et ceux qui appartiendraient aux arbitres ou tiers arbitres nommés par le *Board of Trade*.

Cette disposition n'est pas applicable aux cas où le *Board of Trade* doit désigner un arbitre en vertu de l'article 28 du *Land clauses consolidation act* de 1845.

Art. 7.

Lorsqu'un différend est soumis aux commissaires des chemins de fer, en vertu du *Regulation of Railways act* de 1873 amendé par la présente loi, les commissaires auront le pouvoir d'annuler, modifier ou ajouter quelque chose à toute sentence ou décision d'arbitres antérieurs (y compris le *Board of Trade*), rendue sur le même objet principal, comme l'aurait tout arbitre auquel la question serait soumise.

Art. 8.

Cette partie du présent acte sera considérée comme faisant partie du *Regulation of Railways act* de 1873, et restera en vigueur pendant le même temps que cet acte, et non pendant plus longtemps; mais l'expiration de cette partie du présent acte n'affectera en rien la validité de ce qui aura pu être fait antérieurement à cette expiration.

L'acte de 1873, dit *Regulation of Railways act*, et la deuxième partie du présent acte pourront être cités sous le titre de *Regulation of Railways act*, 1873 *and* 1874.

LXXVII

ACTES PRIVÉS.

A la suite des actes publics ou d'intérêt général relatifs aux chemins de fer, il convient de mentionner, pour mémoire, les actes privés relatifs à chaque Compagnie.

Il est impossible d'en dresser ici la liste : cette énumération, qui ne présenterait d'ailleurs aucun intérêt, occuperait seule plus de cent pages. Je me bornerai à indiquer le nombre des actes votés dans chacune des sessions du Parlement jusqu'à ce jour.

Années.	Sessions.		Nombre des actes.
1801	41	Georges III	1
1802	42	—	2
1803	43	—	1
1804	44	—	1
1805	45	—	1
1806	46	—	2
1808	48	—	1
1809	49	—	3
1810	50	—	2
1811	51	—	5
1812	52	—	3
1814	54	—	2
1815	55	—	1
1816	56	—	1
1817	57	—	1
1818	58	—	1
1819	59	—	1
1820	1	Georges IV	1
1821	1 et 2	—	3

Années.	Sessions.	Nombre des actes.
1822	3 Georges IV	1
1823	4 —	1
1824	5 —	3
1825	6 —	11
1826	7 —	11
1827	7 et 8 —	6
1828	9 —	10
1829	10 —	9
1830	11 Georges IV et 1 Guillaume IV.	8
1831	1 et 2 Guillaume IV	9
1832	2 et 3 —	9
1833	3 et 4 —	11
1834	4 et 5 —	14
1835	5 et 6 —	20
1836	6 et 7 —	35
1837	7 —	9
1837	1 Victoria	33
1838	1 et 2 —	18
1839	2 et 3 —	26
1840	3 et 4 —	24
1841	4 et 5 —	19
1842	5 et 6 —	24
1843	6 et 7 —	24
1844	7 et 8 —	49
1845	8 et 9 —	121
1846	9 et 10 —	272
1847	10 et 11 —	194
1848	11 et 12 —	85
1849	12 et 13 —	35
1850	13 et 14 —	37
1851	14 et 15 —	60
1852	15 et 16 —	52
1853	16 et 17 —	107
1854	17 et 18 —	79
1855	18 et 19 —	71
1856	19 et 20 —	59
1857	20 et 21 —	84

Années.	Sessions.	Nombre des actes.
1858	21 et 22 Victoria	75
1859	22 et 23 —	105
1860	23 et 24 —	119
1861	24 et 25 —	165
1862	25 et 26 —	150
1863	26 et 27 —	153
1864	27 et 28 —	213
1865	28 et 29 —	255
1866	29 et 30 —	203
1867	30 et 31 —	91
1868	31 et 32 —	73
1869	32 et 33 —	59
1870	33 et 34 —	64
1871	34 et 35 —	79
1872	35 et 36 —	86
1873	36 et 37 —	113
1874	37 et 38 —	100

C'est un total de 3786 *actes, dont* 111 *antérieurs à* 1833. *Dans les* 40 *dernières années, de* 1833 *à* 1874, *le nombre a été de* 3675 *actes, ce qui donne une moyenne de plus de* 92 *actes par année.*

Je reproduis ici le type général des actes de concession, d'après la formule la plus récente.

MODÈLE-TYPE D'UN BILL

POUR L'ÉTABLISSEMENT D'UN CHEMIN DE FER

DE. . . . . À. . . . .

Considérant..., etc.

Et considérant que les plans et sections des tracés et des profils des chemins de fer autorisés par le présent acte, ainsi que les livres de référence contenant les noms des propriétaires et locataires réels ou présumés, aussi bien que ceux des occupants des terrains qui doivent ou peuvent être nécessaires en vue de l'objet mentionné dans le présent acte et en vertu des autorisations y contenues, ont été dûment déposés au bureau du greffier de paix (principal commis du shérif) du comté de. . . . .
et sont ci-après désignés sous le nom de plans, sections et livres de référence, déposés ;

Considérant que l'objet du présent acte ne peut être atteint sans l'autorisation du Parlement ;

Puisse-t-il, en conséquence, plaire à Votre Majesté qu'il soit promulgué, et soit-il ordonné par la très-excellente Majesté de la Reine, par et avec l'avis et le consentement des lords spirituels et temporels, ainsi que des Communes, assemblés en ce Parlement et par leur autorité,

Ce qui suit :

Art. 1er.

Le présent acte peut être cité sous le nom de. . . . . *railway act* de 18 . . .

Art. 2.

Les actes suivants. . . . .
sont incorporés au présent acte et en font partie inté-

grante (à moins d'exclusion expresse ci-après formulée).

(*Ici on incorporera tous les actes ou fragments d'actes nécessaires. Les clauses consolidation acts de* 1845, *et tous les autres actes qui sont en vigueur sans que l'incorporation formelle soit nécessaire, ne seront pas mentionnés, en règle générale.*)

Art. 3.

Dans le présent acte, les termes et expressions dont le sens a déjà été fixé par les actes incorporés ci-dessus en totalité ou en partie, conserveront leur même interprétation, pourvu qu'il ne se présente aucun sujet ou texte contraire.

Le mot *Compagnie* s'entendra de la Compagnie constituée par le présent acte. Les mots : *le chemin de fer* et *l'entreprise*, s'entendront respectivement, du chemin de fer et de l'entreprise autorisés par le présent acte.

Enfin, l'expression *cours supérieures*, ou *tribunal compétent*, ou toute autre expression analogue se rencontrant dans le présent acte ou dans l'un des actes incorporés, sera entendue et aura pour effet que la dette ou obligation donnant lieu à l'emploi de l'expression susmentionnée devra être considérée comme résultant d'un simple contrat et non d'un statut.

(*Tous les mots du texte, de nature à appeler une explication seront insérés dans l'article ci-dessus. Quand le sens d'une expression a été déjà précisé dans le texte des considérants, une nouvelle définition devient inutile et doit être évitée, en général. Le libellé spécial aux termes :* Cours supérieures *et* tribunaux compétents *n'est pas nécessaire dans les bills relatifs à l'Écosse ou à l'Irlande.*)

Art. 4.

Les sieurs AB, CD., etc. . . . . et toutes autres personnes ou corporations ayant déjà souscrit à l'entreprise ou devenant ultérieurement souscripteurs, aussi bien que leurs exécuteurs testamentaires, administrateurs, successeurs et ayants droit, selon les cas, seront désormais et sont, par les présentes constitués en Compagnie, en vue de construire et de maintenir le chemin de fer et en vue de remplir les divers autres objets réglés par le présent acte.

Dans ce but, ils seront et sont, par les présentes, incorporés sous le nom de la Compagnie du chemin de fer de. . . . .

Sous ce même nom, ils constitueront une corporation avec succession perpétuelle, sceau commun et faculté d'acheter, de prendre possession, de posséder et de disposer de terrains et d'autres biens, en vue de l'exécution du présent acte.

Art. 5.

Dans les limites des dispositions du présent acte, la Compagnie est autorisée à construire et à entretenir, conformément aux tracés et profils indiqués dans les plans et types déposés, le chemin de fer ci-après décrit, avec toutes stations, gares d'évitement, travaux d'accès, ouvrages d'art et dépendances. La Compagnie pourra pénétrer sur les terrains nécessaires figurés sur les plans et indiqués sur les livres de référence, en prendre possession et s'en servir.

Le chemin de fer ci-dessus indiqué, et autorisé par le présent acte, est :

Un chemin de fer de. . . . . de longueur, commençant à. . . . . . . et se terminant à. . . . . . .

(*Les règlements parlementaires prescrivent de donner la longueur en milles, furlongs, chaînes et yards ou en fractions décimales de chaînes.*)

(*Ici l'on insérera, s'il y a lieu, la clause des greffiers paroissiaux ou celle des maîtres de poste. — Voir clauses spéciales, Nos 1 et 2.*)

Art. 6.

Le capital de la Compagnie sera de. . . . . livres

sterling, divisé en. . . . . . actions de. . . . . . livres chacune.

(*Aucune action ne peut être de moins de* 10 *livres.*)

Art. 7.

La Compagnie ne pourra émettre aucune des actions créées en vertu du présent acte et l'attribution d'aucune action au souscripteur qui l'accepte ne pourra être réalisée, à moins et avant qu'un versement d'un cinquième, au moins, du montant de l'action ait été effectué.

Art. 8.

Un cinquième du montant de l'action sera le maximum de chaque appel, et. . . . . . . mois, au moins, devront séparer les appels successifs, et. . . . . du montant d'une action, devra être la limite *maxima* de l'ensemble des appels faits sur une action pendant une même année.

Art. 9.

Lorsqu'une somme sera payable à un actionnaire mineur, idiot ou aliéné, la signature de l'administrateur ou du comité qui gère ses biens (de son tuteur ou curateur, ou de son curateur ès biens) constituera une décharge suffisante pour la Compagnie.

(*Ici, l'on insérera toute stipulation spéciale ou autre, relative au capital actions. Dans le cas où des actions doivent être souscrites par une autre Compagnie, l'article autorisant cette participation doit être inséré ici, mais les dispositions qui permettent à l'autre Compagnie de réunir des fonds dans ce but, devront figurer dans une autre partie du Bill. Voir aux clauses spéciales.*)

Art. 10.

La Compagnie est autorisée à emprunter de temps à autre, sur hypothèque, une somme n'excédant pas, en totalité . . . . . . livres sterling, mais aucune partie de cet emprunt ne pourra être réalisée avant que la totalité du capital-actions de . . . . livres sterling soit émise et ait été placée, et la moitié du chiffre total réalisée; et avant que la Compagnie ait fourni la preuve au magistrat (shérif) appelé à certifier le fait en vertu de l'article 40 du *Companies clauses consolidation act de* 1845 (ou de l'article 42 du *Companies clauses consolidation act* de 1845, pour l'Écosse), que la totalité du capital a été émise et souscrite, et que la moitié du montant total en a été versée, et aussi que le cinquième, au moins, du montant de chaque action séparément a été payé antérieurement ou simultanément à l'émission et au placement, et enfin que le capital susdit a été émis *bona fide*, et est entre les mains des personnes ou corporations auxquelles il a été attribué, ou entre celles de leurs exécuteurs testamentaires, administrateurs, successeurs, ou ayants droit, et que ces personnes et autres énumérées sont légalement responsables du versement du capital.

Sur la présentation au magistrat (shérif) susmentionné des livres de comptabilité de la Compagnie, et de toute autre preuve par lui jugée suffisante, ledit magistrat donnera un certificat constatant que la preuve a été faite, et cette pièce sera considérée comme une preuve suffisante.

Art. 11.

Les créanciers hypothécaires de la Compagnie peuvent poursuivre le payement des intérêts ou du principal arriérés, ou du principal et des intérêts dus sur hypothèque par la constitution d'un séquestre (*judicial factor*).

Pour que la nomination d'un séquestre soit autorisée en cas d'arriéré du principal, le montant dû aux créanciers au nom desquels la constitution du séquestre est sollicitée, ne pourra être moindre de . . . . . livres au total.

(*Le montant inséré ici est habituellement un dixième de la somme à emprunter, mais ne dépasse pas* 252500 *francs*).

(*Lorsqu'une nouvelle autorisation d'emprunter est accordée à une Compagnie ancienne, tous les textes antérieurs relatifs à la nomination d'un sequestre doivent être rapportés, sans préjudice des nominations déjà faites ou des procédures commencées, et l'article ci-dessus doit leur être substitué.*)

Art. 12.

La Compagnie peut créer et émettre des obligations consolidées, en se conformant aux disposition du titre III du *Companies clauses act* de 1863. Mais nonobstant toute disposition contraire du présent acte, les intérêts des obligations hypothécaires créées et émises (postérieurement à la date du présent acte) par la Compagnie, seront sur le pied d'égalité avec ceux de toute hypothèque consentie par la Compagnie (postérieurement à la date du présent acte), mais auront la priorité sur le remboursement du capital des hypothèques.

(*Cet article sera inséré dans tout bill relatif à une nouvelle Compagnie ou à une ancienne Compagnie n'ayant pas encore émis d'obligations consolidées; et dans ce dernier cas, s'il existe une créance hypothécaire, on devra insérer ces mots entre parenthèses : « Postérieurement à la présente loi ».*)

(*Ici l'on insérera, s'il y a lieu, les dispositions spéciales relatives à la faculté d'emprunter accordée à la Compapagnie.*)

Art. 13.

Tous les capitaux réalisés en vertu du présent acte, soit par émission d'actions (ou d'obligations consolidées) soit par emprunt, seront exclusivement employés aux fins du présent acte.

Art. 14.

La première assemblée ordinaire de la Compagnie aura lieu . . . . . mois, au plus, après la date du présent acte.

(*Ici, l'on insère les dispositions relatives aux assemblées générales et au nombre des voix, si l'on veut se départir des dispositions de la législation générale.*)

Art. 15.

Le nombre des administrateurs sera de . . . . . ; mais la Compagnie pourra ultérieurement réduire ce nombre, pourvu qu'il ne devienne pas inférieur à . . . .

Art. 16.

Tout administrateur devra posséder personnellement . . . . actions, au moins.

Art. 17.

Le *quorum* du Conseil d'administration sera. . . . . .

Art. 18.

Les sieurs AB, CD. . ., etc..., (et . . . . . . autres personnes à désigner par eux, et acceptant ces fonctions) seront les premiers administrateurs de la Compagnie, et resteront en exercice jusqu'à la première assemblée générale, qui aura lieu après la promulgation du présent acte.

Dans cette assemblée, les actionnaires présents ou ayant donné procuration, auront la faculté, soit de confirmer les administrateurs nommés par le présent acte (ou désignés comme il a été dit plus haut) ou certains d'entre eux, soit d'élire un nouveau Conseil d'administration ou seulement les administrateurs nouveaux nécessaires pour remplacer ceux qui n'auraient pas été maintenus.

Les administrateurs institués en vertu du présent acte sont d'ailleurs rééligibles s'ils remplissent les conditions légales.

Dans la première assemblée à réunir chaque année,

postérieurement à la première assemblée ci-dessus mentionnée, les actionnaires présents ou ayant donné procuration auront (sauf l'éventualité prévue de la diminution du nombre des administrateurs) à élire les membres appelés à remplacer les administrateurs sortants, en conformité des dispositions du *Companies clauses consolidation act* de 1845.

Les personnes ainsi élues par l'assemblée, tant qu'elles n'auront pas été révoquées, qu'elle n'auront pas perdu leur aptitude légale, ou qu'elles n'auront pas donné leur démission, continueront à remplir leur mandat d'administrateur jusqu'à ce qu'elles soient remplacées par voie d'élection, conformément à l'acte précité.

Art. 19.

La superficie des terrains pouvant être acquis à l'amiable par la Compagnie pour les emplois exceptionnels prévus dans le *Railway clauses act* de 1845, ne pourra dépasser . . . . . . acres.

Art. 20.

La faculté d'expropriation forcée accordée à la Compagnie aux fins du présent acte, ne pourra plus être exercée après un laps de temps de . . . . . . années à dater du présent acte.

(*Ici l'on insère tous les articles relatifs aux conditions d'exécution des travaux. Voy. Clauses spéciales, n*os 3 à 7.)

Art. 21.

Considérant qu'en vertu des règlements parlementaires des deux Chambres, et de l'acte 9 *Victoria*, ch. XX, une somme de . . . . . . (fonds publics), représentant 5 pour 100 du montant des estimations relatives au chemin de fer projeté, a été déposée (ou transférée) en la Cour de chancellerie d'Angleterre (Cour de l'Échiquier pour l'Écosse, de chancellerie pour l'Irlande), au sujet de la demande soumise au Parlement en vue du présent acte,

Soit-il ordonné que, nonobstant toute disposition de l'acte visé plus haut, la somme précitée de . . . . (fonds publics), déposée (ou transférée), comme il a été dit, en vue du présent acte, ne sera pas remboursée ou transférée à la totalité ou à l'une des personnes, ou à la majorité des personnes dénommées dans le *warrant* ou ordre dressé en exécution de l'acte déjà visé, ou aux survivants, ou à l'un des survivants, sur leur demande, à moins que la Compagnie n'ait, avant l'expiration du délai fixé par les présentes pour l'achèvement du chemin de fer, soit ouvert la ligne au transport des voyageurs, soit prouvé à la satisfaction du *Board of Trade* qu'elle a payé une somme égale à la moitié de son capital-actions autorisé, et qu'elle a dépensé cette somme aux fins du présent acte.

Dans le cas où le délai précité serait écoulé sans que la Compagnie ait réalisé une des deux alternatives sus-mentionnées, le cautionnement précité (espèces ou fonds publics) sera attribué de la manière qui sera indiquée ci-après ; et le certificat du *Board of Trade* sera considéré comme une preuve suffisante des constatations faites, sans qu'il soit nécessaire d'y joindre un certificat relatif à la promulgation effective du présent acte, nonobstant les dispositions contraires de l'acte déjà cité.

Art. 22.

Ladite somme (espèces ou fonds publics), déposée (ou transférée), ainsi qu'il a été dit, sera applicable, et, après notification dans la gazette de Londres (d'Édimbourg ou de Dublin), sera appliquée à indemniser les propriétaires et autres personnes dont la propriété a été troublée ou affectée par le commencement des travaux, par la construction du chemin de fer ou par le fait de son abandon, ou bien qui auraient eu à souffrir un dommage en raison du droit d'expropriation forcée accordé à la Compagnie, dommage pour lequel il n'aurait été payé qu'une indemnité insuffisante, ou aucune indemnité.

Le cautionnement ainsi attribué aux intéressés sera réparti entre les indemnitaires dans les proportions et de la manière fixées par la Cour de chancellerie d'Angleterre (Cour de l'Échiquier en Écosse, de chancellerie en Irlande).

S'il n'y a à payer aucune indemnité de la nature susindiquée, ou si une partie seulement de la somme (espèces ou fonds publics) suffit à faire face à toutes les réclamations justifiées de cette même nature, ledit montant total (espèces ou fonds publics), ou le reliquat, sera:

Ou déclaré acquis à la Couronne et, en conséquence, payé ou transféré à ou au compte de l'Échiquier royal, en la forme à prescrire par la Cour de chancellerie d'Angleterre (Cour de l'Échiquier en Écosse, de chancellerie en Irlande), sur la requête du *solicitor* de la Trésorerie, et fera partie des fonds consolidés du Royaume-Uni;

Ou si la Compagnie est insolvable et mise en liquidation, ou si un séquestre a été institué, sera payé ou transféré, en totalité ou en partie, suivant les décisions de la Cour, audit séquestre ou aux liquidateurs de la Compagnie;

Ou affecté, de n'importe quelle manière, à titre d'actif partiel, à désintéresser les créanciers de la Compagnie.

Pourvu que, jusqu'à ce que la somme (espèces ou fonds publics) en question ait été remboursée (ou transférée) aux déposants, ou ait reçu une autre attribution, ainsi qu'il est dit plus haut, les intérêts ou dividendes soient, au fur et à mesure des époques de payement, effectivement soldés, sur demande, à la personne ou aux personnes, ou à la majorité des personnes dénommées dans le *warrant* ou ordre spécial déjà mentionné, ou au survivant ou survivants d'entre eux.

(*Pour les clauses pénales qui peuvent remplacer l'article ci-dessus et le précédent, voy. Clauses spéciales, III.*)

Art. 23.

Dans le cas où le chemin de fer ne serait pas achevé dans un laps de . . . . années, à dater du présent acte, tous les droits donnés par le présent acte à la Compagnie en vue de la construction et de l'achèvement de la ligne, ou s'y rattachant, cesseront d'être en vigueur, sauf en ce qui touche la portion construite, à l'expiration de cette période.

Art. 24.

La Compagnie aura la faculté de réclamer et de percevoir, pour l'usage des Railways, des droits ne pouvant dépasser les tarifs suivants :

Pour les voyageurs et les animaux transportés . . . .

Pour les marchandises transportées . . . .

Pour les houilles . . . . par tonne et par mille, au plus. . . . . ; et si le transport se fait dans des véhicules appartenant à la Compagnie, une taxe additionnelle maximum de . . . . par tonne et par mille . . . . . .

Art. 25.

Le droit que la Compagnie peut exiger pour la traction par machines mettant les véhicules en mouvement, ne pourra excéder . . . . par mille pour un voyageur ou animal ou pour une tonne de marchandises, en plus des autres droits et perceptions autorisés par le présent acte.

Art. 26.

Les prescriptions et règlements ci-après seront applicables au calcul de tous droits et taxes à percevoir en vertu du présent acte, savoir :

Pour le transport des voyageurs, animaux ou marchandises sur un parcours inférieur à . . . . milles, la Compagnie est autorisée à taxer pour . . . . . milles.

Pour toute fraction de mille et pour un parcours égal

ou supérieur à . . . . milles, la Compagnie, pour le transport des animaux ou des marchandises, taxera cette fraction par quarts de mille, en comptant toute fraction d'un quart de mille pour un quart entier; et pour le transport des voyageurs, toute fraction de mille sera comptée pour un mille entier.

Pour toute fraction d'une tonne, la Compagnie prélèvera la taxe en raison des quarts de tonne compris dans la fraction; et la fraction de quart de tonne, s'il y a lieu, comptera pour un quart entier.

Pour tous les objets, sauf la pierre et la charpente, le poids sera établi conformément aux mesures usuelles dites *avoir du poids*.

En ce qui concerne la pierre et la charpente, on égalera quatorze pieds cubes de pierre ou quarante pieds cubes de chêne, d'acajou, de teck, de hêtre et de frêne, ou cinquante pieds cubes de tout autre bois à un poids d'une tonne, et en proportion, pour les quantités moindres.

Art. 27.

Pour les colis pesant moins de 227 kilogrammes et pour les objets séparés de poids exceptionnel, la Compagnie, nonobstant toute autre prescription du présent acte, pourra réclamer et percevoir les taxes maxima ci-après, savoir :

Transport des colis de faible poids :

Pour tout colis d'un poids égal ou inférieur à. . . . . livres . . . . pence.

Pourvu, toutefois que les objets expédiés en grande quantité à la fois, bien que formant un envoi composé d'objets de poids inférieur, tels que pains de sucre, balles de café, de farine, etc.., ne puissent être réputés colis de faible poids; cette qualification ne devant être appliquée qu'aux colis isolés avec emballage spécial.

Transport des objets de poids exceptionnel . . . . . .

Art. 28.

Le tarif maximum à percevoir par la Compagnie pour le transport des voyageurs par le chemin de fer, y compris les droits de péage, de véhicule et de traction, et les droits pouvant correspondre à tous les autres éléments inhérents audit transport, n'excédera pas les chiffres suivants :

Pour le transport d'un voyageur en voiture de 1re cl., ... pence par mille.

Pour le transport d'un voyageur en voiture de 2e classe, ... pence par mille.

Pour le transport d'un voyageur en voiture de 3e classe, ... pence par mille.

Art. 29.

Le tarif maximum à percevoir par la Compagnie pour le transport des animaux et des marchandises (sauf les petits colis et objets de poids exceptionnel) comprenant les droits de péage, de fourniture de wagons ou trucks et de traction, et les droits pouvant correspondre à tous les autres frais inhérents audit transport (sauf pourtant la taxe raisonnable pour chargement et déchargement en gare de départ et d'arrivée, et pour factage et camionnage, ainsi que pour toute autre opération se rattachant au service du camionnage, quand la Compagnie l'effectue), sera de :

Par cheval transporté . . . . . etc., etc. . . . .

Art. 30.

Tout voyageur circulant sur le chemin de fer est autorisé à prendre avec lui son bagage ordinaire, sans que ce bagage puisse excéder en poids 54 kilogrammes pour les voyageurs de 1e classe, 45 kilogrammes pour les voyageurs de 2e classe, et 27 kilogrammes pour les voyageurs de 3e classe. Aucune taxe ne sera prélevée sur ce bagage.

Art. 31.

Une station ne sera considérée comme gare terminale, en ce qui touche une opération de transport de marchandises sur le chemin de fer, que si lesdites marchandises y ont été directement remises par l'expéditeur, ou y sont adressées pour livraison directe ou consignation.

Art. 32.

Les chiffres *maxima* du tarif fixé pour le transport des voyageurs ne sont pas applicables aux trains spéciaux qui seraient établis sur le chemin de fer. A l'égard de ces trains, la Compagnie peut exiger la taxe qui lui convient. Les chiffres fixés ne sont applicables qu'aux trains ordinaires et express mis en circulation de temps en temps par la Compagnie pour le transport par chemin de fer des voyageurs et des marchandises.

Art. 33.

Dans le texte du présent acte, rien ne pourra empêcher la Compagnie de percevoir des taxes plus élevées que les tarifs fixés ci-dessus, pour le transport des animaux ou des marchandises de toute sorte, en vertu de traités conclus avec les propriétaires des objets ou avec les personnes ayant charge de l'expédition, en raison d'opérations exceptionnelles effectuées par la Compagnie en vue du transport, ou bien en raison de l'expédition des animaux et marchandises (sauf les petits colis toutefois) par trains de voyageurs.

(*Ici, l'on insérera, s'il y a lieu, les articles relatifs aux conventions spéciales conclues avec les autorités locales et autres personnes, les articles donnant pouvoir aux autres Compagnies de réaliser des fonds pour les employer en souscriptions à l'entreprise.* (*Voir les clauses spéciales et les clauses d'exception, s'il en existe.*)

Art. 34.

La Compagnie ne pourra attribuer, sur les fonds dont la réalisation est autorisée par le présent acte, aucun intérêt ni dividende à aucun actionnaire pour le montant des versements appelés sur les actions dont il est propriétaire.

Néanmoins, rien dans le présent acte ne peut empêcher la Compagnie de payer à un actionnaire, sur les fonds versés en anticipation des appels, l'intérêt prévu par les *Companies clauses consolidation acts* de 1845, applicables à l'Angleterre et à l'Écosse.

Art. 35.

La Compagnie ne pourra prélever, sur les fonds à réaliser en vertu du présent acte, aucun payement ou dépôt exigé par les règlements parlementaires à titre de cautionnement, qui se rapporterait à une demande ultérieurement introduite devant le Parlement en vue de l'obtention d'un acte ayant pour objet d'autoriser la Compagnie à construire un nouveau chemin de fer ou à participer à quelque autre entreprise nouvelle.

Art. 36.

Aucune disposition du présent acte n'exemptera le chemin de fer des prescriptions des actes généraux relatifs aux chemins de fer ou à la vérification des comptes des Compagnies de chemins de fer actuellement en vigueur ou votés soit dans la session actuelle du Parlement, soit dans toute autre session ultérieure, ni de toute révision future, ou modification qui serait établie par l'autorité du Parlement, relativement aux tarifs *maxima* du prix des places et des taxes, ou aux tarifs des petits colis, fixés par le présent acte.

Art. 37.

Tous les frais et dépenses des présentes, ou inhérents à la préparation, à l'obtention et à la promulgation du présent acte, ou s'y rattachant, seront payés par. . . . .

CLAUSES SPÉCIALES

I

CLAUSES RELATIVES AU CAPITAL ET AU POUVOIR D'EMPRUNTER.

1° DIVISION DES ACTIONS EN DEMI-ACTIONS PRIVILÉGIÉES ET DIFFÉRÉES.

POUVOIR DE DIVISER LES ACTIONS.

Conformément aux dispositions du présent acte, la Compagnie, en vertu d'une délibération adoptée par les votes des trois quarts des actionnaires présents ou représentés à une assemblée générale convoquée spécialement à cet effet, pourra, de temps à autre, diviser toute action de son capital en demi-actions, dont l'une sera appelée action privilégiée, et l'autre action différée, mais la Compagnie ne pourra diviser aucune action en vertu du présent acte, jusqu'à ce que cette action ait été libérée de 60 pour 100 au moins. Au moment de la division, 50 pour 100 du versement effectué sur l'action entière sera porté au crédit de la demi-action différée (cette somme étant le montant total de ce qui est payable sur cette demi-action), et le reste sera porté au crédit de la demi-action privilégiée.

DIVIDENDES DES DEMI-ACTIONS.

Le dividende qui aurait été, de temps à autre, payable pour toute action divisée, si cette action était restée entière, sera appliqué au payement des deux demi-actions de la manière suivante : d'abord au payement d'un dividende à un taux n'excédant pas. . . . . pour 100 par an, taux fixé, une fois pour toutes, par une assemblée générale convoquée spécialement à cet effet, pour la demi-action privilégiée, et le reste, s'il en existe, au payement du dividende de la demi-action différée. La Compagnie ne payera pas, pour les deux demi-actions, un dividende plus élevé que celui qu'elle aurait eu à payer pour l'action entière si elle n'avait pas été divisée.

DIVIDENDES DES ACTIONS PRIVILÉGIÉES.

Chaque demi-action privilégiée aura droit, sur les profits communs, au dividende qui a pu lui être attribué comme il a été dit plus haut, et par préférence à la demi-action différée portant le même numéro; mais si, à la fin d'un exercice se terminant au 31 décembre, il n'y a pas de profits sur lesquels puisse être payé le montant du dividende d'une action privilégiée, aucune partie du déficit ne pourra être couverte au moyen des profits d'une année suivante, ou sur d'autres fonds de la Compagnie.

ENREGISTREMENT DES DEMI-ACTIONS.

Immédiatement après leur création, les demi-actions seront enregistrées par les administrateurs, et chaque demi-action portera le même numéro que le certificat de l'action entière dont elle faisait partie. Les administrateurs délivreront des certificats de demi-actions et les feront inscrire dans le registre des actions entières dont elles sont la représentation; mais ils ne seront pas tenus de délivrer le certificat d'une demi-action, avant que le certificat de l'action leur ait été remis pour être annulé, à moins qu'il leur soit démontré d'une manière satisfaisante que ce certificat a été détruit ou perdu; et lorsque le certificat leur aura été remis, ils l'annuleront.

Les termes dans lesquels, et les conditions auxquelles une demi-action privilégiée a été délivrée en vertu du présent acte, seront mentionnés dans le certificat de chaque demi-action.

DÉCHÉANCE DES ACTIONS PRIVILÉGIÉES.

Les dispositions des *Companies clauses consolidation acts* de 1845 (pour l'Angleterre et l'Irlande ou pour l'Écosse) relatives à la déchéance des actions pour non-payement des appels de fonds, s'appliqueront aux demi-actions privilégiées créées en vertu du présent acte, et toute demi-action privilégiée sera, à cet effet, considérée comme une action entière, distincte de la demi-action différée correspondante; et jusqu'à ce que la demi-action en déchéance ait été vendue par les administrateurs, les dividendes qui y seraient afférents, si elle n'était pas en déchéance, seront employés à payer les dépenses de la déclaration de déchéance, et les sommes dues pour les appels de fonds avec les intérêts.

Aucune action privilégiée créée en vertu du présent acte ne sera annulée, ni rendue à la Compagnie.

Les diverses demi-actions créées en vertu du présent acte seront des demi-actions du capital de la Compagnie, et deux demi-actions (qu'elles soient privilégiées ou différées ou qu'il y en ait une de chaque espèce) donneront, si elles appartiennent à une même personne, le droit de voter aux assemblées générales, et (conformément aux dispositions contenues dans cet acte) conféreront les droits, qualités, priviléges et responsabilités attachés à une action entière.

2° POUVOIR DONNÉ A UNE AUTRE COMPAGNIE DE SOUSCRIRE A L'ENTREPRISE ET DE RÉALISER DES FONDS A CET EFFET.

La Compagnie de . . . . peut, avec l'autorisation des votes des trois quarts des actionnaires présents ou représentés à une assemblée générale de ladite Compagnie, convoquée à cet effet, souscrire de temps à autre toute somme considérée comme nécessaire pour l'entreprise, mais qui n'excédera pas en totalité . . . . livres sterling, et ladite Compagnie peut, en vertu de la même autorisation, contribuer, ou appliquer au payement de ladite souscription les sommes qu'elle est déjà autorisée à réaliser, et qui peuvent ne pas être nécessaires pour son entreprise, ainsi que les fonds que cet acte l'autorise à réaliser. Ladite Compagnie aura, eu égard aux sommes à souscrire et aux actions correspondantes qu'elle possédera, tous les pouvoirs, droits et privilèges (excepté pour le vote aux assemblées générales, comme il sera dit plus loin), et sera sujette aux mêmes obligations et responsabilités que les actionnaires de la Compagnie, pourvu toutefois que la Compagnie . . . . ne vende ni ne transfère aucune action de la Compagnie à laquelle elle aura souscrit.

(*La clause ci-dessus sera insérée immédiatement avant e pouvoir de faire des emprunts.*)

(*Les clauses suivantes devront être insérées dans la dernière partie du bill, immédiatement avant les clauses de réserve, ou celles insérées conformément aux standing orders.*)

(*Le pouvoir d'emprunter ne sera pas accordé pour les souscriptions.*)

RÉALISATION DES FONDS.

La Compagnie . . . . . peut, de temps à autre, réaliser, pour souscrire à cette entreprise, des sommes n'excédant pas le total dont ladite Compagnie peut, ainsi qu'il a été dit plus haut, avoir décidé la souscription, en émettant, à son choix, de nouvelles actions ordinaires ou consolidées, ou de nouvelles actions ou consolidés privilégiés, ou, pour la totalité, ou, pour une partie des titres de l'une ou de l'autre espèce.

Les clauses et dispositions des *Companies clauses consolidation acts* de 1845, relativement aux objets suivants, savoir :

« La répartition du capital de la Compagnie en actions ;

« Le transfert ou la transmission des actions ;

« Le payement des souscriptions et les moyens de contraindre aux versements des appels de fonds ;

« La déchéance des actions par défaut de payement lors des appels de fonds ;

« Le recours des créanciers de la Compagnie contre les actionnaires ;

« La consolidation des actions en consolidés ;

« Les assemblées générales de la Compagnie, et l'exercice par les actionnaires du droit de vote ;

« L'établissement des dividendes ;

« Les avis à donner et les dispositions à prendre pour que l'acte spécial soit à la portée de toutes les parties intéressées ;

« Ainsi que la 1re partie (relative à la déchéance et à la remise des actions), et la 2e partie (relative au capital supplémentaire) du *Companies clauses act* de 1863, s'étendront et s'appliqueront à la Compagnie du . . . . et au capital supplémentaire qu'elle est autorisée par le présent acte à réaliser. »

(*Cette clause devra être modifiée toutes les fois que les dispositions des actes spéciaux de la Compagnie qui souscrit diffèrent des dispositions de l'acte général.*)

ÉMISSION DES ACTIONS.

La Compagnie du . . . . n'émettra aucune action en vertu du présent acte, et n'en inscrira aucune au nom d'une personne qui l'accepte, avant qu'une somme au moins égale au cinquième de la valeur de cette action ait été versée.

EMPLOI DES FONDS.

Toutes les sommes que la Compagnie du . . . . réalisera en vertu du présent acte, seront employées exclusivement à la souscription mentionnée ci-dessus.

DROIT DE VOTE DE LA COMPAGNIE.

La Compagnie du . . . , quand elle possède des actions de la Compagnie, peut, par un écrit portant son sceau, désigner une personne pour assister à une assemblée de cette Compagnie ; et cette personne aura, à cette assemblée, les priviléges et les pouvoirs auxquels a droit un actionnaire de la Compagnie ; elle pourra y voter pour ce qui concerne le capital possédé par la Compagnie du . . . .

3° CLAUSE GARANTISSANT LA PRIORITÉ DES HYPOTHÈQUES EXISTANTES.

Le principal des fonds garantis par hypothèque constituée par la Compagnie, en vertu d'un acte du Parlement, avant le vote du présent acte, et subsistant encore, aura, pendant la durée de cette hypothèque, priorité sur toutes les hypothèques constituées en vertu du présent acte.

(*Cette clause sera insérée lorsque le pouvoir d'emprunter de la Compagnie sera soumis à la clause de priorité des obligations consolidées. Dans les autres cas, on emploiera la formule suivante.*)

Toutes les hypothèques et bons émis par la Compagnie, en vertu d'une autorisation du Parlement, avant le vote du présent acte, et encore subsistants, auront priorité sur toutes les hypothèques constituées en vertu du présent acte.

Aucune disposition du présent article n'affectera le droit de priorité des intérêts des obligations consolidées émises à une époque quelconque par la Compagnie.

4° POUVOIR DE RÉALISER UN CAPITAL SUPPLÉMENTAIRE.

La Compagnie peut, conformément aux dispositions de la 2e partie du *Companies clauses act* de 1863, réaliser une somme ou des sommes supplémentaires n'excédant pas en totalité . . . . livres sterling, par l'émission, à son choix, de nouvelles actions ou consolidés ordinaires, ou de nouvelles actions ou consolidés privilégiés, ou par l'une ou l'autre de ces valeurs, pour le tout ou pour une partie seulement.

II

CLAUSES RELATIVES A LA PRISE DE POSSESSION DE TERRAINS, AUX PLANS ET A LA CONSTRUCTION DES OUVRAGES D'ART.

1° CLAUSE DES GREFFIERS PAROISSIAUX (APPLICABLE SEULEMENT A LONDRES).

L'expression *greffier paroissial* des articles 7, 8 et 9 du *Railway clauses consolidation act* de 1845, quant à la Compagnie et quant aux localités en dehors des limites des paroisses, où, d'après les règlements de l'une ou l'autre Chambre, les plans, sections et autres documents doivent être remis au greffier du *Vestry* de la paroisse ou au greffier du bureau du district dans lequel la paroisse ou la localité située hors de la paroisse est comprise, signifie, dans le premier cas, les greffiers de ces paroisses, et, dans le second, les greffiers de ces bureaux de district respectivement.

2° CLAUSE DES MAÎTRES DE POSTES (CLAUSE APPLICABLE AUX CHEMINS DE FER IRLANDAIS SEULEMENT).

Par rapport au présent acte, toutes les dispositions des articles 7, 8 et 9 du *Railways clauses consolidation act* de 1845 seront interprétées comme si l'expression : greffier des Unions, dans lesquelles les paroisses sont comprises en Irlande, ou comme si l'expression : greffier de l'Union (selon le cas) avait été employée et insérée dans ces articles au lieu de l'expression : maître de poste de villes situées dans ces paroisses, ou du point le plus rapproché de ces paroisses en Irlande, ou au lieu de l'expression : maîtres de poste (selon les circonstances).

3° PASSAGES A NIVEAU.

Conformément aux dispositions du *Railways clauses consolidation act* de 1845 et de la 1re partie (relative à la construction d'un chemin de fer) du *Railways clauses act* de 1863, concernant les passages à niveau, la Compagnie peut, dans la construction du chemin de fer, établir ces passages à une voie, et plus tard, si l'on ajoute une autre voie, les établir à double voie sur les routes ci-après désignées.

Numéro du plan déposé.	Paroisse.	Désignation de la route.

4° PENTE DES ROUTES.

En modifiant, conformément au présent acte, les routes mentionnées ci-après, la Compagnie peut leur donner une pente quelconque, pourvu qu'elle ne dépasse pas la limite indiquée ci-après, savoir :

Numéro du plan déposé.	Paroisse.	Désignation de la route.	Pente proposée.

5° LARGEUR DES PONTS.

La Compagnie peut construire les arches des ponts du chemin de fer au-dessus des routes mentionnées ci-après, de la hauteur et de la portée qu'elle jugera convenables, mais sans pouvoir adopter des dimensions moindres que celles indiquées ci-après :

Numéro du plan déposé.	Paroisse.	Désignation de la route.	Hauteur.	Portée.

6° LARGEUR DES PONTS.

La Compagnie peut faire la chaussée sur les ponts

établis pour faire passer la route au-dessus du chemin de fer, de la largeur qu'elle juge convenable, entre les parapets, sans que cette largeur puisse être moindre que celle indiquée ci-après, savoir :

Numéro du plan.	Paroisse.	Désignation de la chaussée.	Largeur de la chaussée.

7° AVIS A DONNER POUR L'EXPROPRIATION DE 15 MAISONS OU PLUS, APPARTENANT A LA CLASSE OUVRIÈRE.

Lorsque la Compagnie prendra, dans une paroisse, 15 maisons ou plus, louées, en entier ou en partie, à des personnes de la classe ouvrière, elle devra faire connaître son intention par des placards, annonces ou autres moyens de publicité placés en vue sur les maisons, ou à une distance convenable de ces maisons, et elle ne prendra possession d'aucune de ces maisons avant d'avoir obtenu d'un juge (le shérif) un certificat constatant que son intention a été annoncée d'une manière satisfaisante.

8° POUVOIR D'ACHETER DES SERVITUDES PAR CONVENTION.

Les personnes autorisées par le *Lands clauses consolidation act* de 1845 à vendre ou à céder des terrains, peuvent, si elles le jugent convenable, conformément aux dispositions de l'acte précité et du *Lands clauses consolidation act*, *amendement act* de 1860 et du présent acte, accorder à la Compagnie toute servitude, tout droit ou privilége (excepté une servitude d'eau), nécessaire pour le but de cet acte, eu égard aux terrains, et les dispositions de cet acte, quant aux terrains et aux rentes, seront étendues et appliquées à ces concessions et à ces servitudes, droits et priviléges.

III

CLAUSES RELATIVES A L'AMENDE IMPOSÉE SI LA LIGNE N'EST PAS OUVERTE DANS LE DÉLAI FIXÉ.

Les clauses suivantes seront insérées dans tout bill de railway qui autorise la construction d'une nouvelle ligne, ou qui prolonge le temps fixé pour l'exécution d'une ligne par une Compagnie qui possède déjà un chemin de fer en exploitation, qui a payé des dividendes pendant l'exercice précédent sur son capital actions ordinaires, et qui ne se propose pas de réaliser, en vertu du bill, un capital plus considérable que le capital existant autorisé.

1° Si la Compagnie n'achève pas la ligne dans le délai fixé par le présent acte, elle sera passible d'une amende de 1262 fr. pour chaque jour de retard à partir de l'expiration du délai, jusqu'à ce que le chemin de fer soit construit, et ouvert au trafic public, ou jusqu'à ce que la somme reçue à titre d'amende s'élève à 5 pour cent du devis des travaux. Cette amende peut être réclamée par toute personne demandant une indemnité en vertu des dispositions de l'article suivant du présent acte, et de la même manière que l'amende prévue par l'article 3 du *Railway and canal traffic act* de 1854. Toute somme perçue comme amende sera payée sur mandat ou ordre de la Cour ou du juge, ainsi qu'il est spécifié dans cet article, et formera un compte ouvert ou à ouvrir au nom du trésorier général de la Cour de chancellerie en Angleterre (du *Remembrancer* Royal de la

Cour de l'Échiquier en Écosse, du trésorier général de la Cour de chancellerie en Irlande) ,à la banque nommée dans ce mandat ou ordre. Elle ne sera payée que dans les conditions ci-après indiquées.

Aucune amende ne sera imposée pour le temps pendant lequel, d'après un certificat du *Board of Trade*, la Compagnie aura été empêchée, par des accidents ou des circonstances indépendantes de sa volonté, de terminer le chemin ou de le livrer à l'exploitation. Le manque de fonds ne pourra être considéré comme une circonstance indépendante de sa volonté.

2° Toute somme provenant de ces amendes sera applicable, et, après avis donné dans la gazette de Londres (d'Édimbourg ou de Dublin), sera appliquée à payer les indemnités dues aux proprietaires ou aux autres personnes dont les propriétés auront été affectées ou détériorées par le commencement des travaux, par la construction ou par l'abandon des travaux du chemin de fer, ou qui auront éprouvé des dommages par suite de mesures prises en vertu des pouvoirs accordés par cet acte, si aucune indemnité ne leur a été payée ou s'ils n'ont reçu qu'une indemnité insuffisante. Ces sommes seront distribuées comme indemnités, de la manière et dans les proportions qui paraîtront équitables à la Cour de Chancellerie en Angleterre (de l'Échiquier en Écosse et de Chancellerie en Irlande). S'il ne reste à payer aucune indemnité, ou si une portion des sommes suffit pour satisfaire à toutes les réclamations d'indemnités, le produit des amendes, ou la portion qui n'est pas nécessaire pour ces indemnités, appartiendra à Sa Majesté et sera, en conséquence, payée ou transférée à l'Échiquier de la manière indiquée par la Cour de chancellerie d'Angleterre (la Cour de l'Échiquier d'Écosse et la Cour de chancellerie d'Irlande), sur la demande du *solicitor* de la Trésorerie, et sera portée au compte du fonds consolidé du Royaume-Uni. Elle pourra être à la discrétion de la Cour, si la Compagnie est insolvable ou a reçu l'ordre de liquider, ou, si un séquestre a été nommé, payée ou transférée en totalité ou en partie au séquestre ou au liquidateur de la Compagnie, ou employée, comme faisant partie de l'actif de la Compagnie, au bénéfice des créanciers.

IV

CLAUSES RELATIVES A L'ABANDON DES CHEMINS DE FER ET AUX INDEMNITÉS A ATTRIBUER, DANS CE CAS, AUX PROPRIÉTAIRES.

La Compagnie abandonnera la construction de la partie du chemin de fer concédé qui s'étend entre . . . .

L'abandon fait par la Compagnie, en vertu du présent acte, d'une portion de chemin de fer n'affectera pas les droits des propriétaires ou locataires de terrains, relativement aux indemnités dues à raison des dommages occasionnés par l'entrée des agents de la Compagnie sur ces terrains pour lever des plans, prendre des niveaux, sonder le sol afin d'en connaître la nature, faire le tracé de la ligne; il n'affectera en rien le droit des propriétaires ou locataires des terrains occupés temporairement par la Compagnie, à recevoir une indemnité pour cette occupation temporaire ou pour les pertes, dommages ou préjudices éprouvés par suite de l'exercice des pouvoirs conférés par le *Railways clauses consolidation act* de 1845 ou le . . . . *act* . . . .

Lorsque, antérieurement au présent acte, un traité a été passé, ou que notification a été faite par la Compagnie pour l'acquisition de terrains nécessaires pour les portions de chemins de fer dont l'abandon a été autorisé par le présent acte, la Compagnie est libérée de toute obligation d'acheter ou de terminer l'achat de ces terrains. Néanmoins, une compensation complète sera due par la Compagnie aux propriètaires ou aux locataires ou autres personnes ayant des intérêts engagés dans ces terrains, pour tout dommage résultant de ce que l'acquisition n'a pas été effectuée conformément au contrat ou à la notification. La somme demandée comme indemnité et la forme de la réclamation seront réglées de la manière indiquée par les *Lands clauses consolidations acts* de 1845, amendés par tout acte subséquent, pour régler le montant et la forme de la réclamation des indemnités pour terrains expropriés.

V

CLAUSES RELATIVES AUX CONVENTIONS PASSÉES AVEC D'AUTRES COMPAGNIES.

1° CLAUSE DU TRAITÉ D'EXPLOITATION.

La Compagnie, d'une part, et la Compagnie du chemin de . . . . . d'autre part, peuvent, conformément aux dispositions de la 3ᵉ partie du *Railways clauses act* de 1863, conclure entre elles des arrangements pour les objets suivants, ou pour l'un de ces objets ;

L'entretien et l'exploitation des chemins de fer des Compagnies respectives, ou d'un ou plusieurs de ces chemins de fer et des établissements qui en dépendent;

L'usage ou l'exploitation des chemins de fer, du chemin de fer ou d'une partie des chemins de fer, et le trafic sur ces mêmes lignes ;

La fixation, la perception et la répartition des péages, droits, charges, recettes et revenus perçus, pris ou provenant du trafic.

(*Cette clause est comprise dans la* 3ᵉ *partie du Railways clauses act de* 1863, *auquel il faut se conformer autant que possible, en n'admettant que les variantes absolument nécessaires dans certaines circonstances particulières.*)

2° CLAUSE DU TRAFIC TRANSITANT D'UNE COMPAGNIE A UNE AUTRE.

Pendant la durée de tout arrangement qui pourrait être conclu conformément aux dispositions du présent acte pour l'exploitation (l'usage) de ce chemin de fer par la Compagnie du chemin de fer de . . . . , les chemins de fer de la Compagnie et ceux de la Compagnie du . . . . seront, pour les petites distances, les droits et charges, considérés comme ne formant qu'un seul chemin de fer; et en évaluant les droits et charges du trafic qui a lieu en partie sur le chemin de fer et en partie sur le chemin de fer de . . . . , pour une distance inférieure à . . . . milles, les droits et charges seront fixés comme pour . . . . . milles; et pour les voyageurs, pour chaque mille ou fraction de mille au delà de . . . . . milles, les droits et charges seront les mêmes que pour un mille; et pour les animaux et les marchandises pour chaque quart de mille au delà de . . . . milles, les droits et charges seront les mêmes que pour un quart de mille. Aucun autre tarif de petite distance ne sera appliqué pour le transport des voyageurs, des animaux ou des marchandises, fait en partie sur le chemin de fer de la Compagnie de . . . .

(*Toutes les fois qu'il est accordé aux Compagnies divers tarifs pour de petites distances, la distance la plus courte est celle qui doit être adoptée dans cette clause.*)

(*Une disposition semblable doit être insérée toutes les fois qu'il y a des droits de transit.*)

TABLE DES MATIÈRES

DU TROISIÈME VOLUME

LÉGISLATION DES CHEMINS DE FER

I

ROYAUME-UNI.

I Guillaume IV. chap. LXVIII.

23 juillet 1830.

II

ROYAUME-UNI.

7 Guillaume IV et 1 Victoria, chap. LXXXIII.

17 juillet 1837.

III

ANGLETERRE.

1 et 2 Victoria, chap. LXXX.

10 août 1838.

IV

ROYAUME-UNI.

1 et 2 Victoria. chap. XCVIII.

14 août 1838.

V.

ROYAUME-UNI.

2 et 3 Victoria, chap. XLV.

17 août 1839.

VI

RAILWAY REGULATION ACT. 1840.

ROYAUME-UNI.

3 et 4 Victoria, chap. XCVII.

10 août 1840.

Acte pour régler l'exploitation des chemins de fer.

VII

RAILWAY REGULATION ACT. 1842.

ROYAUME-UNI.

5 et 6 Victoria, chap. LV.

30 juillet 1842.

VIII

GRANDE-BRETAGNE.

5 et 6 Victoria, chap. LXXIX.

5 août 1842.

IX

ROYAUME-UNI.

7 et 8 Victoria, chap. LXXXV.

9 août 1844.

X

COMPANIES CLAUSES CONSOLIDATION ACT. 1845.

ANGLETERRE ET IRLANDE.

8 et 9 Victoria, chap. XVI.

8 mai 1845.

Acte pour consolider en un seul acte certaines dispositions habituellement insérées dans les actes relativement à la constitution des Compagnies pour une entreprise d'intérêt public.

XI

COMPANIES CLAUSES CONSOLIDATION ACT. 1845.

ÉCOSSE.

8 et 9 Victoria, chap. XVII.

8 mai 1845.

Acte pour consolider en un seul acte certaines dispositions habituellement insérées dans les actes relatifs à la consti-

XV

RAILWAYS CLAUSES CONSOLIDATION ACT.

ÉCOSSE.

8 et 9 Victoria, chap. XXXII.
21 juillet 1845.

Acte pour consolider en un seul acte certaines dispositions généralement insérées dans les lois qui autorisent la construction de chemins de fer en Écosse.

XVI

IRLANDE.

8 et 9 Victoria, chap. XLVI.
21 juillet 1845.

Acte relatif à la nomination de constables supplémentaires pour maintenir l'ordre dans le voisinage des chantiers de travaux publics en Irlande.

XVII

ROYAUME-UNI.

8 et 9 Victoria, chap. XCVI.
4 août 1845.

Acte pour restreindre les pouvoirs de vendre ou de louer des chemins de fer, contenus dans certains actes du Parlement relatifs à des chemins de fer.

XXII

IRLANDE.

11 et 12 Victoria, chap. LXXII.

31 août 1848.

XXIII

RAILWAY CLEARING ACT.

GRANDE-BRETAGNE.

13 et 14 Victoria, chap. XXXIII.

25 juin 1850.

XXIV

ABANDONMENT OF RAILWAYS ACT.

ROYAUME-UNI.

13 et 14 Victoria, chap. LXXXIII.

14 août 1850.

XXV

ROYAUME-UNI.

14 et 15 Victoria, chap. XLIX.

1er août 1851.

XXIX

RAILWAY AND CANAL TRAFIC ACT.

ROYAUME-UNI.

17 et 18 Victoria, chap. XXXI.

10 juillet 1854.

XXX

ANGLETERRE.

17 et 18 Victoria, chap. XCVII.

10 août 1854.

XXXI

ÉCOSSE.

21 et 22 Victoria, chap. LXV.

2 août 1858.

XXXII

ROYAUME-UNI.

21 et 22 Victoria, chap. LXXV.

2 août 1858.

XLI

ROYAUME-UNI.

25 et 26 Victoria, chap. LXIX.

27 juillet 1862.

XLII

COMPANIES ACT.

ROYAUME-UNI.

25 et 26 Victoria, chap. LXXXIX.

7 août 1862.

XLIII

GRANDE-BRETAGNE.

26 et 27 Victoria, chap. XXXIII.

29 juin 1863.

XLIV

RAILWAYS CLAUSES ACT. 1863.

ROYAUME-UNI.

26 et 27 Victoria, chap. XCII.

21 juillet 1863.

Pages.

Acte pour consolider en un acte certaines clauses fréquemment insérées dans les actes de chemins de fer.

XLV

COMPANIES CLAUSES ACT. 1863.

ROYAUME-UNI.

26 et 27 Victoria, chap. CXVIII.

28 juillet 1863.

Acte pour consolider en un acte certaines dispositions fréquemment insérées dans les actes relatifs à la constitution et à l'administration des Compagnies incorporées pour des entreprises d'intérêt public.

XLVI

IRLANDE.

27 et 28 Victoria, chap. LXXI.

25 juillet 1864.

XLVII

ROYAUME-UNI.

27 et 28 Victoria, chap. XCV.

29 juillet 1864.

XLVIII

COMPANIES POWERS ACT. 1864.

ROYAUME-UNI.

27 et 28 Victoria, chap. CXX.

29 juillet 1864.

XLIX

RAILWAY CONSTRUCTION FACILITIES ACT.

ROYAUME-UNI.

27 et 28 Victoria, chap. CXXI.

29 juillet 1864.

Pages.

Acte pour faciliter, dans certains cas, l'obtention de pouvoirs pour la construction des chemins de fer.

L

IRLANDE.

28 Victoria, chap. XXI.

9 mai 1865.

Acte pour amender la loi d'Irlande sur la banqueroute et la déconfiture.

LI

GRANDE-BRETAGNE.

29 Victoria, chap. XXVIII.

18 mai 1866.

Acte pour permettre aux commissaires des prêts pour travaux publics, de faire des avances pour la construction de maisons pour la classe ouvrière.

LVI

IRLANDE.

30 et 31 Victoria, chap. CIV.

15 août 1867.

Acte pour amender et étendre aux chemins de fer d'Irlande les dispositions de l'acte 7 et 8 Victoria, ch. LXXXV.

LVII

ÉCOSSE.

30 et 31 Victoria, chap. CXXVI.

20 août 1867.

Acte pour amender la loi sur les Compagnies de chemins de fer d'Écosse.

LVIII

RAILWAY COMPANIES ACT. 1867.

ANGLETERRE ET IRLANDE.

30 et 31 Victoria, chap. CXXVII.

20 août 1867.

Acte pour amender la loi sur les Compagnies de chemins de fer.

LIX

COMPANIES ACT. 1867.

ROYAUME-UNI.

30 et 31 Victoria, chap. CXXXI.

20 août 1867.

Pages.

Acte pour amender la loi de 1862 sur les Sociétés.

LX

ROYAUME-UNI.

31 et 32 Victoria, chap. XVIII.

29 mai 1868.

Acte relatif aux prorogations de délais pour l'exécution des chemins de fer.

LXI

IRLANDE.

31 et 32 Victoria, chap. LXX.

31 juillet 1868.

Acte pour amender les lois de 1851 et de 1860 sur le jugement des appels.

LXII

TELEGRAPH ACT. 1868.

ROYAUME-UNI.

31 et 32 Victoria, chap. cx.

31 juillet 1868.

LXIII

REGULATION OF RAILWAYS ACT. 1868.

31 et 32 Victoria, chap. cxix.

31 juillet 1868.

LXIV

RAILWAY COMPANIES MEETINGS ACT. 1869.

ROYAUME-UNI.

32 et 33 Victoria, chap. vi.

19 avril 1869.

LXV

LANDS CLAUSES CONSOLIDATION ACT. 1869.

ROYAUME-UNI.

32 et 33 Victoria, chap. XVIII.

24 juin 1869.

LXVI

COMPANIES CLAUSES ACT. 1869.

ROYAUME-UNI.

32 et 33 Victoria, chap. XLVIII.

2 août 1869.

LXVII

CONTAGIOUS DISEASES ACT. 1869.

GRANDE-BRETAGNE.

32 et 33 Victoria, chap. LXX.

9 août 1869.

LXVIII

ABANDONMENT OF RAILWAYS ACT. 1869.

ROYAUME-UNI.

32 et 33 Victoria, chap. CXIV.

11 août 1869.

LXIX

RAILWAY POWERS AND CONSTRUCTION ACT. 1870.

ROYAUME-UNI.

33 et 34 Victoria, chap. XIX.

20 juin 1870.

LXX

IRLANDE.

33 et 34 Victoria, chap. XXXVI.

1er août 1870.

LXXI

REGULATION OF RAILWAYS ACT. 1871.

ROYAUME-UNI.

34 et 35 Victoria, chap. LXXVIII.

14 août 1871.

LXXII

ROYAUME-UNI.

34 et 35 Victoria, chap. LXXXVI.

17 août 1871.

LXXIII

RAILWAY ROLLING STOCK PROTECTION ACT. 1872.

ROYAUME-UNI.

35 et 36 Victoria, chap. L.

6 août 1872.

LXXIV

REGULATION OF RAILWAYS ACT. 1873.

ROYAUME-UNI.

36 et 37 Victoria, chap. XLVIII.

21 juillet 1873.

LXXV

RAILWAY REGULATION ACT. 1873.

ROYAUME-UNI.

36 et 37 Victoria, chap. LXXVI.

5 août 1873.

LXXVI

BOARD OF TRADE ARBITRATION ACT. 1874.

ROYAUME-UNI.

37 et 38 Victoria, chap. XL.

30 juillet 1874.

LXXVII

ACTES PRIVÉS.

15068. — Typographie Lahure, rue de Feurus, 9, à Paris.

www.ingramcontent.com/pod-product-compliance
Ingram Content Group UK Ltd.
Pitfield, Milton Keynes, MK11 3LW, UK
UKHW012004240726
13965UKWH00001B/151

9 782013 551786